MW01096576

HISTORIA DE COLOMBIA

Y SUS OLIGARQUÍAS

HISTORIA ~ DE ~ COLOMBIA · Y SUS OLIGARQUÍAS

CRÍTICA

Trabajo originalmente solicitado por:
Ministerio de Cultura-Biblioteca Nacional de Colombia,
para la primera edición digital, 2016

© Del texto y las ilustraciones:
  Antonio Caballero, 2018

  Diseño de cubierta:
  David Poveda Ruiz

© Editorial Planeta Colombiana S.A., 2018
  Calle 73 No. 7-60, Bogotá
  Primera edición bajo el sello Crítica: mayo de 2018
  Segunda edición bajo el sello Crítica: julio de 2018
  Tercera edición bajo el sello Crítica: septiembre de 2018
  Cuarta edición bajo el sello Crítica: febrero de 2019

ISBN 13: 978-958-42-6875-4
ISBN 10: 958-42-6875-9

Impreso por: Editorial Nomos S. A.
Impreso en Colombia – *Printed in Colombia*

ÍNDICE

PRESENTACIÓN

*De todas las historias de la Historia
la más triste sin duda es la de España
porque termina mal.*

*Jaime Gil de Biedma
"Apología y petición"*

*—Mi pobre niña —suspiró—. No te alcanzará
la vida para pagarme este percance.*

[La abuela desalmada de Eréndira cuando
decide explotarla dedicándola a la prostitución].

*Gabriel García Márquez
La increíble y triste historia de la
cándida Eréndira y su abuela desalmada*

Este libro de historia, aunque vaya ilustrado con caricaturas, no va en chiste: va en serio. Y, como todos los libros serios de historia, es también un libro de opinión sobre la historia: entre todas las formas literarias no hay ninguna más sesgada que la relación histórica.

Los versos de Gil de Biedma del epígrafe se refieren a su país, España; pero creo que son igualmente apropiados para la historia del mío, Colombia: siempre turbulenta, casi siempre trágica, y muchas veces vergonzosa.

La historia de lo que hoy es Colombia comenzó mal desde que la conocemos, con los horrores sangrientos de la Conquista. Y siguió peor. Esperemos que empiece a mejorar antes de que termine.

El segundo epígrafe, tomado de García Márquez, pinta bien lo que han sido las relaciones de este país con sus clases dominantes en estos largos cinco siglos. Como dice la abuela: toda la vida.

ANTONIO CABALLERO

I

LOS

HOMBRES

Y LOS

DIOSES

Nuestros antepasados de hace cinco siglos en sus dos ramas —los muy diversos castellanos de la España del Renacimiento y los muy diversos aborígenes americanos con quienes se tropezaron violentamente cuando desembarcaron en el Nuevo Mundo— dieron comienzo a una larga y tragicómica historia de malentendidos resueltos con sangre.

El destino de los españoles, en todos los países del mundo, es participar en las mezclas de sangres.
Denis Diderot

En 1492 descubrieron América los europeos, y los americanos descubrieron a los europeos recién llegados: los españoles de Castilla, blancos y barbados. No fue un amable y bucólico "encuentro de dos mundos" mutuamente enriquecedor, como se lo ha querido mostrar en las historias oficiales para niños y adultos ñoños de Europa y América. Fue un cataclismo sin precedentes, en nada comparable a las innumerables invasiones y guerras de conquista que registra la Historia. Fue un genocidio que despobló hasta los huesos un continente habitado por decenas de millones de personas: en parte a causa de la violencia vesánica de los invasores —uno de ellos, el conquistador y poeta Juan de Castellanos, cuenta como testigo ocular en sus *Elegías de varones ilustres de Indias* que los más de entre ellos "andaban del demonio revestidos"—; y en parte aún mayor por la aparición de mortíferas epidemias de enfermedades nuevas y desconocidas, venidas del Viejo Mundo o surgidas en el choque de pueblos que llevaban separados trescientos siglos: desde la Edad de Piedra. Ante la viruela y la sífilis, el sarampión, el tifo, o ante un simple catarro traído de ultramar, los nativos del Nuevo Mundo caían como moscas. Se calcula que el noventa y cinco por ciento de los pobladores indígenas de América perecieron en los primeros cien años después de la llegada de Cristóbal Colón, reduciéndose de unos cien millones a sólo tres, por obra de las matanzas primero y de los malos tratos luego, de las inhumanas condiciones de trabajo impuestas por los nuevos amos y, sobre todo, de las pestes.

español
del siglo XV

indio
del siglo XV

De ahí viene la llamada "leyenda negra" de la sangrienta España, propagada en primer lugar por los ingleses y los franceses celosos del poderío español, pero iniciada por la indignación cristiana de un sacerdote español, fray Bartolomé de Las Casas, autor de la terrible *Brevísima relación de la destrucción de las Indias* y de otra docena de obras en las que denunció los horrores de la Conquista y la colonización españolas, y que en su testamento llamaba a que "el furor y la ira de Dios" cayeran sobre España para castigar sus criminales excesos. Pero con la misma crueldad y rapacidad iban a comportarse otras potencias europeas que siguieron sus pasos: Portugal, Inglaterra, Francia, Holanda, en sus colonias respectivas de América, de África, de Asia. La "muerte blanca" han llamado algunos antropólogos a esa ansia de exterminio. La que devastó la América recién descubierta quiso explicarla, o disculparla, un poeta español laureado y patriótico, ilustrado y liberal de principios del siglo xix, Manuel José Quintana:

> Su atroz codicia, su inclemente saña
> crimen fueron del tiempo, y no de España.

En todo caso, más que de España o del vago tiempo, de los españoles que llegaron a América y desde un principio desobedecieron las relativamente benignas leyes de la Corona: nuestros antepasados.

Los intrusos, muy poco numerosos en los primeros tiempos —y que no hubieran podido conquistar imperios poderosos como el azteca con los trescientos hombres y los veinte caballos de Hernán Cortés, o el inca con los doscientos soldados y un cura de Francisco Pizarro, si no los hubiera precedido la gran mortandad de las epidemias que desbarató el tejido social de esos imperios—, morían también a puñados, víctimas de las fiebres tropicales, de las aguas contaminadas de la tierra caliente, de las flechas envenenadas de los indios, de las insoportables nubes de mosquitos. A muchos se los comieron vivos las hormigas o los caimanes de los inmensos ríos impasibles. Varios se mataron entre sí. Llama la atención cómo siendo tan pocos en los primeros tiempos y hallándose en una tierra desconocida y hostil, dedicaron los conquistadores tanto tiempo y energía a entredegollarse en pleitos personales, a decapitarse o ahorcarse con gran aparato por leguleyadas y a asesinarse oscuramente por la espalda por repartos del botín, y a combatir a muerte en verdaderas guerras civiles por celos de jurisdicción entre gobernadores. En México se enfrentaron en batalla campal las tropas españolas de Hernán Cortés y las de Pánfilo de Narváez, enviadas desde Cuba para poner preso al primero. En el Perú chocaron los hombres de Pizarro con los de Diego de Almagro, hasta que este terminó descabezado. En el Nuevo Reino de Granada, Quesada, Belalcázar y Federmán estuvieron al borde de iniciar una fratricida guerra tripartita. Y no fueron raros los casos de rebeldes individuales que se alzaban contra la Corona misma, como los "tiranos" Lope de Aguirre en el río Amazonas o Álvaro de Oyón en la gobernación de Popayán. Mientras duró su breve rebelión, antes de ser ahorcado y descuartizado con todos los requisitos de la ley, Oyón firmó sus cartas y proclamas con el orgulloso y contradictorio título de Príncipe de la Libertad. No sabía que inauguraba una tradición de paradojas.

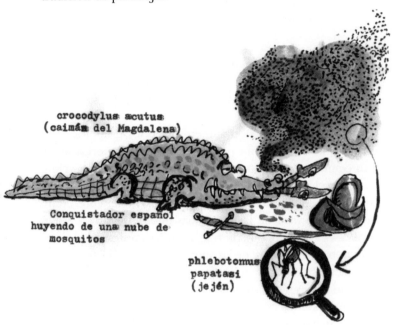

crocodylus acutus
(caimán del Magdalena)

Conquistador español
huyendo de una nube de
mosquitos

phlebotomus
papatasi
(jején)

Se ha calculado que tres de cada diez españoles no sobrevivían a su primer año de estancia en las Indias. No en balde uno de los supervivientes las llamó "esas Yndias equivocadas y malditas".

Y todo era nuevo para los unos y los otros: asombroso y cargado de peligros. Para los españoles, los venenos, las frutas, los olores y los pájaros de la zona tórrida, la ausencia de estaciones, el dibujo de las constelaciones en el cielo nocturno, la equivalencia del día y de la noche. Para los indios, el color de la cara y de los ojos de los inesperados visitantes, sus barbas espesas, sus recias vociferaciones al hablar, y los caballos, y el filo del acero de las espadas.

Ni siquiera sabían, de lado y lado, quién era el otro.

¿Quién era Colón?

Ni nosotros hoy, ni sus contemporáneos hace quinientos años, hemos sabido a ciencia cierta quién era Cristóbal Colón, el Descubridor, el autodesignado Almirante de la Mar Océana, el charlatán genial que engatusó para su insensato proyecto ultramarino a los Reyes Católicos de Castilla y Aragón, pese a que por entonces estaban ocupados unificando a España bajo su doble Corona: derrotando a los últimos moros de la Reconquista, expulsando a los judíos, sometiendo a los grandes señores feudales y arrasando sus castillos. Bien ocupados estaban y, sin embargo, se dejaron distraer y convencer por el verbo iluminado de ese advenedizo aventurero, navegante mercenario, comerciante de lanas por el Mediterráneo y el mar del Norte hasta Islandia, improbable cartógrafo autodidacta, salido de no se sabía dónde. ¿Se llamaba Colón, Colombo? Más tarde, ya famoso, vendrían las interpretaciones cabalísticas, propiciadas e iniciadas por él mismo: Cristóbal, *Christo ferens*, el llevador de Cristo; Colón, el que coloniza en el sentido latino, romano: el que puebla de nuevo. ¿De dónde venía? ¿De quién era vasallo? Tal vez era italiano de Génova, tal vez catalán, tal vez portugués de la isla de Madeira, tal vez mallorquín. Y muy probablemente judeoconverso: muy mala recomendación en un momento en que los judíos estaban siendo desterrados, y los que para no irse se hacían conversos (o "reconciliados") eran altamente sospechosos ante la Inquisición, que los perseguía para confirmarlos en la verdadera fe, la de Cristo, mediante el tormento o la hoguera.

O muy buena recomendación, por el contrario. Judíos o judeoconversos seguían siendo los más cercanos consejeros y los principales financistas y banqueros de los Reyes Católicos, como lo habían sido durante siglos de todos los gobernantes de España, tanto cristianos como musulmanes, desde los tiempos de los visigodos.

La idea de Colón era cosmográficamente simple, pero tremendamente arriesgada en la práctica. Consistía en llegar al Oriente navegando hacia occidente. Es decir, desafiando el desconocido y aterrorizador Mar Tenebroso, el océano Atlántico repleto de monstruos y de tempestades, de cuyas orillas

"Al instalarse en La Española (hoy Haití-Santo Domingo)
el Almirante hizo construir un palacio para sí
y un patíbulo para sus compañeros".

apenas si se habían atrevido a apartarse unas pocas leguas los
intrépidos navegantes portugueses que exploraban las costas
del África o que, más al norte, habían osado empujar sus frágiles buques hasta las islas Azores, casi en la mitad del mar.
Antes que a los españoles, Colón le había propuesto la aventura al mucho más marinero rey de Portugal, volcado hacia el
océano, que la rechazó por descabellada. Pero además ¿por
qué empeñarse en buscar el Oriente en contravía? Pues porque medio siglo antes los turcos otomanos habían conquistado Constantinopla, en el extremo del Mediterráneo, acaban-
do con el moribundo Imperio de Bizancio y cerrando para el
Occidente cristiano las puertas del Asia y su comercio.

Para convencer a los reyes de que le financiaran su expedición a lo desconocido —que en fin de cuentas recibió también el respaldo de banqueros judíos—, Colón les propuso
tres tentaciones: las especias, el oro y la expansión de la religión verdadera. La reina Isabel de Castilla, que aún no se llamaba Católica —lo sería por la conquista del último enclave
musulmán de Granada y por la gracia del Descubrimiento—,
pero que lo era de convicción, se interesó por lo último: la
santa evangelización, obsesión vieja de su confesor, el futuro
regente de Castilla y gran inquisidor cardenal Cisneros. Su
marido, el rey aragonés Fernando, se entusiasmó por el oro:
la ambiciosa política de conquista de Aragón en el Mediterráneo y en Italia lo requería en ingentes cantidades. Y los dos
a una ("Tanto monta, monta tanto / Isabel como Fernando",

rezaba su divisa) por las especias: los condimentos —clavo, pimienta, canela, nuez moscada— necesarios para aderezar y sazonar y aun para soportar los sabores de las carnes pasadas de punto y los pescados podridos que se servían en la mesa de su itinerante Corte, en Valladolid o en Santa Fé de Granada, en Barcelona o en Sevilla o en Burgos.

Cumplió Colón con las dos últimas: aunque muy poco al principio, pronto sus descubrimientos empezaron a rendir oro a raudales. La evangelización de los indios idólatras tenía por delante un campo inmenso —aunque reducido por el genocidio: todavía estaban en vida Colón y la reina cuando ya no quedaban aborígenes por convertir en las primeras islas del Caribe descubiertas por el Almirante, La Española, Cuba y Puerto Rico, y el reguero de Pequeñas Antillas: todos estaban muertos—. En lo de las especias, en cambio, resultó que en América no las había. Colón trató de engañar a los reyes bautizando como "pimiento" al ají, una baya amarilla o verde, a veces roja, que encontró en las islas y que imitaba las virtudes picantes de la pimienta de las islas de las especias, las Molucas, en el sudeste asiático. Y bueno, sí: el ají picaba —y aún más cuando vinieron a descubrirse las variedades mexicanas—. Trató también de

hacer colar el rojo y verde pimiento morrón, y ahí el engaño no convenció. Y sin embargo el ají o guindilla, y el pimiento morrón o pimentón, o pimiento a secas, se convertirían desde entonces, acompañados un poco más tarde por el tomate de México y la papa del Perú, en puntales de la culinaria española y europea. Y el tabaco, claro, que Colón encontró en Cuba fumado por los indios, y que un siglo más tarde popularizarían los piratas ingleses. Para el uso generalizado de otras hierbas descubiertas, como la marihuana, la coca, la ayahuasca, faltaba medio milenio.

En reciprocidad, y traídos a veces por el propio Colón en sus siguientes viajes, vinieron al Nuevo Mundo el ajo y la cebolla, la vid, el olivo, los fríjoles y los garbanzos, el trigo, las naranjas. Y, aunque suene contraintuitivo e increíble, el plátano y el coco y la caña de azúcar, venidos ellos sí, a través de los árabes, de las remotas Indias verdaderas.

¿Quiénes eran los indios?

Tras su cháchara de culebrero para deslumbrar o embaucar a los reyes, la verdad es que Colón no sabía para dónde iba. Creía que el diámetro de la Tierra —para entonces toda persona educada sabía que era redonda, o, más precisamente, esférica— era mucho menor que el verdadero, pero se equivocaba al equiparar las millas árabes con las millas italianas, y en consecuencia calculaba la distancia existente entre el cabo Finisterre de Europa y las islas de Cipango (el Japón) en un tercio menos que la real. Por lo cual confiaba en llegar pronto a la China del emperador mongol Kublai Kan, que doscientos años antes había descrito Marco Polo en su *Libro de las maravillas*.

Pero no las tenía todas consigo. Viajaba, por si acaso, con un intérprete de lengua caldea —aunque curiosamente, dado el declarado aspecto evangelizador de su empresa, no llevaba ningún cura—. Y sin embargo, cuando se tropezó con un continente nuevo a la mitad de lo que para él debía ser el final del camino, se empecinó en su error. Llamó a sus naturales indios, por estar en las Indias —que sólo mucho más tarde, remendando a medias la equivocación del Descubridor, empezarían a apellidarse Occidentales—. Unos cuantos años después esos indios equivocados empezarían a ser llamados americanos, por otro malentendido: el de un cartógrafo alemán que le dio al continente nuevo, al Nuevo Mundo, el nombre de un cosmógrafo italiano que viajaba en un navío portugués, Américo Vespucio. Creyó Colón que los indios, cuando se señalaban a sí mismos diciéndose *canibas* —o caribes—, trataban de chapurrear las palabras "gente del Kan" en mal castellano —lo cual lleva a sospechar que tal vez él mismo era castellano, y no genovés ni sardo: los castellanos no conciben que existan lenguas distintas de la suya, que es la que hablan todos los extranjeros pronunciándola, por supuesto, mal—. Y de ahí dedujo que los indios caribes eran chinos; o, si en realidad estaba en Cipango por haber desviado el rumbo en unas cuantas millas, japoneses.

   Aunque tal vez, sin saberlo, tuviera razón el Descubridor
en cuanto al origen asiático de sus "indios", pues los seres
humanos llegaron a lo que hoy es América hace treinta mil
años, cruzando a pie el entonces congelado estrecho de Be-
ring desde las estepas siberianas. Si bien otra teoría supone
que más bien, o también, llegaron por mar cruzando el Pacífico en balsas desde la Polinesia. El aspecto físico de los indios
americanos es claramente asiático: la piel cobriza, el pelo lacio
y negro, los pómulos pronunciados, los ojos rasgados. Pero
hay hipótesis más pintorescas que las de los paleoantropólo-
gos y los paleoetnólogos. El propio Colón aventuró la idea de
que los indios podían ser los descendientes de las doce tribus perdidas de Israel. En el siglo XVI un cronista conjeturó
que eran vascos, descendientes de Jafet, el hijo del Noé del
Diluvio, a través de Túbal, primer rey legendario de Iberia. Y
no ha faltado quien corrobore esa tesis por el parecido que
tienen con el euskera actual ciertas palabras chibchas: padre,
por ejemplo, se dice *taita* en ambas lenguas —aunque tam-

bién se ha querido emparentar el chibcha con el japonés por
vagas coincidencias fonéticas—. Otros han pretendido que los
americanos venían del antiguo Egipto, navegando por el Mar
Rojo y el océano Índico, circundando el África y atravesando
el Pacífico hasta la isla de Pascua, y de ahí a las costas del Perú.
Un oidor de la Real Audiencia de Lima sostuvo la tesis de que
los americanos eran españoles de cepa pasados a este lado
a través de la hundida Atlántida, antes del cataclismo; y por
eso eran súbditos naturales de la Corona española: no había
habido aquí conquista, sino reconquista. Pero también se les
atribuyó a los indios una ascendencia escita o sármata, cuando
circuló la leyenda de que en las selvas de un majestuoso río
equinoccial vivían tribus de mujeres guerreras como las amazonas de Heródoto en las fronteras nórdicas y bárbaras de la
antigua Grecia.

indio precolombino
según un grabador flamenco

Se barajaron otros orígenes todavía más extraordinarios, de corte mitológico. En el sur del continente —cuando se llegó al sur— vivían los patagones descendientes de los gigantes clásicos, que eran gente de tres metros de estatura. Y algún marino náufrago había visto indios que tenían la cabeza en el pecho, sin cuello —todavía los hay, especialmente entre los mayas de América Central—; y otros con un solo pie, pero muy grande, bajo cuya sombra solían sentarse a descansar. Y en todas partes, desde las Antillas hasta el Perú, desde México hasta el Brasil recién descubierto por los portugueses, se oía hablar de un maravilloso cacique indio hecho todo de oro, que vivía siempre un poco más allá: un río más allá, una cordillera más allá: la persistente leyenda de El Dorado, causante de muchas desdichas.

En todo caso, ya para cuando llegó Colón los primitivos pobladores remotamente asiáticos se habían multiplicado en cientos de etnias distintas, que hablaban miles de lenguas hoy desaparecidas en su inmensa mayoría, como extintos están los pueblos que las hablaron. Y cada cual, en la suya, reservaba la palabra "hombre" para su propio pueblo. *Inuit* quiere decir "hombre" en esquimal; y *caribe*, "hombre" en caribe; y *mapuche*, "hombre" en mapuche; y *muisca*, "hombre" en muisca o chibcha. Los españoles, tan poco dotados para los idiomas extranjeros, llamaron "moscas" a los muiscas.

(Hay que advertir que en el siglo xv no existía todavía la corrección política con perspectiva de género, y la palabra "hombres" designaba —en español o en chibcha, en mapuche, en inuit— a los seres humanos sin distinción de sexos).

Nuestros antepasados de aquí

indio precolombino
según un dije muisca

indio precolombino
según una joya tairona

No voy a hablar de aztecas, mayas, incas. Nos reduciremos al país que hoy es Colombia… pero no siempre se llamó así: Tierra Firme, Castilla del Oro, Nuevo Reino de Granada; y luego media docena de cambiantes nombres republicanos, siguiendo la inflexible religión nominalista heredada de España, según la cual cambiando el nombre se cambia el ser. Este país, cambiante desde los albores del Descubrimiento y la Conquista, fue un territorio a la vez aislado del contexto general de América y dividido en regiones muy diversas. Abierto al norte sobre el mar Caribe y al occidente sobre el océano Pacífico, que los descubridores llamaron Mar del Sur. Cerrado al sur por la gran selva amazónica y al noroccidente por la del todavía hoy casi infranqueable tapón del Darién. Y prolongado por el oriente por los desiertos guajiros y los Llanos Orientales hacia lo que hoy es Venezuela; pero también bloqueado por esa parte por la política de la Corona española, que desde muy temprano en la Conquista quiso mantener estrictamente separadas sus distintas provincias coloniales americanas, comunicadas sólo por el cordón umbilical de la metrópoli.

Y en el interior, un territorio partido por los tres ramales de la gran cordillera de los Andes y separado por enormes ríos caudalosos —el Magdalena, el Cauca, el Atrato—, en una multiplicidad de climas y de tierras en los valles, sabanas, desiertos, llanuras y páramos que albergaban —que albergaron— la más rica flora y fauna del variadísimo continente que es —que era— la América del Sur.

Reduciéndonos, digo, a lo que hoy es Colombia, digamos que aquí habitaban ochenta o cien pueblos indígenas diferentes en muy distintos estadios de desarrollo cultural, casi aislados los unos de los otros y condicionados en sus respectivas culturas por sus múltiples entornos geográficos. Algunos todavía estancados en la Edad de Piedra, como los caribes de las selvas del Darién y de la costa Atlántica (Caribe), de quienes Colón escribió que "en el mundo creo que no hay mejor gente ni mejor tierra [...] Muy bien hechos, de muy fermosos cuerpos y muy buenas caras, son la mejor gente y más mansa del mundo", sentando así los cimientos del mito del "buen salvaje", tan traído y llevado y manoseado y estirado en todos los sentidos por filósofos y antropólogos. Los indios caribes que lo inspiraron eran primitivos pescadores semidesnudos, cazadores de roedores y de pájaros, y recolectores de bayas silvestres. Vivían "en estado de naturaleza", y posiblemente ni siquiera tenían dioses, y menos aún una religión establecida. Pero no eran tan mansos como los pintó el Almirante. Eran también feroces guerreros que completaban su dieta proteínica —sin saber que lo hacían para eso— comiendo la carne de sus enemigos: la palabra "caníbal" para designar a los antropófagos es una derivación —a través del sordo oído del propio Colón— del nombre *caribe* o *caribana*. Sus vecinos de las islas, a donde llegaban en sus canoas de guerra desde la tierra firme, les tenían terror.

Pero en la costa Caribe vivían también los taironas, dueños de una cultura mucho más avanzada, grandes orfebres y edificadores de ciudades en las laderas empinadas de la Sierra Nevada de Santa Marta, comunicadas por vertiginosas y laberínticas escaleras de piedra. Tan guerreros como los caribes, pero mejor organizados, opusieron una resistencia de varios siglos a la colonización española desde sus montañas inexpugnables; y aún hoy sus descendientes koguis y arhuacos se rehúsan a ser asimilados por la civilización de los blancos y mestizos, a quienes consideran orgullosamente sus "hermanos menores". Más al norte estaban, y aún están, los wayúus de La Guajira, que tampoco fueron nunca sometidos; y subiendo hacia el sur, en lo que hoy son los departamentos de Santander y Boyacá, los belicosos muzos. Remontando el gran río de la Magdalena se encontraban los panches y los pijaos, también "indios bravos" y, según algunos cronistas, antropófagos como los caribes, en lo que hoy es el Tolima. Y más arriba —o más abajo— la misteriosa civilización sin nombre de San Agustín, en el Huila, que ya había desaparecido hacía siglos cuando llegaron los españoles, dejando entre el monte sólo sus tremendos y silenciosos ídolos de piedra. En lo que hoy es el Eje Cafetero, se encontraban los quimbayas, tal vez los más refinados orfebres de toda la América precolombina. En las sabanas de los ríos Sinú y San Jorge, entre el Cauca y la cordillera, vivían los zenúes, constructores de un vasto y complejo sistema de control de las aguas que los españoles primero, y luego los colombianos, destruimos. En el altiplano cundiboyacense, centrado en la sabana de Bogotá, estaban los muiscas o chibchas, un pueblo pacífico, alfarero y tejedor de mantas, comerciante de sal y amigo de las grandes borracheras. El cronista poeta Juan de Castellanos se asombra en los versos de sus *Elegías* de que los chibchas sacaran de una misma planta, la del maíz, "tanto su pan como su vino": la arepa y la chicha. Más al sur, en el Valle del Cauca, los calimas, y aún más allá, los tumacos, ya en las estribaciones del gran Imperio de los incas.

indio precolombino
según un megalito
agustiniano

Ninguno de estos pueblos conocía la escritura. Por eso sólo los conocemos a ellos a través de la arqueología de tumbas y de las crónicas de los conquistadores españoles, sus mortales enemigos: la otra rama de nuestros antepasados.

indio precolombino
(momia chibcha del
Banco de la República)

Nuestros antepasados de allá

Nota necesaria:
A diferencia de casi todas las demás naciones americanas, desde el Canadá hasta la Argentina, los colombianos no tenemos una multiplicidad de antepasados, sino sólo dos ramas: los españoles y los indios —y, algo más tardía, la de los negros traídos como esclavos—. Durante la Conquista y la Colonia, la Corona española no permitía que vinieran aquí sino los castellanos —hasta los súbditos de Aragón eran considerados extranjeros—; y después, en la República, los gobiernos usualmente dominados por los sectores reaccionarios y por la Iglesia se opusieron siempre al contagio de ideas modernas —es decir, dañinas— que pudiera traer la inmigración de gentes de otros países, incluida la propia España. Así que, salvo unos cuantos aventureros italianos o refugiados judíos, y un puñado de convictos franceses escapados de la prisión de Cayena, en la Gua-

yana, sólo llegaron aquí a principios del siglo XX, casi subrepticiamente, los llamados "turcos" —pues viajaban con pasaporte del Imperio otomano—: unos pocos millares de libaneses, sirios y palestinos. Pero cuidadosamente seleccionados: tenían que ser de religión cristiana.

En las famosas tres carabelas del Descubrimiento —aunque sólo una lo era: la Niña; la Pinta y la Santa María eran naves de otra clase— venían marinos andaluces, carpinteros navales, un médico. En viajes posteriores vendrían más españoles e, incluso, algún italiano o portugués —sin contar al propio Almirante—. Eran soldados sin empleo tras el fin de la Reconquista contra los moros, veteranos de las guerras aragonesas de Italia, convictos de Castilla, pequeños comerciantes, artesanos, segundones arruinados de casas nobles, pícaros, escribanos, estudiantes. Viajaban también mujeres, aunque no muchas. Y funcionarios de la Corona, esos sí bastantes: ya en los tiempos de los Reyes Católicos la burocracia hispánica era la más numerosa, enredada y enredadora del mundo, y estaba entregada a un crecimiento constante y canceroso que se iba a volver delirante bajo su bisnieto Felipe II, primer funcionario del reino, y sería heredada y reproducida con entusiasmo en las colonias americanas.

Llama la atención, en ese siglo XV abrumadoramente analfabeta, el número de futuros escritores y poetas que viajaron desde España a las Indias: ninguna empresa guerrera y colonizadora de la historia ha sido registrada y narrada por tal número de escritores participantes en ella, y de tan alta calidad literaria, los cronistas de Indias, que antes habían sido sus descubridores y conquistadores: Cristóbal Colón y su hijo Hernando, Hernán Cortés, Jiménez de Quesada, Fernández de Oviedo. Poetas, como el Alonso de Ercilla de la epopeya *La Araucana* y, de vuelo menor, el Juan de Castellanos de las *Elegías de varones ilustres de Indias*. Curas, como fray Bernardino de Sahagún o fray Pedro Simón. Y llama la atención también que muchas veces esos cronistas escribían para contradecirse unos a otros: así, el soldado Bernal Díaz escribió su *Historia verdadera de la conquista de la Nueva España* para corregir las *Cartas de relación* de Cortés, que había sido su capitán; y fray Bartolomé de Las Casas su *Brevísima relación de la destrucción de las Indias* para refutar a todos sus predecesores.

Sahagún, Simón, Las Casas: porque, ahora sí, empezaron a llegar a América curas y frailes. A montones. En la España de los siglos XV y XVI, descontados los siervos de la gleba, un quinto de la población adulta estaba constituido por religiosos: sacerdotes seculares, monjes regulares de las grandes órdenes más o menos mendicantes, frailes sueltos, monjes y monjas de clausura. La Iglesia española no sólo era muy rica —y la primera terrateniente del país—, sino bastante independiente del papado de Roma, y en cambio muy sometida a la Corona, gracias a las bulas concedidas a los reyes y sobre todo a través de la Inquisición. Esta era un tribunal eclesiástico en teoría, y en teoría consagrado únicamente a investigar los pecados —que no existiendo la libertad de cultos eran automáticamente también delitos— de herejía, o de reincidencia en una falsa religión, islam o judaísmo, o de brujería. Aunque en España no fueron muchos los casos de brujería y otros tratos con el demonio perseguidos por los inquisidores, porque, explicó alguien, "el diablo no se fiaba de los españoles". Pero la Inquisición era directamente manejada por la Monarquía, que la utilizaba para el control político y social de todos sus súbditos, herejes o buenos cristianos, nobles o plebeyos. Sus métodos crueles, la tortura, y secretos, el encierro de los sospechosos incomunicados y la delación anónima —pagada con los bienes del denunciado— la convertían en una eficaz policía política; y sus castigos severísimos y de tinte espectacular, como la quema en la hoguera o la humillación pública de los condenados, le daban un prestigio ejemplarizante muy útil para sus reales patronos. En una sociedad casi sin espectáculos ni diversiones públicas, salvo las misas y las procesiones, los solemnes y espléndidos autos de fe organizados por la Inquisición para la confesión y abjuración de los pecados ante el pueblo congregado en el atrio de una catedral se convertían en verdaderas y casi únicas fiestas, con la sola competencia de las corridas de toros. La religión católica, única aceptada por el Estado como verdadera, iba a servir de cemento para la unidad de una España en la que convivían cada vez menos armoniosamente cristianos, mahometanos, judíos y conversos.

Para resumir, ya fueran sacerdotes, funcionarios, soldados, artesanos o hijos de comerciantes, quienes viajaron a las Indias, provenían en su mayoría de la pequeña burguesía urbana con algunos medios de fortuna: tenían que pagarse el viaje. La colonización española fue empresa privada. Eso explica en parte la necesidad que tenían los colonos en el Nuevo Mundo de obligar a trabajar a los indígenas, tanto para labrar los campos como para explotar las minas. No habían llevado siervos como los que había en España, ni esclavos moros ganados en la guerra; y ellos mismos sabían pelear, pero no sabían trabajar: una trascendental diferencia con los que serían más tarde los colonos de las posesiones inglesas en América del Norte. Así, buscaron mano de obra sierva en los indios de la Conquista, como lo habían hecho durante siglos en los moros de la Reconquista: también en ese sentido la una siguió a la otra como su prolongación natural. Y la Corona, que cobraba impuestos —el "quinto real": la quinta parte de todas las riquezas descubiertas—, no correspondía financiando las expediciones: sólo proporcionaba a cambio protección contra la intromisión de otras potencias europeas —una protección cada día más precaria— y derechos jurídicos de población y de conquista. En primer lugar, los de posesión sobre el Nuevo Mundo que otorgó el papa en su bula *Inter caetera* ("Entre otras cosas") a los monarcas españoles. Y las leyes para las reparticiones de tierras y de indios, para la fundación de ciudades y la organización institucional en torno a los cargos nombrados desde España: gobernadores, oidores, visitadores —y también curas doctrineros y obispos—. En suma, la Corona sólo proveía, o al menos prometía, la ley y el orden. El orden ya absolutista y regio, antifeudal, que estaban instaurando en la península los Reyes Católicos.

dominico   franciscano   benedictino
Más españoles del siglo XV

Como se dijo antes, de acuerdo con las leyes dictadas por la Corona, sólo podían viajar a América los súbditos castellanos —ni siquiera los aragoneses—, y los portugueses a las posesiones del Imperio en las costas del Brasil, de acuerdo con la línea arbitraria trazada con el dedo de arriba abajo en el mapa por el papa Alejandro VI Borgia (un Borja español) que dividía entre España y Portugal las nuevas tierras descubiertas. Una línea escandalosamente injusta, no sólo con los indios americanos, por supuesto, sino con los demás reinos de Europa, excluidos caprichosamente del reparto. (Años más tarde, indignado, pediría un rey de Francia que le mostraran en dónde había dispuesto Adán en su testamento tan inicua distribución de su herencia). Y sólo estaban autorizados para ir a las Indias, a conquistar o a poblar, castellanos que pudieran probar su "limpieza de sangre". Sólo "cristianos viejos". Ni judíos ni mahometanos, aunque, como ya se dijo, el propio Colón era tal vez judeoconverso, y luego vendrían otros que también lo eran, como, por ejemplo, el conquistador del Nuevo Reino de Granada, Gonzalo Jiménez de Quesada. Eso era incontrolable, al fin y al cabo: sobre un total de unos cinco millones de habitantes, la población de España contaba trescientos mil judíos —expulsados en 1492, el mismo año del Descubrimiento— y ochocientos mil conversos: una quinta parte de los españoles. En cuanto a los moros que se quedaron tras la conquista cristiana de su último reducto de Granada (también en 1492), eran medio millón. Pero aplicar con rigurosidad las leyes de limpieza de sangre era imposible; y además las leyes eran laxas; y además había muchos juristas, duchos en interpretarlas.

cristiano   judío   moro

Por eso aquí vinieron todos. La limpieza de sangre, además, tenía que ver con la religión, no con la raza. Ya los españoles de esas auroras del Renacimiento constituían tal vez la raza más mezclada de las que habitaban Europa. Un entrevero de todas las etnias indoeuropeas llegadas en el curso de dos o tres milenios: íberos y celtas más o menos autóctonos, los misteriosos vascos, tartesios de Andalucía, griegos y fenicios venidos pacíficamente por el mar en el siglo v antes de Cristo, cartagineses del África y romanos de Italia en el siglo III en plan de guerra y conquista, judíos —según sus propias cuentas, desde la primera diáspora causada por la destrucción del primer templo de Salomón en Jerusalén por el babilonio Nabucodonosor, seiscientos años antes de Cristo—, invasores visigodos y de otros pueblos bárbaros salidos de Alemania como los suevos y los vándalos, y aun de más lejos, como los alanos del remoto Irán en el siglo v d. C., y árabes a partir del siglo VIII en sucesivas oleadas: árabes de Arabia, sirios, bereberes del norte de África, almorávides, almohades, benimerines. Y finalmente, por millares, los peregrinos pacíficos de Compostela, franceses sobre todo, que fundaban barrios y ciudades francas, además de monasterios cistercienses, a lo largo del Camino de Santiago cuando volvían de venerar la tumba del apóstol.

Esa España diversa, no amalgamada todavía pero sí superficialmente unificada por la religión y la política, es decir, por los reyes y los curas, era probablemente, bajo su doble Corona de Castilla y Aragón, el Estado más poderoso de Europa, aun antes de que le cayeran en suerte el Nuevo Mundo y sus riquezas: una lotería que, paradójicamente, iba a ser una de las causas de su decadencia. Apenas un siglo más tarde ya se lamentaba el poeta Francisco de Quevedo y maldecía el oro americano:

Nace en las Indias honrado
donde el mundo le acompaña;
viene a morir en España,
y es en Génova enterrado.
Poderoso caballero
es don Dinero...

Tras ocho siglos de lucha contra los moros, y de los reinos cristianos entre sí, a la Corona de Isabel de Castilla le había llegado por conquista o por alianzas dinásticas la mitad de los reinos españoles: Castilla, León, Asturias y Galicia, el País Vasco, Extremadura y toda la ancha Andalucía tras la conquista del reino nazarí de Granada, y las islas Canarias en medio del Atlántico. El Aragón de su marido no sólo incluía a Cataluña y a Valencia, con lo cual entre los dos monarcas completaban su dominio sobre toda la península ibérica, con excepción de Portugal al occidente y de Navarra al norte —que no tardaría en caer bajo Fernando—, sino que se extendía a un buen pedazo de Francia (el Rosellón y la Provenza) y a buena parte de las islas del Mediterráneo: las Baleares, Cerdeña, media Córcega y Sicilia, incluido el reino de Nápoles que comprendía la mitad sur de Italia. Y, al menos en teoría, sus posesiones llegaban hasta Atenas, en el Mediterráneo oriental. Por añadidura, el papa era suyo: el ya mencionado Alejandro VI Borgia, un Borja valenciano con quien se intercambiaban favores y regalos.

La Europa de los Reyes Católicos

España era pues, étnicamente hablando, lo que allá llaman en culinaria un puchero: una olla podrida, un revoltijo de todo lo que hay, que al ser trasladado a América y mezclado con las variadas razas locales pasó a ser, digamos, un sancocho. Pocos años más tarde —y en parte para suplir la diezmada mano de obra servil de los indios— serían traídos además, en gran número, negros del África para añadirlos al batiburrillo. La burocracia colonial intentó poner orden mediante una clasificación exhaustiva de cruces y matices: español, criollo, indio, negro, mestizo, mulato, zambo, cuarterón, saltatrás, albarazado, tentenelaire... docena y media de escalones de un sistema jerarquizado de castas. La realidad pronto mostró que esa tarea era ímproba. Trescientos años más tarde, durante las guerras de Independencia de España, ya sólo se distinguían los "blancos" (españoles o criollos) y los "pardos", que eran la inmensa mayoría —pues casi no quedaban indios—. Y otro siglo después el filósofo mexicano José de Vasconcelos inventaría la tesis de la "raza cósmica": la que hay hoy en América Latina, cada día más obesa y dedicada a aprender a hablar inglés.

Dioses, hombres y demonios

En México, en el Perú, sin duda también en otras partes menos civilizadas, los aborígenes americanos creyeron en un principio que los recién llegados eran dioses, hasta que por primera vez los vieron muertos. Primero, a sus caballos: y entendieron que hombre y caballo no eran un solo ser incomprensible. A Moctezuma, el emperador azteca, sus delegados le mandaron a México la cabeza cortada de un soldado español; pero aun así seguían teniendo dudas sobre si Hernán Cortés no sería en verdad la legendaria Serpiente Emplumada de los toltecas, el mismo antiguo héroe sagrado Quetzalcóatl, cuyo regreso habían anunciado las profecías. Otro tanto ocurriría unos pocos años más tarde en el Perú con la llegada de Francisco Pizarro. ¿Era ese hombre de hierro, blanco y barbudo, el mismo Viracocha de la mitología que había educado a los antecesores de los incas? Esa creencia errónea de que los españoles llegados por el mar eran los antiguos dioses les dio a los invasores una inmensa ventaja psicológica y estratégica, sumada a la superioridad táctica de sus armas: arcabuces, pequeños cañones, ballestas, espadas de acero. El ruido y el humo de la pólvora. Las armaduras de hierro. Los inverosímiles caballos, tan grandes como seis hombres. Los terribles mastines de presa: alanos leonados de potente mandíbula, usados en España para cazar osos y toros salvajes, y que en América los conquistadores alimentaban con carne de indios. A todo eso, los indios, que no conocían el hierro, sólo podían oponer arcos y flechas con punta de espinas o de dientes de pez, macanas de madera endurecida con filos de piedra, y armaduras de algodón y plumas. Eso explica que en las batallas entre indios y españoles la desproporción entre las bajas de unos y otros fuera descomunal: por cada español caído morían cien o hasta mil indios tlaxcaltecas o mexicas, incas o chibchas. En las escaramuzas con tribus menos organizadas, en cambio, y curiosamente, el choque era menos desigual.

Bastaron unos pocos meses —y a veces unos pocos días— para que los indios se dieran cuenta de que la superioridad militar mostrada por los españoles no era la de los dioses, sino la de los demonios. Más atrás cité al cronista indiano Juan de Castellanos:

> … andaban del demonio revestidos,
> el rostro torvo, malintencionado,
> como quienes se queman con el fuego…

El fuego de los condenados en los infiernos. Pero demonios llamaban los españoles, por su parte, a los dioses de los indios, y los destruían por el fuego. Y no es de extrañar, por lo que hoy puede verse en los museos, que a los conquistadores su fealdad disforme les recordara a los diablos de las pinturas medievales y a las grotescas gárgolas de piedra que en las catedrales góticas de Castilla servían para asustar a los pecadores.

Esa facilidad casi milagrosa para la victoria fue uno de los motivos que llevó a los españoles a pensar no que fueran ellos sobrehumanos, sino que los indios eran infrahumanos. Seres inferiores a quienes era lícito esclavizar —como en España a los moros derrotados—, matar, mutilar, violar, torturar, descuartizar, sin ningún cargo de conciencia. "Bestias o casi bestias", los llamaron. "Animales de carga". Los necesitaban además, ya se dijo, para trabajar en la agricultura y la minería del oro y de la plata. Su interés, por consiguiente, estaba en negarles todo derecho que pudiera derivarse de su condición de hombres y, más aún, de hombres libres.

Pero a esa pretensión se opusieron la Corona y la Iglesia. La muy católica reina Isabel se enfureció cuando supo que Cristóbal Colón andaba vendiendo como esclavos en Sevilla y en Lisboa indios traídos de las Antillas, y expidió (en el año

1500) una Real Provisión conminándolo a liberarlos y devolverlos a "sus naturalezas". "¿Qué poder tiene mío el Almirante —se indignaba— para dar a nadie mis vasallos?". Y ordenaba que fueran tratados "como nuestros buenos súbditos, y que nadie sea osado de les hacer mal ni daño".

Indio del Neolítico descubriendo el Renacimiento

Era la reina de Castilla, pero no le hicieron el menor caso. El único efecto de su ordenanza fue el muy propio del nominalismo castellano de cambiarles el nombre a las cosas. Se sustituyó la institución del "repartimiento" de los indios entre los conquistadores por la "encomienda" de los indios a los conquistadores, con lo que la situación de servidumbre siguió siendo exactamente igual.

Más éxito iba a tener unos años después la protesta de la Iglesia, o más que de la Iglesia misma —la oficial y secular, tan prepotente y codiciosa en América como en España—, de sus brazos más humildes, más fieles a las enseñanzas de Cristo: las órdenes de frailes mendicantes, aunque cada vez más opulentas, venidas a las Indias no por avidez de tesoros sino para convertir a los idólatras. Los mercedarios, los franciscanos, los dominicos, más tarde los jesuitas y los agustinos. Fueron los curas dominicos —los mismos que en España, paradójicamente, manejaban el aparato despiadado de la Inquisición para la quema de judaizantes y moriscos y conversos relapsos— los primeros que denunciaron las crueldades de la Conquista y la encomienda de indios subsiguiente. En un sermón de Adviento pronunciado en 1511, clamó desde el púlpito el fraile dominico Antonio de Montesinos ante los encomenderos y sus familias que asistían devotamente a misa en la catedral de Santo Domingo de la Española, recién fundada y a medio edificar:

> ¡Todos estáis en pecado mortal y en él vivís y morís, por la crueldad y tiranía que usáis con estas inocentes gentes! ¿Con qué derecho y con qué justicia tenéis en tan cruel y horrible servidumbre a los indios? Estos ¿no son hombres? ¿No tienen ánimas racionales?

Un triunfo de papel

Los ofendidos encomenderos y las escandalizadas autoridades locales —Diego Colón, hijo del Almirante, era por entonces gobernador de La Española— denunciaron al atrevido fraile ante el Rey Católico, pues la reina Isabel ya había muerto. Este convocó al dominico y a sus contradictores a exponer sus razones en las Juntas de Burgos de 1512, ante juristas y teólogos, que por entonces eran prácticamente la misma cosa. Convenció Montesinos a Fernando y a sus consejeros, y de Burgos salió para América un paquete de nuevas ordenanzas regias según las cuales se reconocía que los indios eran hombres y eran libres, pero había que someterlos al dominio de los reyes de España para evangelizarlos por medio de la persuasión y el ejemplo si era posible, y si no por la fuerza. De ahí la imposición leguleya de leerles, antes de proceder a matarlos y aunque no entendieran el idioma castellano, un astuto documento llamado Requerimiento: la exigencia de que se convirtieran al cristianismo sin resistencia.

En las remotas islas del Caribe tampoco al rey Fernando le hicieron mucho caso. Ya empezaba a regir, por encima de la ley, un aforismo: "Se obedece pero no se cumple".

Pero algunos siguieron insistiendo. De entre todos, el más notable y terco sería fray Bartolomé de Las Casas, llamado por la posteridad el Defensor de los Indios. Hijo y sobrino de acompañantes de Colón en sus primeros viajes de descubrimiento, soldado de la Conquista en La Española y en La Isabela (Cuba), encomendero en esta isla por algunos años y luego presbítero ordenado en Roma, fraile de la orden dominica, obispo de Chiapas en la Nueva España (México), jurista, historiador y autor de veinte libros sobre lo que él fue el primero en denunciar como "la destrucción de las Indias", y padre en consecuencia de la "leyenda negra" sobre la maldad intrínseca de España (más tarde sería denunciado a su vez como paranoico e hipócrita por los patriotas españoles). Si las denuncias de Montesinos habían llevado al rey Fernando a expedir las Leyes de Burgos, las de Las Casas persuadieron a su nieto, el emperador Carlos V, de dictar las Leyes Nuevas de 1542 reiterando la humanidad y la libertad de los indios.

El fraile Montesinos denunciando
los crímenes de la Conquista

Cristóforo Colombo, pobre Almirante:
¡ruega a Dios por el Mundo que descubriste!

Rubén Darío

Tanto encolerizaron estas a los españoles de América, que se levantaron contra la Corona en rebeliones a veces victoriosas, haciendo que fueran revocadas a medias. Entre tanto, se había pronunciado el papa. En este caso, Paulo III Farnesio, epítome del lujo y de la lujuria paganos de los papas del Renacimiento, que sin embargo publicó en 1537 —cuarenta y cinco años después del primer contacto de los europeos con los indios— la bula *Sublimis Deus* aclarando definitivamente que sí: que los indios tenían alma como los demás hombres. Respaldado por la autoridad de Roma —*Roma locuta, causa finita*—, el pertinaz fraile Las Casas logró entonces la hazaña de forzar al emperador a inaugurar las Juntas de Valladolid, donde se desarrolló una famosísima polémica entre el mismo Las Casas y su contradictor Ginés de Sepúlveda, defensor oficial de la Conquista apoyado en las enseñanzas de Aristóteles sobre la superioridad de unas culturas sobre otras. Según él, los indios eran "bárbaros que no viven conforme a la razón natural y tienen costumbres malas públicamente entre ellos aprobadas", como la idolatría y la sodomía. Los reconocía como seres humanos —pues si no lo fueran no podrían pecar, como no pecan los animales—. Por su parte, Las Casas decía que Sepúlveda "ofrece venenos embadurnados con miel bajo capa de agradar a su soberano", el emperador Carlos, de quien era, en efecto, el adulador favorito. Y sin embargo fue Las Casas el vencedor de la célebre disputa: los indios eran seres humanos libres e "iguales a nosotros".

Victoria de papel. Sí, con ella se sentaron las bases del futuro *ius gentium*, el derecho de gentes. Pero en la historia real, en la vida real, ni a la Real Provisión de la reina Isabel de 1500, ni a las Leyes de Burgos de 1512 de su viudo, el rey Fernando, ni a las Leyes Nuevas de su nieto, el emperador Carlos V de 1542, ni a las conclusiones —filosóficas pero no jurídicas— de la disputa de Valladolid diez años después, nadie les hizo nunca el menor caso.

Y por diezmados en su número, pero no por reconocidos como seres humanos, los siervos indios fueron sustituidos por esclavos negros traídos del África.

Bochica, un blanco bueno

Los chibchas adoraban al sol, como todo el mundo: como los egipcios, los griegos, los incas, los japoneses. Y le ofrecían sacrificios humanos cada vez que era necesario apagar su sed de sangre, en tiempos de sequía. Los sacerdotes cristianos que venían con los conquistadores, y que adoraban a un dios distinto en cuyo honor quemaban vivos a los infieles y a los herejes en España, vieron con muy malos ojos estas feas prácticas paganas. Y las condenaron en los chibchas sin reparar en sus semejanzas con las de los cristianos.

Pero en cambio sí utilizaron para imponer su propia religión, la verdadera, el personaje mítico del Héroe Civilizador, también común a casi todas las culturas del mundo, pero que en el caso de los chibchas tenía la particularidad de ser un hombre blanco. Blanco, pero bueno. A diferencia de los blancos malvados que estaban masacrando y sometiendo a los chibchas con crueldad y rapacidad inenarrables. Pero había sido tan blanco y tan barbado como ellos, luego ellos, siendo sus semejantes, serían también igual de buenos. Se llamaba Bochica, o Nemqueteba. Los curas doctrineros lo equipararon al apóstol Santiago, patrón de los cristianos españoles en sus guerras contra los moros: Santiago Matamoros, convertido en Santiago Mataindios.

Bochica era un hombre blanco de larga barba que venía de lejos, y, cumplida su tarea, volvió allá, o se fue caminando hacia el sol poniente, o subió a los cielos. Una tarea que consistió en enseñarle al pueblo chibcha las artes y las técnicas de la civilización: a tejer mantas, a labrar la tierra, a construir casas, a distinguir el bien del mal. Y consistió, sobre todo, en drenar el inmenso lago en que se había convertido la sabana de Bogotá por la súbita aparición de los ríos Sopó y Tibitó, traídos por el caprichoso dios Chibchachun para castigar los pecados de su pueblo. Bochica entonces se puso en pie sobre la clave del arcoíris y con su vara de oro rompió los grandes peñascos que encerraban el lago por el suroccidente, creando el majestuoso Salto de Tequendama, por el que se precipitó el río Funza o Bogotá, vaciando la sabana y devolviéndola a su primitiva vocación de tierra agrícola.

Cuenta en su crónica indiana el obispo Fernández Piedrahita que Bochica había llegado a la sabana "veinte edades atrás". Una "edad", para los chibchas, constaba de setenta años, lo cual, contando desde la Conquista, lleva hasta los primeros años de la era cristiana. Después de recorrer muchos pueblos de la altiplanicie cundiboyacense enseñando el arte de tejer y el de cocer ollas de barro, y a distinguir el bien del mal, subió a los cielos en el pueblo de Iza, en Boyacá. Dejó allí estampada en la piedra la huella del pie, a semejanza de la de Cristo en la basílica cristiana de la Ascensión y de la de Mahoma en la mezquita musulmana del Domo de la Roca, ambas en Jerusalén. Como hombre blanco bueno, Bochica tenía bajo la manga todas las cartas.

El mito milenario de Bochica representa bien ese momento del nacimiento de la Edad Moderna, marcado por el Descubrimiento y la Conquista de América: el comienzo de la integración del mundo en un violento choque de las culturas y una interpenetración sincrética de las religiones. El mito del hombre blanco y bueno llegado por el mar y que al irse prometió que volvería, cuya leyenda tanto ayudó a Cortés en la conquista del Imperio de los mexicas, que lo tomaron por el Quetzalcóatl de las antiguas tradiciones, y a Pizarro frente a los incas, que vieron en él el retorno anunciado de Viracocha. Bochica, Quetzalcóatl, Viracocha, el Kukulkán de los mayas, el Kon-Tiki de los uros del lago Titicaca, en el alto Perú. El hombre blanco bueno, del cual nunca se ha vuelto a saber nada.

Algunos libros
y fuentes consultados

Claudio Sánchez-Albornoz. *España, un enigma histórico.*

David Bushnell. *Colombia, una nación a pesar de sí misma.*

Enrique Caballero Escovar. *América, una equivocación.*

Francisco Herrera Luque. *Los viajeros de Indias: ensayo de interpretación de la sociología venezolana.*

Fray Bartolomé de Las Casas. *Apología.*

Fray Bartolomé de Las Casas. *Brevísima relación de la destrucción de las Indias.*

Gonzalo Fernández de Oviedo. *Historia general y natural de las Indias, islas y tierra-firme del mar océano.*

Indalecio Liévano Aguirre. *Los grandes conflictos sociales y económicos de nuestra historia.*

Joseph Pérez. *Historia de España.*

Juan de Castellanos. *Elegías de varones ilustres de Indias.*

L. E. Rodríguez Baquero. "Mil años hace... De la prehistoria al descubrimiento", en *Historia de Colombia: todo lo que hay que saber.*

Luis Duque Gómez. "Prehistoria", en *Historia extensa de Colombia.*

Manuel Ballesteros Gaibrois. *Historia de América.*

Pierre Chaunu. *Conquista y explotación de los nuevos mundos (siglo XVI).*

Rafael Sánchez Ferlosio. *Esas Yndias equivocadas y malditas: comentarios a la Historia.*

Reinhart P. Dozy. *Historia de los musulmanes de España.*

Rodolfo Puiggrós. *La España que conquistó el Nuevo Mundo.*

Tzvetan Todorov. *La conquista de América: el problema del otro.*

Y Google.

II

EN BUSCA DE EL DORADO

La aventura vital de Gonzalo Jiménez de Quesada en el Nuevo Reino de Granada es el mejor ejemplo de lo que fue el destino ambiguo de los conquistadores españoles de América: a la vez triunfal y desgraciado.

Con oro se hace tesoro.
Cristóbal Colón

Aquí no hubo, como en México o en el Perú, una "visión de los vencidos" de la Conquista. Ninguno de los varios pueblos prehispánicos de lo que hoy es Colombia conocía la escritura. Y tampoco quedaron descendientes educados que pudieran escribir en castellano su versión de los hechos, como sí lo hicieron en aquellos dos países cronistas mestizos como Fernando de Alva Ixtlilxóchitl, descendiente a la vez de Hernán Cortés y de Nezahualcóyotl, el rey poeta de Texcoco; o Hernando de Alvarado Tezozómoc, nieto del emperador Moctezuma; o Garcilaso el Inca, bisnieto del Inca Huayna Cápac e hijo de un capitán de Pizarro; o Guamán Poma de Ayala, tataranieto del Inca Túpac Yupanqui. Aquí sólo hay los petroglifos enigmáticos del país de los chibchas, en el altiplano andino: grandes piedras pintadas que el prejuicio religioso de los españoles recién llegados llamó "piedras del diablo" y que nadie se ocupó de interpretar cuando aún vivían los últimos jeques o mohanes que supieran leer los signos.

En lo que hoy es Colombia no quedaron ni las lenguas, que eran muchas. "Se entendían muy poco los unos con los otros", dice fray Pedro Simón de los aborígenes. Para evangelizarlos en sus propias lenguas algún cura doctrinero elaboró una gramática chibcha y una guía fonética de confesionario: pecado se dice de tal modo, tres avemarías de tal otro. Pero muy pronto no quedó sino el idioma del invasor. Antonio de Nebrija, autor por esos mismos días de la primera *Gramática castellana*, lo resumió con simplicidad: "Siempre fue la lengua compañera del Imperio". La lengua castellana es muy bella, y en ella escribo esto, que podría estar escrito en tairona o en chibcha. Pero ¿es la mejor, por ser la que triunfó? Dos siglos más tarde el rey Borbón Carlos III expidió una real cédula proclamándola la única oficial del Imperio español, no sólo sobre las que aún se hablaban en América y sobre el tagalo de las Filipinas, sino sobre las otras existentes en la península ibérica, como el catalán y el vasco, el gallego y el bable aragonés. Con resultados que todavía cocean.

Las únicas fuentes de esa historia son, pues, las crónicas de los propios conquistadores, y sus cartas, y los memoriales de sus infinitos pleitos. Estas son, claro está, sesgadas y parciales. Como le escribe alguno de ellos al emperador Carlos, quejándose de otros, "cada uno dirá a Vuestra Majestad lo que le convenga y no la verdad". Y, en efecto, las distintas narraciones se contradicen a menudo las unas a las otras, muchas veces deliberadamente: cada cual quería contar "la verdadera historia". Así, fray Pedro Simón cuenta unas cosas y Jiménez de Quesada otras, y otras más el obispo Fernández Piedrahita, y otras, "en tosco estilo", Juan Rodríguez Freyle, y Nicolás de Federmán da su propia versión (en alemán), y Juan de Castellanos escribe la suya en verso. Con lo cual otro poeta, Juan Manuel Roca, ha podido afirmar cinco siglos más tarde que la historia de Colombia se ha escrito "con el borrador del lápiz". Desde el principio.

Puñalada trapera

Cristóbal Colón había pisado fugazmente en su cuarto y último viaje playas que hoy son colombianas en cabo Tiburón, en la frontera con Panamá. Y fue por Panamá y el golfo de Morrosquillo por donde empezó la colonización de la parte de la Tierra Firme bautizada como Castilla del Oro, que iba desde Urabá hasta Nicaragua y Costa Rica. Allí fundó Balboa, el descubridor del Mar del Sur, la ciudad de Santa María la Antigua del Darién. Y allí su siguiente gobernador, Pedrarias Dávila, inició el régimen de terror tanto para indios como para españoles que iba a caracterizar tantos de los gobiernos subsiguientes: por su crueldad desaforada Pedrarias recibió el apodo latino de *Furor Domini*, que se traduce como "la cólera de Dios".

Las conquistadoras

Fue él el primero que trajo a la Tierra Firme mujeres españolas, incluida la suya propia. Y como era rico y gozaba de vara alta en la Corte, trajo también a un obispo, aunque no tenía diócesis. Trajo vacas. Trajo incluso desde España su propio ataúd: era un visionario. Pero pronto la ciudad recién fundada fue incendiada por los indios caribes y sus ruinas se las tragó la selva, y los españoles sobrevivientes se fueron a fundar otra, la de Panamá, en un lugar más apacible, sobre el recién descubierto Mar del Sur u océano Pacífico. No sin que antes Pedrarias mandara ejecutar a Balboa, su descubridor, a quien había casado —por poderes— con su hija.

Se ejecutaban a menudo los unos a los otros estos hombres bárbaros y leguleyos de Castilla: Pedrarias condenó sin oírlo a su yerno Balboa, constituyéndose simultáneamente en acusador y juez. No reparaban en métodos: decapitación, horca, garrote vil, empalamiento, o traicionera puñalada por debajo de la capa (puñalada trapera). A Rodrigo de Bastidas, gobernador de Santa Marta, lo asesinaron a cuchillo sus soldados, descontentos por su excesiva blandura hacia los indios; y ellos a su vez fueron juzgados en Santo Domingo y descuartizados en la plaza. A Pedro de Heredia, gobernador de Cartagena, que había sobrevivido a una riña a espada perdiendo media nariz —pero le reimplantaron otra: Castellanos, que lo conoció bien, cuenta que "médicos de Madrid o de Toledo, / o de más largas y prolijas vías, / narices le sacaron del molledo / porque las otras las hallaron frías…—, a Pedro de Heredia, digo, lo procesaron por el motivo contrario: por su gran crueldad en las guerras de saqueo de las tumbas de los indios zenúes. Le hicieron no uno, sino dos juicios de residencia. Y los perdió ambos. Murió ahogado cuando volvía a España para apelar la sentencia. Sebastián de Belalcázar en Popayán hizo decapitar a su capitán Jorge Robledo, en castigo por su insubordinación. Los hermanos de Jiménez de Quesada, Hernán y Francisco, fueron enviados presos a España para ser juzgados, pero en la travesía los mató un rayo. Así podrían citarse un centenar de casos. Se mataban entre ellos, los mataban los indios flecheros (poco) o las enfermedades tropicales (mucho). Y la mayoría de los soldados rasos, peones apenas armados y dueños de una camisa y una lanza, y a veces de un bonete colorado, moría de hambre.

Algunos, muy pocos, volvían ricos a España.

La empresa de la Conquista, privada como ya se dijo pero a la vez erizada de prohibiciones y ordenanzas, era una mezcla de iniciativas anárquicas, improvisadas y temerarias, y de leyes y reglamentos detallados y severísimos que no se cumplían pese a estar vigilados y controlados por ejércitos de burócratas: regidores, escribanos, oficiales reales, alguaciles, protectores de indios, oidores, veedores, corregidores, comendadores, visitadores, jueces de residencia. Las normas se falseaban por el soborno o la desidia. En toda la historia de la Conquista sólo un encomendero fue juzgado y ejecutado con todas las de la ley por sus abusos contra los indios; y su juez, a su vez, fue condenado a muerte.

Un gran desorden

Los conquistadores no vinieron a América solamente a rescatar oro, a conquistar tierras, a esclavizar o matar indios o a convertirlos a la fe cristiana, y tampoco sólo a matarse entre ellos. Sino sobre todo a pleitear: por el reparto del botín, por la repartición de los indios, por los límites de las gobernaciones y los lindes de las haciendas, por los sueldos debidos por la Corona —pues rara vez se daba el caso de que pagara alguno—, por los quintos cobrados por ella, por los títulos, por los nombramientos, por las prerrogativas. Consumieron —y lo increíble es que ya las traían previsoramente en las primeras carabelas— ingentes cantidades de tinta y de papel: todo se registraba, muchas veces por duplicado o triplicado, y lo registrado y certificado ante escribano del rey se embarcaba rumbo a España, donde millones de documentos manuscritos, desordenados por el camino, descompletados por los naufragios, todavía reposan sin abrir en el vasto y hermoso edificio renacentista del Archivo de Indias de Sevilla, a la sombra de la inmensa catedral que guarda la tumba de Colón. Una de las tumbas: porque hay otra en la catedral de Santo Domingo, y una tercera en la Cartuja de la misma Sevilla; y en La Habana... En fin.

Todo en la conquista de América fue un caótico desorden: el gran desorden sangriento de la Historia, en el cual hay filósofos que pretenden distinguir los hilos conductores de los renglones de Dios, o del ordenamiento del espíritu, o del determinismo materialista, o de la acción de los héroes. Todo eso influye, complicando el enredo. Y todo se reduce en fin de cuentas a "naufragios y comentarios", para usar el título que le dio a su crónica indiana el conquistador Álvar Núñez Cabeza de Vaca. Matanzas, traiciones, tentativas de orden, tiranías, brotes de anarquía, intrigas, descubrimientos, inventos, trabajos, cataclismos naturales, algún acto

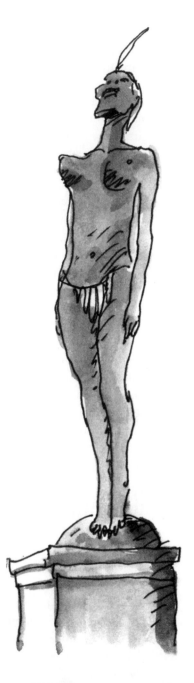

¿Heroína o prepago?

heroico. Choques de gentes y de culturas por tierra y mar, desbarajuste de pueblos y de religiones. El fragor de la Historia. Eso fue también la Conquista, que transformó de cabo a rabo tanto el Viejo Mundo como el Nuevo recién incorporado a la historia universal.

Volvamos a lo local.

Abandonada la entrada a la Tierra Firme por el lado del Darién, a causa de los temibles caribes, el avance prosiguió desde el nororiente, desde las gobernaciones de Cartagena y Santa Marta. En Cartagena, Pedro de Heredia contó para sus incursiones tierra adentro con la ayuda de una famosa intérprete, una "lengua", como se las llamaba entonces, una esclava o amante india bautizada Catalina, de quien todavía se discute si fue una heroína de la civilización y de la fe verdadera o una traidora a su tribu y a su raza, como la Marina o Malinche de Hernán Cortés en México. Discusión algo tonta: las tribus caribes vivían guerreando entre sí, y la india Catalina no era de los calamaríes de Cartagena, sino que venía de Galerazamba en La Guajira, a muchas leguas de distancia. En toda América la penetración española se hizo en buena medida gracias a las alianzas de los invasores con tribus o con pueblos que eran enemigos —como es apenas natural— de sus vecinos.

Pero los colonos de Cartagena no se arriesgaron muy lejos de la costa en las selvas del interior, salvo hacia el territorio de los indios zenúes, civilizados y pacíficos, de cuyas tumbas saquearon —"rescataron", decían ellos— tesoros gigantescos. Tuvieron además, desde muy pronto, que cuidar su ciudad de los piratas con patente de corso de las potencias europeas —Francia e Inglaterra—, que no habían aceptado de buena gana la partición que el papa había hecho del mundo entre Portugal y España. Versifica así don Juan de Castellanos la temprana toma de Cartagena por un filibustero francés y el pago de su rescate por Heredia —con el oro zenú—:

... Pues muchas veces nos hacían la guerra
franceses por la mar, indios por tierra.

Ladrón que roba a ladrón...

Así que fue la gobernación de Santa Marta, la más antigua ciudad de Tierra Firme después de la abandonada del Darién, la que emprendió expediciones de exploración y conquista hacia el sur, hacia lo desconocido. O tal vez con el propósito de llegar al Perú, de sobra conocido por las inmensas riquezas robadas por Pizarro y Almagro, y sobre el que a lo mejor se podría reclamar algún retorcido derecho de llegada o de reparto, como era ya costumbre de leguleyos establecida entre los conquistadores. O quizás hacia los dominios de un muy mentado y rico cacique Dorado todavía sin buen dueño cristiano: un señor de las montañas que, cargado de joyas de oro, se bañaba en oro. Pedro Fernández de Lugo, nombrado gobernador de la provincia de Santa Marta y que al llegar la encontró en ruinas, con lo traído de España armó y avitualló una expedición que puso al mando de su teniente de gobernador, Gonzalo Jiménez de Quesada, para que fuera a inquirir aguas arriba sobre las fuentes del Río Grande de la Magdalena. Y a buscar oro, por supuesto. Ya había dicho el Descubridor Cristóbal Colón, cuyo ejemplo siguieron todos: "Con oro se hace tesoro".

Hubo que vencer no pocas trabas burocráticas: desenredo de derechos de descubrimiento, de población o de conquista, rivalidades puntillosas entre funcionarios, discusiones sobre quién debía pagar las armas y quién los caballos, y sobre cómo debían nombrarse tesoreros y contadores... Y ¿podía emprenderse aquello desde Santa Marta, sin violar las prerrogativas de la gobernación del atrabiliario Heredia en Cartagena; de la de Coro en Venezuela, que pertenecía a los Welser, banqueros alemanes del emperador; de la de Panamá fundada por Pedrarias; de la de Francisco Pizarro en el Perú? No había mapas todavía, ni se conocía la anchura de las tierras ni la sucesión desesperante de las montañas de la inmensa cordillera de los Andes: pero ya todos los aventureros eran capaces de citar latinajos del derecho romano. Para lograr la merced de ir a explorar o a poblar o a fundar había que tener influencias en España. Todo tomaba meses, y aun años: naufragaban los navíos que llevaban las cartas o los interceptaban los piratas, las licencias y las cédulas reales quedaban atascadas para siempre en el escritorio de un funcionario envidioso o simplemente meticuloso: "Las cosas de palacio van despacio", rezaba un refrán.

La literatura española del Siglo de Oro está llena de ejemplos de estos líos en el teatro de Lope y de Calderón. Y también de ejemplos de cómo se burlaba en la vida real el intrincado laberinto de normas: todas las novelas de la picaresca. Por añadidura, en la lejana Corte itinerante —que saltaba de Burgos a Sevilla, de Madrid a Barcelona o a Valladolid— había cientos de rábulas que afilaban con veneno sus plumas de ganso para escribir memoriales a destajo, contestados con otros memoriales en un circuito interminable.

La aventura de Quesada

Tal vez sea Gonzalo Jiménez de Quesada el mejor ejemplo de conquistador español del siglo XVI: a la vez exitoso y desgraciado, a la vez curioso de los indios y despiadado con ellos, a la vez guerrero y leguleyo, a la vez hombre de letras y hombre de acción, y por añadidura historiador. Licenciado de la Universidad de Alcalá, abogado litigante en Granada, y luego viajero de Indias burlando la prohibición que regía, pero no se cumplía, para los descendientes de judeoconversos. Y obsesionado desde que zarpó de Sevilla en las naves de Pedro Fernández de Lugo por el rumor, más que leyenda, de la existencia de El Dorado: ese cacique fabuloso que, forrado en polvo de oro, se zambullía desnudo en las aguas de una laguna sagrada bajo la luz de la luna. No iba a encontrarlo nunca. Pero fue el primero que cumplió la ambición que desde entonces rige la historia de Colombia: conquistar la sabana de Bogotá.

Jiménez de Quesada remonta el Río Grande de la Magdalena perdiendo tres cuartos de sus soldados por el camino

No fue cosa fácil. Resuelto el papeleo, Quesada emprendió la que iba a ser una de las más largas y penosas expediciones de toda la conquista de América, tan repleta de aventuras y de hazañas inverosímiles. Partió de Santa Marta con ochocientos españoles y setenta caballos, cinco bergantines y un cura. Tras circundar la Sierra Nevada descendió por el valle del Cesar hasta el río Magdalena para encontrarse con sus bergantines, que no estaban allí porque se habían ido a pique al entrar por las turbulentas Bocas de Ceniza. En nuevas embarcaciones improvisadas, mitad canoas, mitad balsas de vela y remo o pértiga, remontó el ancho río lodoso y amarillo, no verde como eran en España el Ebro o el Guadalquivir, y poblado por una fauna desconocida: caimanes, garzas, bandadas de loros que pasaban chillando, micos aulladores, nubadas de zancudos y jejenes y de flechas emponzoñadas de los indios hostiles, culebras venenosas, alacranes, anguilas tembladoras. Y las enfermedades de las ciénagas: fiebres malignas, disentería, escorbuto. En la escala de Tamalameque, que consideraron un paraíso, habían hecho banquetes de frutas: mangos, papayas, chirimoyas, guayabas, mameyes, guanábanas, pitayas, de efectos intestinales a veces desagradables.

Los hombres de Quesada eran en su mayoría "chapetones", es decir, españoles recién desembarcados en las Indias, y no baquianos de ellas. Pero más arriba, cuando llegaron a regiones selváticas despobladas de indios, vino el hambre, y murieron muchos: "Los más, del mal país y temple de la tierra". Lo peor de todo era que no encontraban oro. Sin embargo seguían adelante, tercos, hambreados, curiosamente incapaces de cazar o pescar, "comiendo yerbas y lagartos", sabandijas, bayas silvestres, gusanos y murciélagos, y el cuero de sus rodelas de combate, y la carne de sus caballos muertos, que se pudría muy pronto en el calor del río.

Aunque, a propósito del calor, hay razones para pensar que los españoles, nominalistas a ultranza aun sin saberlo, no lo percibían por estar habituados a inferirlo de las estaciones de su tierra: si era febrero haría frío, y si era agosto, calor.

Y así subieron el Magdalena o descendieron el Amazonas, y llegaron a los pantanos de la Florida y a los ventisqueros de Chile, con sus corazas de hierro y cuero y pelo de caballo forradas de algodón, sin inmutarse. Cuenta N. S. Naipaul en su historia de Trinidad que el gobernador español de la isla sólo se dio cuenta de que allá hacía muchísimo calor casi doscientos años después de que fuera posesión de España, y así se lo comunicó a la Corte. Nadie lo había notado antes.

Salvo escasas excepciones, los indios, allí donde los había, más que ofrecer resistencia a los extraños les prestaron ayuda, voluntaria o forzosa: los proveían de guías y de intérpretes, y les daban de comer: raíces, frutas, tortugas de río, pájaros, cazabe de yuca brava. Cuando al fin subieron por el río Opón y las selvas del Carare y encontraron el Camino de la Sal de los chibchas, y se asomaron en lo alto al país de los civilizados guanes que cultivaban la tierra, en Ubasá (hoy Vélez) pudieron comer también mazorcas y arepas de maíz, yuca cocida, cubios, ibias, chuguas, turmas (papas). No les gustaban: les parecía que era comida de cerdos, como las bellotas de los encinares de España. Y seguían sin hallar lo que de verdad les abría el apetito: oro.

Por esos mismos años los indios araucanos de Chile saciaron la sed del conquistador Pedro de Valdivia dándole a beber oro derretido, de resultas de lo cual murió.

De los ochocientos españoles que habían salido con él de Santa Marta le quedaban a Jiménez de Quesada al llegar al altiplano 167: menos de la cuarta parte. Y, eso sí, treinta caballos. En muchos malos pasos de la subida desde el río, los hombres de a pie habían tenido que empujarlos, o cargarlos a hombros, o llevarlos en guando: porque eran necesarios para las batallas, pues aterrorizaban a los indios. Cuenta un cronista que, blindados con armaduras de lienzos de algodón de un grueso de tres dedos y reforzadas por dentro con pelo de animal que "al jinete le llegaban a la pantorrilla y le cubrían al caballo rostro y pescuezo y pecho y faldas cubriendo ancas y piernas", parecían una aparición fantasmagórica: "Cosa más disforme y monstruosa de la que aquí se puede figurar".

Pero la idealización posterior de los cantores de la epopeya, en tono heroico mayor, los embellecería considerablemente. Escribió en el siglo xix el poeta peruano de enhiestos bigotes José Santos Chocano en un poema que tuvo (y tiene) inmensa popularidad entre los recitadores aficionados, titulado "Los caballos de los conquistadores":

¡Los caballos eran fuertes!
¡Los caballos eran ágiles!
　… y el caballo de Quesada, que en la cumbre
　… saludó con un relincho
la sabana interminable...
¡Los caballos eran fuertes!
¡Los caballos eran ágiles!…

Sin duda. Pero sobre todo, prosaicamente, eran útiles en la batalla, más todavía que los mastines bravos. Por eso tenían que subirlos a mano, a pulso, los hombres de a pie.

No los conquistadores mismos —Quesada y sus soldados—, sino sus centenares de cargueros, indios de servicio semiesclavizados, llamados naborías, que iban abriendo trocha y traían las provisiones, las armas, los cañones, las cadenas —pues en previsión de las necesarias capturas de nuevos indios para sustituir a los que morían de privaciones en el tremendo ascenso, Quesada viajaba con muchas cadenas de hierro—. Y es que no se crea que los heroicos conquistadores lo hicieron todo ellos mismos en persona y con sus propios puños. Bertolt Brecht, a propósito de la conquista de las Galias por Julio César, apunta con sarcasmo que el general romano llevaría consigo un cocinero, por lo menos. Así Pizarro conquistó el Perú con la ayuda de muchos indios traídos de Panamá a la fuerza. Y cuando Belalcázar salió de Quito lo acompañaban miles de indios quechuas yanaconas: no sólo el cocinero de Brecht, sino también reposteros y coperos que le servían en vajilla de plata. Quesada, aunque más modesto, llegó con cientos de naborías caribes y taironas, y yariguíes cazados en la subida por el Magdalena, además de unos cuantos esclavos negros. Asombrosamente, también venía un negro libre, conquistador como él, llamado Pedro de Lerma.

Los páramos, la laguna, la Sabana, los nevados:
"Tierra buena, tierra que pone fin a nuestra pena"

El país de los chibchas

Llegó Quesada a la tierra buena y serena de los chibchas: el país de la sal y de las esmeraldas. Y la quiso toda para sí y los suyos. En primer lugar, la sabana: una verde planicie sembrada de maizales, surcada por muchos riachuelos que corrían entre juncales y lagunas hasta el serpenteante Funza (hoy el hediondo río Bogotá) que el legendario héroe Bochica había hecho desaguar por la brecha del Salto de Tequendama. Ríos llenos de peces bigotudos y sabrosos, hoy extintos, los capitanes, de los que el licenciado conquistador recordaría más tarde, en su vejez memoriosa, que "eran admirable cosa de comer". Conejos. Patos migratorios, palomas torcaces, manadas de venados. Sauces, cerezos, alisos, arbolocos. Medio millón de personas vivían entonces en el territorio de los chibchas, desde el Tequendama hasta los páramos de Sumapaz y Guantiva, hacia el norte: en los valles de Ubaté y Chiquinquirá, de Sogamoso y Santa Rosa, en torno a las lagunas de Fúquene y de Tota, de Siecha y de Guatavita (la más sagrada). En todas las tierras frías del altiplano cundiboyacense, cercadas por los indios bravos de la tierra caliente: panches, muzos, pijaos, yariguíes.

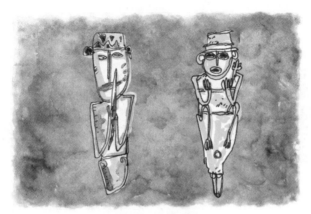

Tunjo chibcha

Los chibchas o muiscas del altiplano eran un pueblo pacífico de alfareros y tejedores de mantas pintadas, de orfebres y agricultores, organizados en una confederación de cacicazgos vagamente gobernados por dos grandes jefes, el zipa de Bogotá y el zaque de Tunja, y por un cacique sacerdote, el iraca de Sogamoso, cuyo Templo del Sol, forrado en láminas de oro, fue saqueado e incendiado por los españoles y duró ardiendo varias semanas, o, según fuentes tal vez menos fidedignas, cinco años enteros. Porque aquí, como en toda América, los españoles "entraron por la espada, sin oír ni entender", como un siglo más tarde escribiría un cronista. Otro cuenta que, cuando llegó Quesada, "le avisaron al Guatavita [el zipa] que por la parte de Vélez habían entrado unas gentes nunca vistas ni conocidas, que tenían pelos en la cara, que sabían hablar y daban grandes voces, pero que no entendían lo que decían". Excelente y escueta definición de los españoles de ayer o de hoy. Además de por la espada, conquistaron América dando grandes voces.

Conquistador conquistando

Pero sin olvidar el filo de la espada: a poco de llegar procedió Quesada a matar en una emboscada al zipa Tisquesusa de Bacatá (Bogotá), cacique también de la laguna sagrada de Guatavita, y a aliarse con su sobrino y heredero Sagipa para combatir a los vecinos panches. La alianza duró poco, y el licenciado le abrió al nuevo zipa un proceso judicial —ante sí mismo, como fiscal y juez; el abogado defensor era Hernán Pérez de Quesada, hermano del acusador— reclamándole el tesoro desaparecido de su tío, oculto o a lo mejor inexistente. Y como no cediera el indio, le puso una demanda formal por diez millones de pesos oro y diez mil esmeraldas. Y en vista de que se negaba a pagar lo sometió a tormento, quejándose de que no le pudo dar sino "tormento de cuerda" (colgamiento) y de brasas en los pies, "visto que en esta tierra, tan lejos de cristianos, no hay aparejos para darle otro". Pero bastó con ese: murió el zipa en el proceso —alguien explica que "era muy delicado"—, pero este no se cerró, sino que su abogado Hernán Pérez de Quesada otorgó un poder a un tercero para que, cuando volviera a España, siguiera adelantando el pleito ante el Consejo de Indias en Sevilla, en donde todavía debe de seguir abierto.

No se entendieron

El mismo Hernán, abogado de Sagipa, prosiguió su autodidacta carrera judicial constituyéndose en juez de los zaques de Tunja, Quemuenchatocha y su sobrino Aquiminzaque, porque no quisieron, bajo tortura, entregarle sus tesoros. Y los condenó a muerte.

El secuestro y la posterior exigencia de rescate, tan mal vistos hoy en día, fueron un método de extorsión practicado con naturalidad desde muy pronto por los conquistadores en América. Lo usó Bartolomé Colón, hermano del Almirante, con el cacique de Veragua en Panamá; y luego Hernán Cortés con el último tlatoani azteca, Cuauhtémoc; y después Francisco Pizarro con el último inca, Atahualpa, para citar sólo los casos más conocidos. América nació de crímenes atroces.

Y esos crímenes, aunque juzgados a veces como lo fueron los de Hernán Pérez de Quesada, nunca eran castigados. Porque estaban protegidos por una hipócrita argucia legal inventada por los teólogos de la Corona conocida como el Requerimiento. Un largo documento teológico-histórico-jurídico que se les leía a los indios —en castellano y en presencia de un escribano real— para persuadirlos de que su obligación natural era entregarse sin resistencia a los hombres del rey de España. De no hacerlo así, serían sometidos por la fuerza, con todas las de la ley: "Con la ayuda de Dios yo vos faré la guerra por todas las partes y maneras, y vos sujetaré al yugo de la Iglesia y de su Majestad y vos faré todos los males y daños que pudiere, como a vasallos que no obedecen…".

Lectura del "Requerimiento"

El licenciado Quesada solía —lo cuenta él mismo— añadir una precaución más: la de confesarse antes de un choque con los indios y no después, para poder así recibir libre de pecado la comunión del cura que, a compás con el escribano, iba con él a todas partes, bendiciendo sus hazañas y absolviendo sus crímenes.

Los tres capitanes

Pero Quesada no estaba solo. Del famoso cacique Dorado habían oído hablar también otros aventureros de la Conquista, Nicolás de Federmán en Venezuela y Sebastián de Belalcázar en el Perú, porque "su solo engañoso nombre levantó los ánimos para su conquista a los españoles", cuenta Juan Rodríguez Freyle en su crónica *El Carnero*. Para añadir: "Nunca lo han podido hallar, aunque ha costado muchas vidas". De modo que, casi al tiempo, se encontraron tres ejércitos castellanos en las sabanas del zipa. Quesada entró por Vélez, tras muchas penalidades, y fue el primero de los tres. Federmán llegó unos meses después por el páramo de Sumapaz, habiendo salido de Coro en Venezuela y recorrido los llanos del Orinoco y del Meta, tramontando la cordillera en una hazaña semejante a la que casi tres siglos más tarde repetiría Simón Bolívar. Sus hombres, la mitad de los trescientos que habían salido de Coro, llegaron descalzos y vestidos con cueros de venado pero con gallinas bajo el brazo, ateridas del frío de los páramos. Belalcázar se presentó por La Mesa y el Salto de Tequendama tras haberse abierto camino a sangre y fuego entre indios guerreros desde Quito, en lo que había sido el Imperio de los incas, fundando Popayán y Cali a la pasada y atravesando

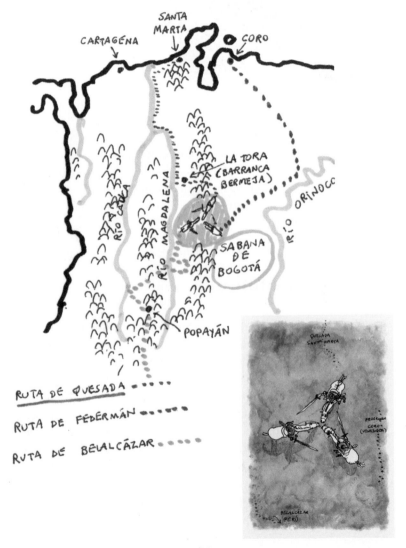

el valle de Neiva, dejando un rastro de terror: llegó con su tropa casi intacta, hecha de veteranos peruleros (conquistadores del Perú) inverosímilmente vestidos de sedas y brocados, con muchos caballos y mulas y acompañada por cientos —algunos dicen miles— de indios quechuas yanaconas de servicio y de carga. Traía una piara de cerdos, y semillas de trigo y de cebada y de hortalizas de Europa, y también unas cuantas "señoras de juegos", que no dudó en ofrecer en venta a sus nuevos colegas.

En realidad, ninguno de los tres tenía derechos sobre las nuevas tierras descubiertas. Quesada dependía en principio de la gobernación de Santa Marta, y había salido de allá con la misión de explorar, no con la de fundar ni poblar. Lo mismo le sucedía a Federmán con respecto a Venezuela. Y aunque Belalcázar sí tenía autorización para fundar —como lo había hecho ya en Popayán y en Cali—, su superior jerárquico seguía siendo Francisco Pizarro en Lima. De modo que, en vez de enfrentarse sobre el terreno, los tres capitanes resolvieron llevar el asunto directamente a España, saltando fraudulentamente por sobre las cabezas de sus jefes respectivos. Y allá se fueron los tres para pleitear unos con otros ante el Consejo de Indias sobre sus derechos de conquista respectivos y los premios merecidos, descendiendo el Magdalena cogidos del brazo, por así decirlo, para salir a Cartagena y embarcarse hacia Sevilla. Así Quesada evitaba rendirle cuentas en Santa Marta a su jefe Fernández de Lugo, Belalcázar no tenía que regresar al Perú de Pizarro, y Federmán esquivaba la Venezuela de sus empleadores alemanes. Las tropas de los tres, de fuerzas semejantes —unos ciento cincuenta hombres españoles cada una— se quedaban aquí bajo el mando provisional de Hernán Pérez, el hermano de Quesada.

Antes de marchar, y para dejar las cosas bien amarradas aquí, fundaron una ciudad y le pusieron nombre: Santa Fé de Bogotá. En la práctica era la tercera fundación de la ciudad, el 27 de abril de 1539, y la única efectuada con ceremonia formal. La primera había sido en algún día de abril del 37, cuando Quesada y sus gentes sentaron sus reales en el caserío Bacatá del zipa, que después fue incendiado. La segunda, que es la que ha quedado oficialmente en la historia, fue el 6 de agosto de 1538, cuando el cura fray Domingo de Las Casas ofició la primera misa solemne. La historia de Colombia está hecha de fechas cambiantes. Como los nombres: Bacatá, Santa Fé de Bogotá, Bogotá, otra vez Santa Fé, otra vez Bogotá. Ese mismo día Quesada le puso nombre al país: Nuevo Reino de Granada. También provisional, como habían sido los de Tierra Firme y Castilla del Oro y Nueva Andalucía. Mucho más tarde vendrían otros: Colombia, Gran Colombia, Estados Unidos de Colombia… Hasta llegar a la actual "marca Colombia" o a la recentísima "Colombia es pasión". La búsqueda infructuosa de la identidad.

Conquistador descubriendo
que la pluma es más fuerte que la espada

La fundación definitiva se hizo con los tres conquistadores presentes y ante sus soldados, con la habitual parafernalia burocrática de España. Elección de cabildo, nombramiento de regidores y alcaldes menores: para una ciudad que tenía apenas doce chozas de paja y una iglesia de bahareque. A casi cada soldado se le dio un cargo público, con salario por cuenta del rey, es decir, del quinto real del oro y las esmeraldas incautados a los chibchas, sus anfitriones forzosos. Ante el escribano público se repartieron los solares "para hacer perpetua casa", como cantó Juan de Castellanos. Y, lo más importante, se repartieron los indios en encomienda: la mano de obra. Los recién llegados habían sido en España o en las propias Indias abogados, carpinteros, veterinarios, marineros, cirujanos, mozos de cuerda, galeotes del rey, o "sin oficio", como se definían muchos: pero todos querían ser encomenderos. No trabajar nunca más, como era lo propio de un hidalgo español —y setenta y tres de los cuatrocientos cincuenta proclamaron ser hidalgos, aunque sólo diez pudieron probarlo documentalmente—, y obligar a los indios encomendados a trabajar para ellos, por la fuerza, ya que voluntariamente no querían. Por holgazanes. Esta de la holgazanería de los indios sería una de las quejas habituales en los memoriales de los encomenderos ya instalados al emperador: "Son de tal calidad los dichos indios que de su voluntad en ninguna manera querrían servir, aunque se les haga muy buen tratamiento". De modo que había que hacérselo malo.

Salieron los tres para España, pero al llegar a Cartagena, una demora: a Quesada lo esperaban varios pleitos, que logró sortear. Pero en cuanto desembarcó finalmente en Sevilla fue acusado de prevaricato, de peculado, de concierto para delinquir, de robo, de asesinato. Le fueron embargados sus bienes —su oro saqueado de las tumbas, sus esmeraldas arrancadas a los ídolos—, y tuvo que pagar multas y establecer fianzas, redactar memoriales y alegatos y súplicas y enfrentarse a las investigaciones de fiscales y jueces inquisidores. Sus dos rivales tampoco tuvieron mucha suerte, pues el pleito por el gobierno del Nuevo Reino no lo ganó ninguno, sino un cuarto aspirante: Alonso Fernández de Lugo, que a la muerte de su padre había heredado la gobernación de Santa Marta y no había puesto en la Conquista ni un peso ni una gota de sudor o de sangre, pero que tenía un noble cuñado que era ministro en la Corte del emperador. Carlos Belalcázar logró al menos la confirmación en la gobernación de Popayán y el título de adelantado, que luego perdió pero recuperó más tarde, y murió en Cartagena cuando viajaba nuevamente a España para apelar una sentencia de muerte por la ejecución ilegal de su subalterno el mariscal Jorge Robledo. A Federmán le fue peor: murió en prisión en Valladolid, denunciado como desfalcador por sus patrones los Welser. Quesada, prudentemente, huyó de España y vivió varios años en Francia, Italia y

Portugal: algunas esmeraldas debían de haberle quedado en el zurrón de la Conquista. Pero finalmente se impusieron sus talentos de abogado litigante y ganó todos los pleitos —salvo el de su aspiración al cargo de gobernador—, le devolvieron parte de las riquezas conquistadas y pudo regresar al Nuevo Reino con los títulos de mariscal y adelantado.

Habían pasado diez años. Las cosas de palacio van despacio.

En la Colombia actual se denuncia el temperamento leguleyo como "santanderista", pues se atribuye su origen al ejemplo del general decimonónico Francisco de Paula Santander, de cuando la Independencia de España. Pero debería llamarse "quesadista" y viene de Quesada, de cuando la Conquista. Aunque resulta por lo menos irónico ver que treinta años antes el primer fundador, Pedrarias Dávila, había llegado con instrucciones terminantes de la Corona: "Item 19. Habéis de defender [prohibir] que vaya a la dicha tierra ningún letrado que vaya a abogar...". Otra hubiera sido nuestra historia si el terrible Pedrarias las hubiera obedecido. Y cumplido.

En cuanto al terco y codicioso Quesada, viudo del poder, primero se dedicó unos años a reclamar encomiendas (obtuvo dos) y a hacerles la vida imposible a los gobiernos nombrados por la Corona para el Nuevo Reino de Granada, actuando como jefe natural de los insaciables encomenderos de la Conquista: la primera oligarquía de nuestra historia. Insaciable él mismo, y ya con setenta años de edad, se fue de nuevo en busca de su obsesión: El Dorado. No ya por las lagunas de la cordillera, algunas de las cuales habían sido parcialmente desaguadas en la búsqueda vana del tesoro del zipa, sino por los Llanos Orientales. Salió de Santa Fé con cuatrocientos soldados españoles, más de mil indios porteadores y otros tantos caballos, y esta vez no uno, sino ocho sacerdotes. Volvió cuatro años después con sesenta y cuatro españoles, cuatro indios y dos curas, y ni un peso de oro. Escribe piadosamente fray Pedro Simón que "el tal Dorado ha sido ocasión de dejar a tantos desdorados, perdidas sus haciendas, casas y vidas".

En los años que le quedaban de la suya, Quesada se retiró al pueblo de Suesca, donde se dedicó a escribir, casi tan compulsivamente como se había entregado a la aventura del oro. Se han perdido tres volúmenes titulados *Los ratos de Suesca*, y otros dos de *Sermones en honor de Nuestra Señora*, pero subsiste un mamotreto de *Apuntamientos y anotaciones sobre la historia de*

Paulo Jovio, en el que quiso refutar calumnias italianas sobre las guerras de Carlos V, y también un *Epítome de la conquista del Nuevo Reino de Granada*. Luego, enfermo de lepra, se retiró a vivir a Mariquita, donde murió de cerca de ochenta años, en la ruina. Aunque ordenó en su testamento que se rezaran misas por su alma pecadora, no dejó con qué pagarlas.

Quesada jubilado en Mariquita:
el descubrimiento de la hamaca

La resistencia indígena

Algunos historiadores han insinuado que la conquista del Nuevo Reino fue menos cruenta que la de otras regiones de América. Pero lo cierto es que, aun sin llegar al despoblamiento total, como en las Grandes Antillas, treinta años después de iniciada la empresa de Quesada y todavía en vida de este no quedaba ya sino un cuarto de la población indígena. La resistencia de los indios y su consiguiente mortandad habían sido grandes entre los caribes, desde el Darién de Pedrarias hasta el Cabo de la Vela de Fernández de Lugo. Los taironas mantuvieron la guerra hasta finales del siglo XVII. También fue dura en las selvas del Magdalena Medio, que el célebre cacique Pipatón de los yariguíes prolongó hasta 1600, cuando se entregó a sus enemigos y estos lo encerraron en un convento de frailes en Santa Fé, donde murió de frío. Pero por las razones tantas veces mencionadas de inferioridad de organización y de armamento, de aislamiento y hostilidad entre unas tribus y otras, y sobre todo de fragilidad ante las enfermedades, la resistencia indígena estaba condenada al fracaso.

Había sublevaciones, levantamientos, por lo general prontamente aplastados en sangre. A finales del siglo XVI hubo un alzamiento general de los chimilas en torno a Santa Marta, que duró varios años. En el Cauca y el Huila, cuenta un cronista, "en ninguna ocasión dejaban estos indios, indómitos más que otros, de rabiosamente pelear". Famoso es el caso de la cacica de Timaná, a donde llegó Pedro de Añasco enviado por Belalcázar para someter a los yalcones y fundar ciudad. Para empezar, quemó vivo al cacique en presencia de su familia —no consta si antes le leyó el obligatorio Requerimiento—. Se indignó su madre, llamada la Gaitana, y alzándose con su gente capturó a Añasco y le sacó los ojos. Y pasándole una cuerda por un agujero que le abrió en la quijada lo paseó de cabestro, ciego, "de pueblo en pueblo y de mercado en mercado", como a una atracción de feria, hasta que murió de fatiga. En apoyo a la Gaitana —la cacica— y sus yalcones, se sublevaron muchas tribus: paeces, aviramas, guanacas, y en un primer momento expulsaron a los españoles de la región. Pero pronto fueron aplastados por refuerzos enviados desde Popayán...

La Gaitana: conquistadora del conquistador

Y así. Era una guerra perdida. Es ilustrativo el caso de un cacique de las sabanas del Sinú que relata Fernández de Enciso en su *Summa Geographica*. Le leyeron, a él sí, el tal Requerimiento de sumisión y le tradujeron su sentido. Respondió que lo de Dios y la creación, que sí, que bueno. Pero que "ese papa debía estar borracho cuando dio lo que no era suyo, y el rey debía ser algún loco, pues pedía lo que era de otros. Y que fuese allá ese rey a tomar la tierra, si se sentía capaz, que ellos le pondrían la cabeza ensartada en un palo".

Cacique desafiando la excomunión

No vino al Sinú el rey, que era a la sazón Carlos V y estaba ocupado en Europa saqueando la Roma del papa. Pero a quien ensartaron en un palo allí mismo fue al cacique, por lesa majestad y por blasfemia.

Para las razas indígenas neogranadinas el resultado de la conquista española fue catastrófico. Miguel Triana, en su libro *La civilización chibcha*, escribía hace un siglo (en 1921) lo siguiente:

> Los hijos sin padre, crecidos a la intemperie, hambreados y harapientos que lloran bajo el alero del rancho en compañía de un gozque flaco como único guardián,

mientras la madre trabaja a jornal en el lejano barbecho para suministrarles por la noche una ración de mazamorra: tal ha sido en lo general la base de la familia indígena en nuestros campos desde la época de la Conquista. Cuatrocientos años de esta germinación social, durante la Colonia y en peores condiciones, como voy a comprobarlo, durante la República, debieron arrasar, debilitar y prostituir una raza robusta, cuyas virtudes y energías quedan comprobadas con la mera supervivencia de un gran número de ejemplares y con las condiciones de moralidad que los adornan.

Y hace casi cuarenta años (en 1980) confirmaba el diagnóstico Enrique Caballero Escovar en *América, una equivocación*. Citaba una denuncia hecha al rey "por descargo de su conciencia" por el obispo de Santa Fé:

> Y es gente tan pobre que parece imposible poder dar más [impuestos a la Corona], porque andan desnudos y descalzos y no tienen casas, y duermen en el suelo; y no tiene ninguno más hacienda que una olla para cocer algunas raíces y turmas de la tierra que es su comida, y una cantarilla para traer agua, y una escudilla de palo para beber.

Y concluía el autor:

> Esta es la triste y vera imagen de la raza postrada, explotada, enferma, dejada de la mano de Dios, como se dice.

Juan de Castellanos, el primer hispanoamericano

Un hombre que nació a principios del siglo XVI bajo el sol deslumbrante de Andalucía, en el pueblo morisco de Alanís, Sevilla; y que cruzó el Mar Tenebroso para ir a morir a principios del XVII en las pesadas lloviznas y los fríos de Tunja, en el país de los chibchas. Uno que fue soldado de la Conquista en las islas del Caribe y en la Tierra Firme, pescador de perlas, traficante de indios esclavos, cura párroco de tierra caliente, minero de oro, presunto hereje juzgado por la Inquisición, profesor de Latín y de Retórica, beneficiado de una catedral en construcción que no llegó a ver terminada, cronista de Indias y versificador renacentista; y que después de una agitada juventud aventurera se encerró a los cincuenta años para escribir en otros treinta sus memorias en verso en la recién fundada ciudad de Tunja, donde, según es fama, "se aburre uno hasta jabonando a la novia", pero en donde también, según su testimonio, había querido "hacer perpetua casa". Un hombre así, don Juan de Castellanos, que cantó las proezas sangrientas de su gente, la que venía de España, y se dolió de las desgracias de sus adversarios, los indios conquistados de la tierra, y en el proceso dejó escrito el poema más largo de la lengua castellana... Un hombre así merece ser llamado el primero de los hispanoamericanos: el primero que quiso ser, a la vez, de América y de España.

Además de otras composiciones más breves —entre ellas un "Discurso [en verso] del capitán Francisco Drake", el famoso pirata inglés saqueador de Cartagena en 1586, discurso que fue patrioteramente censurado durante tres siglos en España—, don Juan de Castellanos escribió un apabullante poema heroico: las *Elegías de varones ilustres de Indias*. Son 113.609 versos endecasílabos dispuestos, en su mayor parte, en las italianizantes octavas reales, a veces intercaladas de coplas octosílabas o —sobre todo al final, por la fatiga: la octava real cansa— de versos libres. El severo crítico decimonónico y patriótico español Marcelino Menéndez Pelayo lo consideró "la obra de más monstruosas proporciones que en su género posee cualquier literatura". El no menos severo y no menos patriótico Menéndez Pidal, en cambio, bautizó a Castellanos como "el Homero americano". Los dos exageraban casi tanto como el propio poeta.

"A cantos elegíacos levanto / con débiles acentos voz anciana…" empieza su obra ambiciosísima, en la que pretende narrar la Conquista por los hechos de unos y otros, indios y españoles, vivos y muertos, desde los cuatro viajes de Colón, contando lo que él mismo ha visto y lo que le han dicho otros testigos presenciales. Y eso, con veracidad absoluta: promete "decir la verdad pura / sin usar de ficción ni compostura". Y anuncia: "Mas aunque con palabras apacibles / aquí se contarán casos terribles".

En efecto: cuenta matanzas, traiciones, tormentos, asesinatos, batallas. "Y ansí de dios y dellas socorridos / pudiérades ver pechos traspasados / los brazos de los hombros desprendidos / molledos y pescuezos cercenados: / el suelo colorado yerba roja / y gritos de mortífera congoja…". Pero a veces, también, se pone romántico: "… ajeno de mortíferos enojos / a doña Inés estaba contemplando / como causa mayor de sus antojos: / y vido sus mejillas empapando / con lágrimas ardientes de sus ojos…". Y a veces se le salen octosílabos involuntariamente humorísticos: "Tiene aquesta sepultura / a Jerónimo de Ortal, / cuya carrera fue tal / que en ella le dio ventura: / antes bien, y después mal". Para volver al tremendismo unas cuantas docenas o centenares de estrofas después: "Acertóle Delgado por la boca / y el hierro le pasó del colodrillo / no le fue menester golpe segundo / para le sepultar en lo profundo". O para adoptar un tono bucólico: "Bien como cuando hacen algazara / las aves en el árbol o floresta / que callan al ruïdo de la jara / o al trueno de arcabuz o de ballesta…".

Las *Elegías*… son un larguísimo poema con muchos altibajos de tono, de ritmo, de calidad literaria. Pero como crónica de historia resultan fascinantes: llenas de anécdotas curiosas y de detalles pintorescos, de palabras nuevas —los primeros americanismos, tomados de las lenguas indígenas: nombres de frutas, de árboles, de cacharros domésticos—, de descripciones de animales increíbles y de paisajes nuevos. Y sostenidas de punta a cabo por la decisión de ser veraz: "Así que no diré cuentos fingidos…". Por eso es también una obra de denuncia, casi a la manera del fraile Las Casas, de los crímenes de la Conquista. Se ha especulado sobre si la conversión de Castellanos al estado sacerdotal fue consecuencia de su horror ante los excesos de crueldad de sus compañeros de armas, pero en sus versos denuncia igualmente la codicia y la corrupción de los eclesiásticos. Y también, desde luego, la de los gobernantes.

Libro de historia, panfleto de denuncia, atlas geográfico, ensayo etnográfico: todo cabe en ese texto interminable, que casi nadie ha leído en su totalidad. Pero, como recuerda el escritor William Ospina, don Juan de Castellanos es ante todo un poeta. Y no le faltan en su descomunal mamotreto bellos versos memorables, como aquellos, justamente famosos, que cuentan la llegada de los exhaustos conquistadores al altiplano de los chibchas en el Nuevo Reino después de la travesía terrible de las selvas del Río Grande de la Magdalena:

> … tierra buena, tierra buena,
> tierra de bendición, clara y serena,
> tierra que pone fin a nuestra pena.

Pero pese a su propósito de imparcialidad no se le ocurrió a Castellanos añadir, aunque las necesidades de la rima casi lo obligaban a hacerlo, que esa tierra tan serena y tan buena era una *tierra ajena*.

Algunos libros
y fuentes consultados

Eduardo Lemaitre. *Breve historia de Cartagena, 1501-1901.*

Enrique Caballero Escovar. *América, una equivocación.*

Ezequiel Uricoechea. *Memoria sobre las antigüedades neo-gra-nadinas.*

Fray Pedro Simón. *Noticias historiales de las conquistas de Tie-rra Firme en las Indias Occidentales.*

José Ignacio Avellaneda Navas. "La vida cotidiana en la Con-quista", en Beatriz Castro Carvajal (ed.), *Historia de la vida cotidiana en Colombia.*

José Ignacio Avellaneda Navas. *Los compañeros de Féderman: cofundadores de Santa Fe de Bogotá.*

Jorge Orlando Melo. *Historia de Colombia. El establecimiento de la dominación española.*

Josefina Oliva de Coll. *La resistencia indígena ante la conquista.*

Juan Friede. *Gonzalo Jiménez de Quesada a través de documentos históricos.*

Juan Friede. *Historia extensa de Colombia. Descubrimiento y conquista del Nuevo Reino de Granada.*

Juan Rodríguez Freyle. *El Carnero.*

William Ospina. *Las auroras de sangre.*

Y mucho Google.

III

EL
IMPERIO
DE
LA LEY

La Colonia en el Nuevo Reino de Granada empezó con mal pie: de la ferocidad desaforada de la Conquista se pasó sin transición —pues eran los mismos protagonistas— a la crueldad más fría pero igualmente letal de la colonización sin escrúpulos. Corrupción en Santa Fé, piratería en Cartagena.

Se obedece pero no se cumple.
Sentencia indiana

Felipe II recibiendo
malas noticias de su imperio

Pasada la primera ráfaga de sangre de la Conquista, el Nuevo Reino de Granada —como el resto de las Indias— empezó a llenarse de españoles pobres: es decir, que ya no podían hacerse ricos. Ya la tierra y los indios tenían dueños y el oro de las tumbas había sido saqueado. La única puerta de ascenso económico y social para esos pobres blancos recién llegados era el matrimonio con la hija de un encomendero, o con su viuda. O la lotería del nombramiento en algún modesto cargo público —también era posible comprarlo— para tener acceso a la teta de la corrupción. La corrupción, en efecto, caracterizó desde un principio la administración colonial española; acompañada, también desde un principio, por la denuncia de la corrupción.

Continuaban, sin embargo, las entradas de conquista en las regiones de indios bravos, aunque a partir de una pragmática sanción promulgada por Felipe II la palabra "conquista" sería eliminada de los documentos oficiales y sustituida por la de "pacificación". Continuaban, pues, las entradas pacificadoras; pero la población española se concentraba en el altiplano y en los valles de la tierra templada, siendo descubiertas las nuevas minas en regiones malsanas manejadas por capataces de propietarios ausentes. Porque el Nuevo Reino no tardó en convertirse en el principal productor aurífero de América, al descubrirse el oro de veta, que los indígenas no habían explotado: se limitaban a recoger los "oros corridos" del aluvión de los ríos, en cantidades muy modestas aunque suficientes para las necesidades de la orfebrería ornamental que practicaban. Los grandes tesoros "rescatados" por los conquistadores en los primeros años eran la acumulación de muchas generaciones de enterramientos y de ofrendas rituales. Pronto se vio que la minería de veta bajo los amos españoles era superior a sus fuerzas, sobre todo teniendo en cuenta que la inmensa mayoría de los indios serviles venían de las tierras frías de la altiplanicie y ahora eran obligados a trabajar en los climas calurosos y para ellos muy malsanos de las regiones mineras y de las plantaciones de caña. Con lo cual continuó la rápida disminución de la mano de obra indígena —en Antioquia, por ejemplo, se agotó por completo—, a lo que las autoridades coloniales respondieron mediante la importación de esclavos negros, mucho más resistentes. Se queja un poeta anónimo del siglo XVII:

> Aunque mi amo me mate a la mina no voy:
> yo no quiero morirme en un socavón…

El trabajo de las minas era terriblemente duro: en la misma España estaba reservado, con el del remo en las galeras del rey, a los criminales condenados. Pero aun en las minas o en las plantaciones los esclavos negros eran mejor tratados que los indios, que eran en teoría libres, y justamente por eso: los esclavos valían plata, y los indios no.

Por esa misma consideración crematística eran tan severos los castigos previstos —por lo general y sin fórmula de juicio— para los esclavos fugados: la castración, seguida por la horca; y el órgano cortado era exhibido en la picota pública.

Los cimarrones no sólo se erigían en un mal ejemplo para los demás, sino que eran capaces de causar grandes daños: en

1530, por ejemplo, un grupo de esclavos fugitivos incendió la incipiente ciudad de Santa Marta. Y hubo palenques cimarroneros en todas las zonas esclavistas del Nuevo Reino de Granada: en la costa Atlántica y la Pacífica, en el Magdalena Medio, en Antioquia, en el Valle del Cauca. Algunos fueron muy famosos, como el de San Basilio en las cercanías de Cartagena, o el de la Matuna en los Montes de María, en el Sinú. Este fue fundado por el legendario Benkos Biohó, que había sido rey de su tribu africana en la costa de Guinea y tras ser esclavizado por los portugueses y vendido en Cartagena se fugó dos veces. Organizando escaramuzas contra los soldados cartageneros los mortificó tanto que el gobernador firmó con él un tratado de no agresión que duró quince años, durante los cuales llegó a visitar la ciudad vestido de español, donde fue ovacionado como un héroe por los esclavos locales. En vista de lo cual, por precaución, en 1619 las autoridades españolas lo apresaron a traición, lo castraron, lo ahorcaron y lo descuartizaron.

Benkos Biohó

Así, muy pronto, la economía neogranadina se centró casi exclusivamente en dos únicos productos: oro para la exportación y esclavos africanos para la importación. El oro lo gastaba la Corona española en sus guerras del Viejo Continente. Contra los protestantes luteranos en el norte, en Flandes y en Alemania; y luego también contra los ingleses, ya protestantes anglicanos; e intermitentemente contra los franceses, por ser franceses, y contra los turcos, por ser infieles, en el oriente y en el sur. Y apenas quedaban las migajas para defender las colonias productoras de ese oro: durante el primer asalto pirata a Cartagena en 1544 (reinaba todavía Carlos V) no había en la ciudad ninguna defensa: "El puerto sin muelles, los navíos sin remos, la artillería sin municiones, los soldados sin sueldo", se quejaba un vecino. En 1586, frente a Francis Drake, sólo había unos pocos cañones que el corsario inglés se llevó tras el saqueo, junto con las campanas de la catedral. Sólo después de esos ataques empezaron las autoridades coloniales a fortificar la ciudad. A fines del siglo XVI el rey Felipe II se asomaba a las severas ventanas enrejadas de su palacio de El Escorial para otear el horizonte mascullando furioso ante el asombro de sus cortesanos:

> Esas malditas murallas de Cartagena de Indias me cuestan tanto dinero que tendrían que ser visibles desde aquí.

Pero no se veían: crecían muy despacio. Lo cual se explica un poco al saber que al ingeniero que las construía, el italiano Bautista Antonelli, no le pagaban nunca el sueldo.

Y así caían las plazas fuertes: porque no lo eran. El Imperio español comenzó a perderse desde el mismo momento en que empezó a ganarse en América. Se desgajaba Flandes, Francia recuperaba el Rosellón, se independizaba Portugal, el Franco Condado volvía a manos francesas; y en el Caribe se perdía isla tras isla. Curazao ante los holandeses, Martinica y Guadalupe ante los franceses, Jamaica ante los ingleses y después la mitad de La Española (Haití), de nuevo ante los franceses. Y un reguero de islitas de las Pequeñas Antillas, de la Tortuga a Providencia, se convertían en guaridas de bucaneros y piratas, los llamados Hermanos de la Costa, o en bases desde donde los navíos holandeses, franceses o ingleses asaltaban las posesiones españolas o los convoyes de galeones cargados con el oro y la plata indianos. Lo cierto es que desde que empezó a conquistar un imperio "en el que no se ponía el sol", desde Portugal y Flandes hasta las Filipinas, España carecía de los medios para conservarlo. Se arruinó en la tarea de mantener su poderío. Del rey de España diría poco más tarde el poeta Quevedo, con arriesgada ironía, que "era grande a la manera de un hoyo, que más grande es cuanta más tierra le quitan".

Galeón de la Armada de
Barlovento.
Lento, pesado, aparatoso,
difícilmente maniobrable
cómo el Imperio español

Ayer como hoy

SE INAUGURA UNA TRADICIÓN
Presidente de la Real Audiencia
de Santa Fé esperando el
vencimiento de términos

En el Nuevo Reino de Granada, entre tanto, reinaban la violencia, la corrupción y la anarquía. Para frenar los excesos de los gobiernos despóticos de los primeros conquistadores —Hernán Pérez de Quesada, Alfonso Luis Fernández de Lugo— el Consejo de Indias decidió crear en Santa Fé una Real Audiencia con la misión de pacificar el territorio. No fue muy bueno el remedio: vinieron entonces los gobiernos caóticos de los burócratas: magistrados civiles que operaban a golpe de memorial y se enredaban inextricablemente en las infinitas querellas personales y políticas de una Audiencia colegiada.

Porque el primer presidente del nuevo organismo no llegó: lo envenenaron en Mompox, a la subida del río. Los oidores restantes se dedicaron a pelear con los encomenderos de la sabana y de Tunja, con los gobernadores de las provincias, con los procuradores y los alcaldes, con los obispos y con los superiores de las órdenes religiosas, que a su vez reñían también con los obispos y con el clero secular. Los oidores, por supuesto, también disputaban entre sí, y se recusaban con frecuencia ante el lejano Consejo de Indias que los había nombrado. A veces morían ahogados antes de tomar posesión. Los fiscales o los visitadores los denunciaban ante el Consejo de Indias, y los enviaban a la metrópoli cargados de cadenas en la sentina de un galeón de la carrera de Indias.

Era un gobierno débil, clientelista —cada oidor llegaba acompañado por una numerosa parentela a la que procedía a colocar en puestos de la administración—; un gobierno corrupto y complaciente con los excesos de los encomenderos ricos y de las también corruptas y también cada vez más ricas órdenes religiosas. Los frailes —"escandalosos, sueltos y deshonestos"— en vez de evangelizar a los indios, como era en teoría su oficio, se ocupaban en la cría de caballos finos y perros de cacería o en el juego a veces violento de deponer a sus superiores, que entonces viajaban a España, o aun a Roma, a poner la queja, casi siempre en vano. Los obispos se morían. Llegaban los visitadores y volvían a irse. Los cargos quedaban vacantes o interinos años y años. Los encomenderos armaban sus propios pequeños ejércitos privados con soldados veteranos de la Conquista o con los marañones supervivientes de las sublevaciones de los hermanos Pizarro en el Perú, y se paseaban por las calles de la ciudad con las espadas desnudas.

Dos frases se repiten una y otra vez en los documentos de la época: "La insaciable codicia de los encomenderos" en los informes de la Audiencia al Consejo, y "los corruptísimos oidores" en las cartas de queja de los encomenderos al rey.

Un ejemplo de estos rifirrafes de todos contra todos fue el que enfrentó a tres bandas al más famoso e influyente vecino de Santa Fé, Gonzalo Jiménez de Quesada, con el obispo —luego arzobispo— Juan de los Barrios, y con el oidor y antes visitador Juan Montaño. Además de ser característico del ambiente de pugnacidad generalizada que imperaba en el Nuevo Reino, el caso tiene un interés de fondo: giraba en torno a la suerte de los indios; y tuvo a la larga, mucho después de muertos sus protagonistas, serias consecuencias.

Quesada, que al cabo de diez años de pleitos había regresado de España absuelto también él de veinte imputaciones criminales, rico y distinguido con los prestigiosos títulos de adelantado y mariscal —aunque no con los cargos que ambicionaba de gobernador y capitán general—, puso todo su talento político y de litigante, que era grande, en la pugna por sabotear lo que quedaba de la Leyes Nuevas de Carlos V, que defendían a los indios de los abusos de los conquistadores. Y en el proceso chocó con dos obispos: el de Santa Fé, Juan de los Barrios, y el de Popayán, Juan del Valle, audaces prelados lascasianos que se atrevieron a plantear la peliaguda cuestión de si los españoles debían reparar a los indios por los crímenes de la Conquista.

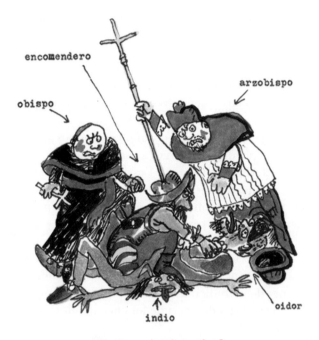

Todos contra todos

Quesada vio el peligro de semejante impertinencia para su propia fortuna y las de sus compañeros de epopeya, y apeló al Consejo de Indias, haciendo ver que la pregunta ponía en duda la legitimidad de los títulos de la Corona sobre las Indias y la justicia de la guerra de la Conquista, cosas ya dilucidadas desde la célebre disputa de Valladolid. Barrios por su parte remitió el asunto nada menos que al gran Concilio de Trento, que estaba en ese momento inventando la doctrina y la estrategia de la Contrarreforma para detener en Europa la herejía protestante. Pero el recién coronado rey Felipe II, por "muy católico" que se llamara, no podía permitir que los santos padres conciliares se inmiscuyeran en sus prerrogativas regias: de modo que se opuso a que dieran su concepto. El obispo Valle murió en la travesía que lo llevaba a Italia a presentar su protesta. El obispo Barrios, derrotado en su misión pastoral pero elevado a modo de consuelo a la dignidad de primer arzobispo de Santa Fé, consagró el resto de su vida y de sus energías a levantar la gran catedral que en su opinión merecía la ciudad arquiepiscopal. Con tan mala suerte que, recién terminada la obra, se desplomó la noche de la víspera de la misa pontifical de su consagración. No mató a nadie.

Peor todavía le iba a ir al oidor Montaño en su disputa con el adelantado Quesada y su gavilla de encomenderos, que tenía el mismo origen: la defensa de los derechos de los indígenas frente a la brutalidad de sus amos españoles. Montaño llegó, como ya se dijo, con la pretensión de hacer cumplir las ordenanzas todavía vigentes, así fueran considerablemente diluidas, de las Leyes Nuevas de 1542. Lo cual, evidentemente, chocaba con los intereses de los encomenderos, que iban a perder el derecho de obligar a los indios a trabajar gratuitamente en sus haciendas y en el servicio de sus casas. El partido de los encomenderos, encabezado por Quesada, no podía oponerse frontalmente a la ley sin arriesgarse a ser tenido por sedicioso: se opuso entonces al oidor, vocero de la ley, esforzándose por desacreditarlo mediante una campaña de insidias, chismes, consejas y calumnias, que luego cuajaron en denuncias formales. Acusaron a Montaño de nada menos que doscientos delitos —incluido el gravísimo de maquinar la rebelión contra la Corona— y consiguieron que el juez de residencia lo enviara a España encadenado con grillos en pies y manos para ser juzgado por el crimen de lesa majestad. Fue decapitado en la plaza mayor de Valladolid. Y al otro lado del océano, en la remota Santa Fé encaramada en la cordillera, retornó la calma.

Si así puede llamarse al habitual desorden. Tan caótica se había vuelto la situación en la capital del Nuevo Reino, "tierra llena de vicios y de malas costumbres", que el Consejo de Indias pensó en trasladar la sede del gobierno a Tunja, que era una ciudad más aburrida, pero más tranquila.

Dos hombres fuertes

La solución que se adoptó fue otra: el nombramiento en 1564 de un presidente de la Real Audiencia en propiedad, revestido además de la autoridad militar de capitán general del Nuevo Reino: Andrés Díaz Venero de Leyva. Era por añadidura un hombre recto y de carácter. Puede decirse que con él termina aquí el caos de la Conquista y empieza el orden de la Colonia. En sus *Elegías...*, don Juan de Castellanos habla de sus diez años de gobierno como de "una edad de oro".

Don Andrés Díaz
Venero de Leyva
Un hombre terco

Si no tanto, sin duda fue al menos un alivio en la edad de hierro que vivían los indios sojuzgados, porque Venero, contra la oposición cerril de los viejos conquistadores y de su jefe natural, el adelantado Jiménez de Quesada, impuso un nuevo trato conforme a la ley: no de igualdad, desde luego, pero sí de convivencia, casi paternalista entre los españoles y los indios. A su llegada al Nuevo Reino se escandalizó al ver que, en desafío a las leyes de la Corona, los encomenderos "echaban a los indios a las minas, los cargaban, los alquilaban, los vendían y los empeñaban como hato de ganado". Hizo construir caminos de herradura y puentes para que mulas y caballos reemplazaran a los indios como bestias de carga. Trató de imponer —aunque sin mucho éxito— la jornada de ocho horas y el descanso dominical que figuraban en las leyes, y suprimió, también de acuerdo con la ley, el trabajo obligatorio, sustituyéndolo por el voluntario y pagado, "sin apremio ni fuerza". Hizo que sus oidores de la Audiencia emprendieran frecuentes visitas a las provincias "por rueda y tanda" para vigilar el cumplimiento de la ley por los terratenientes de las regiones: lo que hoy se llamaría "presencia del Estado". Y, sobre todo, tomó la medida revolucionaria —pero contemplada en las leyes de Indias— de crear los resguardos indígenas: tierras de propiedad colectiva e inalienable adjudicadas a los indios de los antiguos cacicazgos. Con ello se lesionaban gravemente el poder y la riqueza de los encomenderos, basados en el trabajo servil: resultó que los indios, cuya supuesta tendencia a la pereza era severamente censurada —y físicamente castigada— por sus amos, preferían trabajar sus resguardos en agricultura de subsistencia que contratarse en las haciendas o en las minas por un salario de todos modos miserable.

Con el tiempo esto llevaría a la decadencia de los originales "beneméritos de la Conquista" y al ascenso político y social de los nuevos ricos: los contrabandistas y los tratantes de esclavos negros. El dinero empezó a ser más importante que la tierra.

Todo esto, naturalmente, enfureció al partido oligárquico de Jiménez de Quesada, cuyas presiones lograron que el

Consejo de Indias ordenara para Venero de Leyva un juicio de residencia sólo cinco años después de su nombramiento. Salió absuelto de todo cargo y reinició sus funciones. Cinco años después volvió a ser juzgado, esta vez por acusaciones de corrupción dirigidas contra su mujer, y también fue absuelto. Quesada y los suyos obtuvieron sin embargo que fuera llamado a España para revisión del proceso. Pero allá resultó no sólo nuevamente absuelto, sino premiado por la Corona con el nombramiento de ministro principal del Consejo de Indias. Los encomenderos, aunque indignados, respiraron aliviados: por lo menos se había ido.

Concluido menos satisfactoriamente de lo que esperaba su enfrentamiento con el presidente Venero de Leyva, Quesada pidió licencia al rey para su expedición a los Llanos Orientales en busca del esquivo Dorado. De la cual, como se dijo en el capítulo anterior, regresó arruinado y enfermo para morir de viejo en Mariquita.

Y se volvió a lo de antes. Pasaron quince años de modorra burocrática antes de que volviera a venir al Nuevo Reino de Granada un presidente de la Audiencia enérgico y decidido a hacer respetar la autoridad del rey por la fronda oligárquica local: Antonio González, que llegó con instrucciones para hacer —horror— una reforma agraria. Sin expropiar a nadie, salvo a los terratenientes que no cumplieran con la condición de "morada y labor", es decir, explotación y vivienda, con que se habían entregado las encomiendas, sino simplemente mediante una limpieza de los títulos de propiedad viciados por los cuales se habían corrido las cercas, por decirlo así —aunque no había todavía cercas—, ampliando fraudulentamente los latifundios sobre los baldíos no adjudicados. Con eso muchos miles de fanegadas de tierras volvieron a ser realengas —de propiedad de la Corona—, y el presidente González las repartió entre los resguardos de los indios, notablemente reducidos en extensión desde la partida de su antecesor Venero, y los nuevos pobladores venidos de España.

González traía también —más horror— una reforma tributaria.

Ahí sí los viejos encomenderos se enfadaron en serio.

Se trataba simplemente de implantar, aquí como en todas las colonias de América, el viejo impuesto de la alcabala que se pagaba en España. Un tradicional impuesto a las ventas que allá era del diez por ciento y aquí iba a ser apenas del dos, pero al que se rehusaron amotinados los encomenderos de Tunja. Se negaban a pagar el impuesto, que no pagaban los indios, alegando estrambóticamente que estos se habían hecho ricos en sus resguardos mientras que ellos, los encomenderos, eran pobres. El presidente González no se comió el cuento, y los amotinados, carentes de un jefe carismático como había sido el ya difunto adelantado Jiménez de Quesada, tuvieron que ceder para no ser declarados rebeldes al rey y sometidos por las armas. Menos aún lograron imponer su exigencia de acabar con los resguardos para que los indios, forzados por el hambre, volvieran a trabajar en sus estancias ganaderas y en sus minas. Pero el gobierno, por su parte, los favoreció creando la "mita" (una obligación de tradición indígena) para las minas y el "concierto" para los campos: dos modos de trabajo forzado, pero asalariado, para una cuarta parte de los indios de cada resguardo.

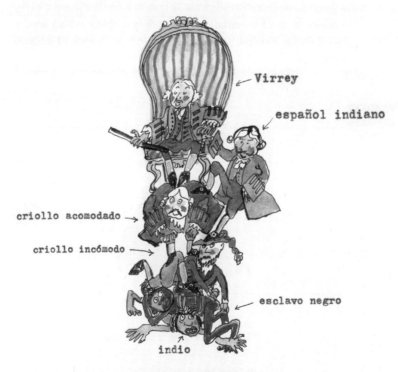

corte transversal de la Colonia
mostrando la estratificación social

Pero ido González de vuelta a España al cabo de cinco años, cargado aquí con el odio de los oligarcas neogranadinos, resultó favorecido allá con el importante cargo de fiscal del Consejo de Indias.

Era lo habitual. Prácticamente todos los presidentes de la Audiencia de Santa Fé, que fueron veintinueve en casi dos siglos, salían del puesto sometidos a severísimos juicios de residencia y por lo general iban presos, pero a continuación eran absueltos y premiados en España. Usualmente, antes de venir habían desempeñado con distinción altas funciones en México, en las Filipinas, en Cuba, en Italia o en la misma España: pero al llegar aquí, por alguna misteriosa razón, les llovían las acusaciones más tremendas por parte de los notables locales. Con una llamativa excepción: la de Juan de Borja, que gobernó casi veinte años y murió en Santa Fé tranquilamente sin haberse visto nunca envuelto en el menor escándalo ni llevado a ningún juicio. Privilegio asombroso que sin duda se debió al respeto reverencial que han mostrado siempre los oligarcas santafereños por los apellidos prestigiosos. El presidente Borja, en efecto, era nieto de san Francisco de Borja, duque de Gandía y tercer general de los jesuitas, y tataranieto de Alejandro VI, el famoso papa Borgia.

Don Juan de Borja
El peso de los apellidos

La corrupción y el progreso

A principios del siglo XVII, en los largos años de tranquilidad del gobierno del presidente Borja, empezaron a verse cambios e inclusive progresos en el estancado Nuevo Reino. Se hicieron caminos, mejoró la navegación fluvial por el Magdalena con la introducción de barcos de vela, creció la producción de las minas, aunque su explotación siguió siendo notablemente primitiva, como consecuencia de la importación masiva de esclavos negros para trabajar en ellas y en los trapiches de las estancias azucareras. Se fundaron ciudades y villas, más numerosas que en otras colonias americanas —con la excepción de Nueva España—, a causa de las dificultades de la orografía con sus cordilleras casi infranqueables y sus ríos en ese entonces caudalosos. Y por eso mismo empezaron a dibujarse las particularidades locales: las zonas mineras —Antioquia, Popayán, Vélez— con poblaciones indias insumisas o aniquiladas por serlo se convirtieron en regiones racialmente divididas entre blancos y negros con reductos de indios bravos en las partes más inaccesibles; en el altiplano cundiboyacense de los antiguos y subyugados chibchas —Santa Fé, Tunja—, el mestizaje fue volviéndose cada día más importante. Y en consecuencia, a la binaria estratificación racial de los primeros tiempos —blancos e indios— la sucedió una más compleja estratificación social: la élite blanca española, los criollos blancos, y las llamadas castas —mestizos, mulatos y zambos— que empezaron a mezclarse racial y socialmente con los blancos pobres: artesanos, tenderos, aparceros y medianeros de las haciendas, arrieros y sirvientes.

Nace un país multicultural
y pluriétnico

En las principales ciudades —Santa Fé, Popayán, Tunja— se fundaron colegios y universidades, y en esto jugó un gran papel la Compañía de Jesús, traída por el arzobispo Bartolomé Lobo Guerrero. Su intención al solicitar su venida era que los jesuitas ayudaran a morigerar la descomunal corrupción del clero neogranadino: pero chocaron con la oposición cerrada tanto del clero secular como de las demás órdenes religiosas, y con el estamento de los encomenderos, que desconfiaban de su fama de protectores de los indios y los negros. Pero su ejemplo de pulcritud y de rigor frente a los frailes locales no sirvió de mucho: ni siquiera los dejaron asomar las narices en sus conventos, que siglo y medio más tarde horrorizarían a los científicos Jorge Juan y Antonio de Ulloa, autores de las famosas *Noticias secretas de América*, famosas por ser prohibidas por la censura eclesiástica. "Los conventos —escribirían en su relación al gobierno— están reducidos a públicos burdeles" y "[en las poblaciones grandes] pasan a ser teatro de abominaciones inauditas y execrables vicios". Se piensa inevitablemente en las descripciones conventuales del marqués de Sade.

Fraile doctrinero y su perro de caza descuidando sus deberes espirituales

Empujados por la presión de las demás órdenes y de los grandes propietarios, los jesuitas tuvieron que retirarse a los distantes llanos de Casanare, donde no había encomiendas y los dispersos indios salvajes y belicosos vivían desnudos de la caza y la pesca, como antes de la Conquista. Instalaron allá sus polémicas "reducciones": instalaron sementeras y construyeron pueblos, montaron hatos ganaderos y sembradíos de cacao, canela y vainilla para la exportación por el río Orinoco, pusieron a funcionar telares y talleres y escuelas de música. Y fue uno de estos jesuitas, el padre Joseph Gumilla, autor de *El Orinoco ilustrado*, el primero que sembró matas de café en el Nuevo Reino de Granada.

jesuita llanero

Hasta que fue expulsada de España y sus dominios por una pragmática del ilustrado rey Carlos III en 1767, la Compañía se consagró particularmente a la educación, como era su costumbre. En Santa Fé fundaron el Colegio Mayor de San Bartolomé y la Universidad Javeriana, a los cuales se sumaron el Colegio del Rosario, del arzobispado, y el de Santo Tomás, de los dominicos; y los colegios jesuitas de Cartagena, Tunja, Honda, Pamplona y Popayán. Reservados todos ellos, por supuesto, a alumnos que pudieran probar su limpieza de sangre, no sólo en cuanto a la religión de sus ancestros sino también con respecto a la "mancha de la tierra" con que nacían ya, en cuna de inferioridad, los blancos americanos: los criollos.

El comercio empezaba a ser importante fuente de riqueza, como ya se vio, y se concentraba en Cartagena y Santa Fé, Tunja y Popayán y, sobre la ruta vital del río Magdalena, en Mompox y Honda. Oro de exportación y esclavos de importación. Estos venían de África, en un principio a través de negreros portugueses: pero todo lo demás venía de España, al menos en teoría, pues la metrópoli se reservaba el monopolio del trato con sus colonias. En la práctica las mercancías, la llamada ropa de Castilla, se traían de contrabando de todos los países de Europa. Contrabando que fue, con la trata y las minas, el origen de todas las grandes fortunas de la época, y que practicaban sin asco hasta las más altas autoridades coloniales. No habiendo aquí sino una agricultura y ganadería de subsistencia y siendo inexistente la industria, todo venía de afuera, hasta los alimentos: las harinas, la carne en salazón, el pescado seco, el vino, el aceite. Siglos más tarde escribiría con añoranza el poeta cartagenero Luis Carlos López en un soneto a su ciudad nativa:

> … las carabelas
> se fueron para siempre de tu rada:
> ¡ya no viene el aceite en botijuelas!

Porque gracias al cuasi monopolio del comercio de importación y exportación —y en particular a la trata negrera—, Cartagena progresó hasta convertirse en uno de los principales puertos de las Indias, a la vez que Santa Marta se despoblaba y decaía y quedaba reducida al contrabando con los barcos piratas, que ya no encontraban en ella botín por el que valiera la pena asaltarla. Cartagena, en cambio, lo tenía todo: una encerrada y protegida bahía donde podía fondear entera la Flota de Indias, cuyos galeones zarpaban rumbo a Sevilla dos veces al año —Miguel de Cervantes, el futuro autor de *El Quijote*, solicitó sin suerte el apetecido cargo de la contaduría de galeras en el puerto—; un floreciente mercado de esclavos, el más importante de América, y la cercanía a la arteria fluvial del Magdalena, que llevaba al interior del país, con el cual muy pronto quedó comunicada por el canal del Dique que se construyó conectando ciénagas para ahorrarse y reducir en muchos días el trabajoso viaje por tierra o la dificultosa y peligrosa entrada al río por su turbulenta desembocadura de las Bocas de Ceniza.

Por cuenta de su riqueza, y siguiendo el destino habitual e inevitable de las ciudades portuarias, Cartagena ganó fama de ser "la plaza donde vienen a parar todos los excesos y pecados

Dos siglos de evolución
de los cuellos de encaje
entre los visitantes
de Cartagena de Indias

1 Pirata francés
  Roberto Baal 1544

2 Pirata inglés
  Francis Drake 1586

3 Pirata holandés
  Piet Hein 1628

4 Pirata inglés
  Henry Morgan 1668

5 Pirata francés
  Jean de Pointis 1697

6 Pirata inglés
  Edward Vernon 1741

de Castilla". Había en ella trece cárceles para presos comunes; y por añadidura fue creado un tribunal de la Santa Inquisición, que desde un espléndido palacio barroco de piedra tallada se dedicó a organizar espectaculares autos de fe contra esclavos negros acusados de brujería: es decir, de seguir rindiendo culto a sus dioses africanos. Pero la verdad es que en sus dos siglos de existencia la Inquisición cartagenera quemó en la hoguera sólo a cinco personas: se ve que sus teólogos, sus "familiares" (funcionarios de la Inquisición) y sus alguaciles trabajaban más bien poco.

Con todo lo cual, evidentemente, la ciudad se convirtió en la presa más codiciada por los piratas de las islas del Caribe y los corsarios de las potencias enemigas de España. Por lo menos un ataque y saqueo de piratas —ingleses, franceses, holandeses— sufrió Cartagena en cada generación desde mediados del siglo XVI hasta finales del XVIII. Y hay que tener en cuenta que durante la mayor parte de esos siglos estuvo muy mediocremente defendida: las imponentes fortificaciones y murallas que se ven hoy fueron edificadas por el ingeniero militar Antonio de Arévalo entre 1742 y 1798, cuando el Imperio español agonizaba.

Los Borbones

En el año 1700 se extingue la dinastía de los Austrias españoles a la muerte sin herederos directos de Carlos II el Hechizado: un enano fantasmal, caricatura trágica de rey, a quien al hacerle la autopsia los forenses le encontraron la cabeza llena de agua. Lo sucedió su sobrino Felipe de Anjou, nieto del rey Luis XIV de Francia: y se desató la guerra de Sucesión española, en la que tomaron parte todas las potencias de la época y en la que España perdió todas sus posesiones europeas. Con la instalación de la nueva dinastía de los Borbones la política de la Corona cambió por completo, y para empezar fueron abandonadas —aunque "discretamente": sin ser abolidas de manera formal— las famosas Leyes de Indias de los monarcas Carlos y Felipes, que apenas veinte años antes habían sido recogidas en una monumental *Recopilación*. Leyes que mostraban cómo desde la misma Conquista los propósitos de la Corona española habían chocado con los intereses de sus colonos: desde Colón. Caso posiblemente único en la historia de las colonizaciones. El historiador Indalecio Liévano Aguirre no oculta su entusiasmo por esas leyes justas y admirables de la *Recopilación* de 1681:

> Código —escribe en su obra *Los grandes conflictos sociales y económicos de nuestra historia*— que constituye una de las mayores hazañas del espíritu de justicia y de la inteligencia humana y que, con sobrados motivos, le ha ganado a España un sitio eminente en la historia universal.

Código que, sin embargo, tenía un defecto práctico: el de que sus leyes justas y admirables no se cumplieron nunca.

(Es un defecto que, como sin duda habrá observado el lector, ha seguido caracterizando desde entonces todas las Constituciones y leyes de lo que hoy se llama Colombia en honor del ya mencionado descubridor, conquistador y colonizador, Colón).

Los virreyes
a la francesa salían
carísimos

Con la llegada de los Borbones desaparecieron las precauciones legalistas y las pretensiones éticas de respeto por los fueros y de "federalismo" de la múltiple monarquía hispánica. Se disolvió el vigilante Consejo de Indias, reducido a cuerpo consultivo y fue sustituido en sus funciones por el Ministerio de Marina, calcando el modelo administrativo francés, centralista y absolutista. El manejo de la economía de las colonias fue entregado en arriendo a grandes compañías privadas españolas —la de las Filipinas en Asia, la Guipuzcoana en América— o extranjeras: el asiento (monopolio) de la trata de esclavos negros fue adjudicado a una compañía francesa, la Compagnie de Guinée, en la que tenía intereses Luis XIV, el abuelo del nuevo rey de España, Felipe V. Porque más que el progreso de los colonizados o aun de los colonizadores, a la nueva Corte de Madrid le interesaba colmar rápidamente el gigantesco agujero fiscal que le había dejado a la Corona la costosa guerra de Sucesión, que en España misma se había doblado de una guerra civil entre las regiones "borbónicas" partidarias de Felipe (la Corona de Castilla) y las "austracistas" de su rival el archiduque Carlos de Austria, hijo del emperador Leopoldo: la Corona de Aragón, Cataluña y Valencia. Una guerra civil que trescientos años más tarde sigue teniendo consecuencias, como el independentismo catalán de hoy.

Al mismo tiempo la Real Audiencia del Nuevo Reino fue elevada a la categoría de virreinato, y nombrado virrey Jorge de Villalonga, con instrucciones precisas de acabar con la corrupción. Su administración fue la más desaforadamente corrupta que se había conocido hasta el momento. Se vio entonces que el país era demasiado pobre para pagarse el carísimo lujo de un virrey y su amplia cola de cortesanos vestidos a la francesa, como pájaros del paraíso: secretarios, gentilhombres de cámara, pajes, caballerizos, cocineros, reposteros, cocheros y lacayos. Y se volvió al sistema antiguo hasta que el estallido de la Guerra del Asiento con Inglaterra aconsejó revivir el virreinato en 1740. A su cabeza fue nombrado Sebastián de Eslava, un militar de carrera escogido para "recuperar los desmayados ánimos de aquellos vasallos". Eslava no subió a Santa Fé sino que se quedó en Cartagena reforzando los baluartes y las murallas como preparación para el previsible ataque de los ingleses, que efectivamente se presentaron ante la bahía pocos meses más tarde, en marzo de 1741, con todos los fierros.

El almirante Edward Vernon, comandante en jefe de las fuerzas navales inglesas en las Indias Occidentales, llegó a la cabeza de la mayor flota reunida en Occidente desde la batalla de Lepanto contra los turcos, ciento setenta años antes. Eran 186 buques, 2.000 cañones, 26.600 hombres —incluidos 2.000 esclavos macheteros de Jamaica, desde donde zarpó la flota, y 4.000 voluntarios de la colonia inglesa de Virginia, en América del Norte—. Por comparación, la Armada Invencible española que en 1588 trató de invadir las islas británicas constaba de 127 buques; y la contraarmada inglesa comandada por Francis Drake que el año siguiente puso sitio a Lisboa, de 170 buques y 26.000 hombres, de los cuales se perdieron las dos terceras partes.

Frente a la escuadra de Vernon, el virrey Eslava y su comandante general de la ciudad, el almirante Blas de Lezo —el llamado "medio hombre": manco, cojo y tuerto— podían oponer seis barcos y 3.600 hombres, incluidos 600 indios flecheros. Y las fortificaciones de Cartagena, que aunque no tan robustas como lo serían cuarenta años más tarde —cuando a nadie se le ocurrió atacarlas—, contaban con varios baluartes, baterías y castillos fuertes. Y el clima, que sería letal para las tropas de desembarco: miles murieron de disentería y fiebre amarilla (el temido "vómito negro") al atravesar la selva para intentar tomar la ciudad por la espalda.

Don Blas de Lezo
ante el castillo de
San Felipe de Barajas

El asedio duró dos meses, del 13 de marzo al 20 de mayo, con la ciudad y sus bastiones sometidos a un incesante cañoneo de la flota inglesa. Los defensores, tras hundir varios de sus propios barcos para cerrar la entrada de la bahía, abandonaron las defensas de la vanguardia y se retiraron al poderoso castillo de San Felipe de Barajas, que fue asediado por la infantería. La batalla se dio ante sus murallas y en sus fosos, que había mandado excavar Blas de Lezo en las semanas anteriores: cañones, armas blancas, piedras, mosquetería, cargas a la bayoneta. Los ingleses de Vernon, que ya había mandado acuñar en Londres medallas conmemorativas de su victoria, terminaron por retirarse a sus barcos, dejando en el campo más de ocho mil muertos y abandonando las mil quinientas piezas de artillería que habían desembarcado para atacar la fortaleza: en sus más de doscientos años de existencia, Cartagena nunca había visto tantos cañones juntos.

Fue la más grave derrota de la Royal Navy en toda su historia, y la última gran victoria militar del Imperio español, que iba ya irremediablemente cuesta abajo.

Como un anuncio de lo que todavía estaba por venir, el comandante de los voluntarios de Virginia que habían llegado con la flota inglesa se llamaba Lawrence Washington. Era el hermano mayor de George, quien medio siglo más tarde iba a ser el primer presidente de los Estados Unidos.

Pedro Claver:
el esclavo santo

A mediados del siglo XVII Cartagena de Indias tenía una población de cinco o seis mil habitantes, de los cuales sólo un tercio eran españoles, y el resto, esclavos negros. Ya no quedaban indios.

Cartagena era entonces el principal mercado de esclavos de América: más de la mitad de los traídos de África en los siglos XVI y XVII llegaron por su puerto para repartirse luego por todo el continente, al ritmo de unos dos mil por mes. Escribe el jesuita Alonso de Sandoval en su tratado *De la salvación de los negros* (entendida como salvación espiritual):

> El maltratamiento es tan malo, dáles tanta tristeza y melancolía, que viene a morir un tercio en la navegación, que dura más de dos meses; tan apretados, tan sucios y tan maltratados, vienen de seis en seis encadenados por argollas en los cuellos, asquerosos y maltratados, y luego unidos de dos en dos con argollas en los pies...

El primero en traer esclavos negros al Nuevo Mundo fue el Descubridor Cristóbal Colón. La esclavitud persistía en el Occidente cristiano como cosa natural, aunque circunscrita desde la Edad Media a los infieles: musulmanes o paganos. Y viceversa: los piratas berberiscos del Mediterráneo hacían en sus galeras de remeros forzados frecuentes razias primaverales para tomar esclavos cristianos en las costas de Italia y España (alguna vez llegaron hasta Islandia, y unas cuantas a Inglaterra). Así, por ejemplo, Miguel de Cervantes pasó cinco años cautivo en los "baños" (las prisiones) de Argel, como lo cuenta él mismo en una comedia de ese título y en un episodio de *El Quijote*. Dice un poema de Góngora:

> Amarrado al duro banco
> de una galera turquesca
> un forzado de Dragut
> en la playa de Marbella
> se quejaba al ronco son
> del remo y de la cadena...

(Dragut fue uno de los más célebres piratas berberiscos del siglo XVII).

Sin embargo la esclavitud más habitual y numerosa, y cuya legitimidad ni siquiera se discutía, era la de los negros africanos, presa tanto de los musulmanes como de los cristianos. Eran considerados por los teólogos y juristas de ambas religiones, y por supuesto también de la judía predecesora de las dos, como una raza destinada a la servidumbre: descendía de Cam, el hijo del patriarca bíblico Noé y quien fue castigado por Dios al burlarse de su padre cuando lo vio borracho. En la Europa renacentista esa esclavitud era relativamente marginal, limitada a la servidumbre doméstica de las grandes casas aristocráticas. Y en el amanecer de la Conquista eran esos los esclavos que se traían de España: negros "ladinos", ya bautizados, comprados en Portugal (con respecto a los negros, la Iglesia había levantado la prohibición de someter cristianos a la servidumbre). A partir de las Leyes Nuevas de Carlos V, que abolieron la esclavización de los indios, y ya diezmados estos e inservibles para trabajos rudos en las plantaciones de las islas y las minas de la Tierra Firme, se empezaron a importar directamente desde África negros "bozales" sin domar. La Corona española otorgaba los asientos (monopolios) de saca de negros a los tratantes extranjeros: portugueses primero, y desde el siglo XVII, al vaivén de las guerras europeas de España, a compañías privadas holandesas y luego francesas y finalmente inglesas. Nunca fue España buena para el comercio, ni siquiera de esclavos. La Corona, digo, se limitaba a cobrar las concesiones y franquicias.

En esas circunstancias llegó a Cartagena un tímido novicio catalán llamado Pedro Claver. Sus superiores del colegio jesuítico de Mallorca lo habían juzgado insignificante: con la característica arrogancia intelectual de los miembros de la Compañía de Jesús, le achacaban "un discernimiento inferior a la media" y "un mediocre perfil en las letras", y lo consideraban sólo "bueno para predicar a los indios". Por eso a las Indias vino: al Nuevo Reino de Granada. A Santa Fé para hacer los indispensables papeleos, a Tunja luego para forjarse el alma en el frío que cala los huesos, y finalmente, en 1616, a Cartagena para cumplir la misión de su vida: convertirse en el esclavo blanco de los esclavos negros. Así lo estampó con su firma en un papel el día en que cantó su primera misa, a los treinta y cinco años: *"Petrus Claver, aethiopian semper servus"* ("Pedro Claver, esclavo de los negros [etíopes] para siempre").

De pocas letras: sólo escribió esa frase en latín, una carta en catalán a su padre preguntando por la familia, y otras pocas en castellano a sus superiores de la orden narrando los detalles de la vida derivada de su escueta promesa. Una vida de la cual diría trescientos años después el papa León XIII que era la vida de hombre que más lo había impresionado, después de la de Jesucristo. Una vida pasada en las sentinas de los barcos negreros que fondeaban en el puerto con su carga de carne humana, a donde acudía cargado con un canasto de frutas y de vino y acompañado de intérpretes de media docena de lenguas africanas. El padre Sandoval, su superior en el convento de Cartagena, lo describe "soportando la hediondez de los cuerpos putrefactos y de las negrísimas heces...". Y Claver cuenta:

> Juntamos a los enfermos. Entre ellos había dos muriéndose, ya fríos y sin pulso. Tomamos una teja de brasas y sacando varios olores dímosles un sahumerio, poniendo encima de ellos nuestros manteos, que otra cosa ni la tienen encima, ni hay que perder tiempo en pedirla a sus amos. [...] Les estuvimos hablando, no con lengua, sino con manos y obras, que como vienen tan persuadidos de que los traen para comerlos, hablarles de otra manera fuera sin provecho. Asentámosnos después, o arrodillámosnos junto a ellos, les lavamos los rostros y vientres con vino, y alegrándolos, y acariciando mi compañero a los suyos y yo a los míos les comenzamos a poner delante cuantos motivos naturales hay para alegrar a un enfermo.

Entre barco y barco se ocupaba de bautizar a los negros —se le atribuye la inverosímil cifra de trescientos mil bautizos en cuarenta años— y de cuidar y consolar a los enfermos. A los leprosos del hospital de San Lázaro les llevaba bandas de música. A los condenados a muerte por la Inquisición, que en Cartagena se especializaba en quemar esclavas negras acusadas de brujería, les llevaba al cadalso perfumes y bizcochos. Lo veneraban los esclavos. Las señoras de Cartagena lo despreciaban porque olía feo, a negro, y decían que profanaba los sacramentos al darlos a gentes que casi no tenían alma, y le criticaban que se mostrara "hosco en demasía con las clases altas". Lo cual era cierto: se excusaba de oírlas a ellas en confesión alegando que su confesionario era demasiado estrecho para que cupieran sus anchos miriñaques y guardainfantes. Pero contaba con el apoyo no sólo de su rector, el erudito padre Sandoval, sino del general de los jesuitas, Muzio Vitelleschi, a quien por lo visto no le llegaban a Roma los malos olores del puerto caribe.

Señora cartagenera del siglo XVII
encontrando serias dificultades
para confesarse con un santo

Así que poco a poco fue ganando fama, no ya de extravagante, sino de santo, y se decía que hacía milagros —que después fueron aceptados por la Iglesia en el proceso de su canonización, que comenzó a los cuatro años de su muerte—. Milagros como resucitar a los muertos para que pudieran recibir la extremaunción, o si era el caso el bautismo, estando todavía vivos, o por lo menos redivivos. Cuando murió, víctima de la peste de 1650, llegaron muchedumbres que querían tocar al santo, blancos y negros, esclavos malolientes y señoronas de miriñaque que pretendían arrancarle unos cabellos, un jirón de la camisa o del manteo sucios de sudor y de sangre de esclavos.

Un justo en una ciudad de ignominia. O un policía bueno en medio de los policías malos, que ayudaba a que los esclavos aceptaran con mansedumbre su terrible suerte gracias al consuelo de la religión. "Opio del pueblo", como se diría siglos más tarde. Porque los negros bautizados por Pedro Claver se salvarían en la otra vida, pero en esta seguían siendo esclavos. Una instrucción dada a los mayordomos de las haciendas de la Compañía de Jesús concluía diciendo: "Hagan buenos christianos a los esclavos y los harán buenos sirvientes".

Pero es que, justamente, faltaban siglos para que la esclavitud de los negros empezara a escandalizar a los filósofos y alguien empezara a hablar de abolirla. El santo catalán de Cartagena no la discutía, pero la aliviaba "no con lengua, sino con manos y obras". Comunión para las almas, como indicaba el libro del padre Sandoval: pero en primer lugar limones y naranjas para el escorbuto, y vino y aguardiente para el ánimo, y música y perfumes para el tránsito de la muerte. No era tan corto de criterio como pensaban sus maestros jesuitas de Mallorca, sino que, por el contrario, tenía un discernimiento espiritual superior: a los necesitados les daba lo superfluo.

Algunos libros
y fuentes consultados

Alexandre Olivier Exquemelin. *Piratas de América.*

Beatriz Castro Carvajal (ed.). *Historia de la vida cotidiana en Colombia.*

Eduardo Lemaitre. *Breve historia de Cartagena, 1501-1901.*

Eduardo Restrepo. "*De Instauranda æthiopum Salute:* sobre las ediciones y características de la obra de Alonso de Sandoval", en revista *Tabula Rasa,* núm. 3.

Germán Colmenares. "La economía y la sociedad coloniales (1550-1800)", en Jaime Jaramillo Uribe (ed.), *Manual de Historia de Colombia.*

Indalecio Liévano Aguirre. *Los grandes conflictos sociales y económicos de nuestra historia.*

Jaime Jaramillo Uribe. *Ensayos sobre historia social colombiana.*

Jaime Jaramillo Uribe y Germán Colmenares. "Estado, administración y vida política en la sociedad colonial", en Jaime Jaramillo Uribe (ed.), *Manual de Historia de Colombia.*

Jorge Palacios Preciado. "La esclavitud y la sociedad esclavista", en Jaime Jaramillo Uribe (ed.), *Manual de Historia de Colombia.*

Juan Friede. "La conquista del territorio y el poblamiento", en Jaime Jaramillo Uribe (ed.), *Manual de Historia de Colombia.*

Y, como de costumbre, consultas de Google.

IV

LOS

MALOS

Y LOS

BUENOS

Bajo la larga siesta colonial neogranadina se incubaban las semillas de la independencia de España, tanto en las revueltas populares contra los funcionarios de la Corona como en la educación ilustrada de las élites criollas. Y también en lo racial, a causa del progresivo mestizaje de la población.

¡Viva el rey y muera el mal gobierno!
Manuela Beltrán

VIRREY

ARZOBISPO

Aquí el turbulento siglo XVIII empezó —con el habitual retraso de estas tierras— ya bien rebasada la mitad del siglo: en los años setenta. Allá en el ancho mundo guerreaban las potencias en la tierra y en el mar: España, Francia, Inglaterra; y surgían otras nuevas, Prusia y Rusia. Se desarrollaban las ciencias y las artes, los filósofos tomaban la palabra en contra de los teólogos, los reyes respondían inventando el despotismo ilustrado, surgía arrolladora la burguesía. En la Nueva Granada no pasaba absolutamente nada.

Los estremecimientos universales sólo se sentían cuando algún pirata asaltaba los baluartes de Cartagena. Lo demás eran chismes de alcoba de virreyes o disputas escolásticas de curas o consejas de viejas: que a un oidor se le puso el pelo todo blanco por haber blasfemado en una noche de juerga, o que el diablo se apareció en un puente.

Imperceptiblemente, sin embargo, bajo la uniforme calma chicha de la superficie política, sucedían profundos cambios.

La desaparición definitiva de los indios: los bravos por exterminio, los mansos por mestizaje; y sólo quedaron los que vivían en las selvas impenetrables del Chocó y de la Amazonía, y los irreductibles de los desiertos de La Guajira. Según el primer censo, que se haría en 1778, la población de la Nueva Granada era ya predominantemente mestiza. Sobre poco menos de ochocientos mil habitantes, doscientos mil eran blancos —españoles y criollos—, cuatrocientos mil mezclas —mestizos, mulatos, zambos—, doscientos mil indios, y sesenta y cinco mil negros esclavos. También de manera imperceptible crecía la oposición entre los españoles y los criollos blancos, que en la segunda mitad del siglo se fue exacerbando por la exclusión casi absoluta de los criollos de los empleos públicos: para el nuevo régimen borbónico los criollos no eran de fiar, porque tenían sus intereses aquí y no en España.

El paso del santo viático
para los moribundos
Diversiones populares en
la Colonia

Hubo excepciones, claro: criollos peruanos o mexicanos llegaron a ocupar altos cargos no sólo en las colonias sino en la propia España, y entre los neogranadinos fueron notables los casos de Moreno y Escandón, de Mariquita, fiscal de la Real Audiencia en Santa Fé y promotor de un reformista Plan de Estudios (que no fue aplicado) y luego regente de Chile; o el de Joaquín Mosquera, de Popayán, oidor en Santa Fé y quien ya en el siglo siguiente, en pleno hervor independentista, fue designado por las Cortes de Cádiz nada menos que regente de España en ausencia de los reyes, presos de Napoleón en Francia. Pero eran excepciones. Y además, como esta de la regencia, inoperantes.

La publicación de los informes de los científicos militares Antonio de Ulloa y Jorge Juan, venidos a América en 1747 a medir los meridianos terrestres y que de pasada redactaron a la atención de la Corona una devastadora denuncia de la situación económica, política, social y espiritual de estas regiones, hubiera debido provocar cambios de fondo en la política colonial española. Pero esos informes se mantuvieron confidenciales. Sólo se publicaron —en Londres— después de la Independencia, bajo el tardío título de *Noticias secretas de América.*

Otro acontecimiento preñado de futuro, pero que en su momento aquí pareció solamente uno más de los habituales rifirrafes por asuntos de jurisdicción o de dinero entre la administración colonial y las órdenes religiosas, fue la expulsión de los jesuitas. En Santa Fé a nadie pareció importarle: era ya desde entonces una ciudad insensible a los acontecimientos. Pero en primer lugar provocó el derrumbe del sistema educativo colonial, que se basaba casi por completo en los colegios, seminarios y universidades de la Compañía de Jesús, y lo dejó en las manos retardatarias de los frailes dominicos. Y además hizo que, tras ser proscritos de sus dominios por todos los reyes Borbones —de Francia, Nápoles, Parma y España, y por los Braganza de Portugal— o, más exactamente, por sus ministros, liberales todos ellos y más o menos ilustrados; y al ser luego "disueltos y extirpados" por el papa, los padres jesuitas perseguidos pasaron a la clandestinidad. Y desde allí apoyaron e incluso financiaron en adelante todas las rebeliones americanas contra España.

Otro tanto hacían también, paradójicamente, los más acérrimos enemigos de la Compañía: los masones. Extraños compañeros de cama, como se ha dicho siempre que son los que amanceba la política.

La mediocridad

Carlos III de España
El hombre más feo de Europa

Pero entre tanto aquí, en el pesado letargo colonial, venían y pasaban virreyes anodinos, buen reflejo de la mediocridad de los reyes de la monarquía hispánica en la otra orilla del océano. Desde los "Austrias menores" —reyes melancólicos y cazadores como el ausente Felipe III, el triste Felipe IV, el hechizado Carlos II— y con los primeros Borbones —el demente y longevo Felipe V, dominado por su ambiciosa mujer italiana, y el linfático Fernando VI, tan ido e incapaz como su padre y que también murió loco— transcurrió más de un siglo. El llamado Siglo de Oro de las artes y las letras y de la breve *Pax Hispanica*, durante el cual se hundieron España y su Imperio.

España, ya sin su poderío en Europa, perdido en veinte guerras, sólo volvió a ser gobernada en serio por Carlos III, considerado por muchos el monarca ejemplar del despotismo ilustrado. Y aunque despótico sí era, ilustrado no tanto: más que estudiar filosofía o botánica en sus veinticinco años de rey de Nápoles, prefería dedicarse a la reproducción con su única y legítima esposa (tuvieron trece hijos); y después, llevado por otros veinticinco al trono de España, más que a los asuntos de Estado se dedicaba a la caza con perros en los montes de Toledo, como lo retrató Goya. En sus célebres *Memorias* cuenta el aventurero Casanova que una tarde vio al rey en Madrid en los toros, y que merecía su fama de ser "el hombre más feo de Europa", y uno de los más tontos: buen "alcalde de Madrid", mal cabeza de un imperio universal que se desvanecía. Pero es verdad que estaba rodeado de ministros inteligentes e ilustrados, partidarios de las nuevas Luces (*les Lumières* de los filósofos franceses), y posiblemente francmasones. A quienes se esforzó por no hacerles caso.

Volviendo a lo de aquí: unos versitos anónimos de fines del siglo XVIII dan la lista de los virreyes que en esos tiempos, agitados en el mundo y aquí inmóviles de siesta colonial, gobernaron la Nueva Granada:

> Eslava, Pizarro, Solís, de la Cerda;
> Guirior a quien Flórez muy bien reemplazó;
> Después Torrezar cual ráfaga ardiente
> tan solo un instante en Granada brilló.
> Y Góngora ilustre, Don Gil y Ezpeleta,
> después Mendinueta
> y Amar y Borbón.

Del virrey Eslava y su defensa de Cartagena con Blas de Lezo ante la escuadra inglesa ya se habló en el capítulo anterior. Los demás... tan mediocres como los versitos de la lista. Militares de carrera, aristócratas libertinos, burócratas de profesión que saltaban de cargo en cargo, de ser oidores en Lima a ser procuradores en Guatemala o a ser virreyes aquí. A uno se le ocurrió implantar el estanco del aguardiente, provocando disturbios. Otro, José Solís, tuvo una querida llamada la Marichuela que terminó en un convento de arrepentidas cuando su virrey se metió de monje por haber visto pasar un entierro en el que el difunto era él mismo. Y el eterno problema de las obras públicas. El virrey Solís se quejaba en carta a Fernando VI de que aquí las obras públicas no avanzaban, y citaba el caso del Puente del Común sobre el río Funza en Chía. Digámoslo de pasada: uno de los poquísimos que se construyeron en los dos siglos y medio que duró el régimen colonial, con el del Humilladero en Popayán, el de Honda sobre el Gualí, y el famoso y gracioso puentecillo de un solo arco sobre el riachuelo Teatinos en donde se libró la batalla de Boyacá de la Independencia. Volviendo al del Funza: decía el virrey que llevaba ya muchos años ordenado y proyectado, pero "aún no se ha construido porque no hay diligencia que baste a animar la pereza con que aquí se procede aun en lo más necesario y útil".

La novia del virrey

La carta es de 1758. En 1796, treinta y ocho años, tres reyes y siete virreyes más tarde, quedó por fin concluido el bello Puente del Común, en fábrica de ladrillo y piedra sillar, con sus cinco arcos carpaneles rematados por un pequeño puente auxiliar de desagüe, y con sus dos glorietas en cada extremo para que la carroza del virrey, al llegar o al devolverse, pudiera dar con comodidad la vuelta: pues el camino a Tunja terminaba ahí, a seis leguas de Santa Fé.

El Puente del Común era
el único tramo transitable
de la red vial neogranadina

Y en Santa Fé, que era una aldea de veinte mil habitantes
con pretensiones de capital de virreinato, y en Tunja y en
Pamplona y en Popayán y en Mariquita, villas "muy nobles
y leales" pero aisladas del mundo e incomunicadas entre sí
por el horrible estado de los caminos reales (por esa época
escribía en su diario el recién llegado José Celestino Mutis
que el de Honda a Santa Fé, el más transitado de todos, "es
tan malo que no hay con qué expresarlo sino diciendo que
es todo él un continuado peligro"), en las ciudades, pues, no
había nada: miseria y mendicidad en las calles, y en las casas
monotonía y aburrimiento. Chocolate santafereño. Tañer de
campanas de iglesias, entierros de obispos, visitas a familiares encarcelados por deudas, aguaceros que duraban días,
borracheras populares con chicha y aguardiente con motivo
del bautizo de algún Infante en la lejana Corte de Madrid, el
brote episódico de alguna epidemia de tifo o de viruela. Una
vez se oyó un tremendo ruido subterráneo, y durante decenios se habló con retrospectivo estremecimiento del "año
del ruido". En la literatura, sermones en latín. En el arte,
Inmaculadas Concepciones sevillanas idénticas las unas a las
otras, retratos de virreyes idénticos los unos a los otros con
sus intercambiables casacas de aparato, cuadros sombríos de
ángeles músicos, retratos fúnebres de monjas muertas coronadas de flores entre un olor a cera y a rosas y un rumor de
rezos y de jaculatorias.

Tal sería la falta de plan que hasta un virrey disoluto se metió de cura. Y muchas mujeres de familias ricas —y, por supuesto, con limpieza de sangre— pagaban gustosas la costosa admisión en un convento de clausura —de las Clarisas, de la Concepción, del Carmen— con tal de escapar de la asfixiante vida de familia para encerrarse en una celda a rezar y a bordar: la "habitación propia" que siglos después todavía reclamaba una escritora. Algunas escribían: en Tunja la madre Josefa del Castillo, en su celda con vista al huerto en la que a veces, de puro aburrimiento, "hacíase azotar de manos de una criada", distraía su "corazón marchito" componiendo místicos, ascéticos, eróticos *Deliquios del divino amor* en delicados, dolientes heptasílabos:

> Tan suave se introduce
> su delicado silbo,
> que duda el corazón
> si es el corazón mismo…

Para que empezaran a pasar cosas interesantes hubo que esperar la venida del tal "Góngora ilustre", que justamente por eso fue llamado así por el autor de la lista en verso: el arzobispo de Santa Fé y virrey de la Nueva Granada Antonio Caballero y Góngora.

Monja arrobada
o muerta

Fiestas de toros

A su inmediato predecesor, Juan de Torrezar Díaz Pimienta, la "ráfaga ardiente" de los versitos, se le dio ese nombre por lo fugaz de su paso: vino a morir en Santa Fé a los tres días de su llegada, desaguándose "por las cuatro vías" como consecuencia de los muchos homenajes que le hicieron en su viaje desde Cartagena. Porque pese a la pobreza del virreinato tales agasajos eran cosa seria. Repiques de campanas, corridas de toros, músicos y quema de pólvora, banquetes con sopa de tortuga y lechona y novilla y morcilla y mucho trago: ron y aguardiente y totumadas de chicha y discursos de regidores borrachos al nuevo excelentísimo señor virrey y amigo que iba a repartir empleos y atribuir recaudos y a convertir la parroquia en villa y el pueblo en ciudad con el consiguiente aumento de las rentas municipales. Tras ser festejado así en Mompox, en Tamalameque, en Honda, en Guaduas y en Facatativá, el infortunado virrey Pimienta tuvo que saltarse la recepción final en Fontibón para llegar a Santa Fé a manos del ya famoso médico José Celestino Mutis, quien se limitó a recomendar que le dieran la extremaunción. El solemne tedeum de celebración del recibimiento se cambió por una misa de réquiem oficiada por el arzobispo.

Se abrió entonces el macabramente llamado "pliego de mortaja" que traían en su equipaje los virreyes con instrucciones para tales casos, que no eran infrecuentes. Y se vio que el reemplazo del difunto designado por el rey era el mismo arzobispo de Santa Fé, monseñor Antonio Caballero y Góngora: un prelado de corte dieciochesco que dos años antes se había distinguido en el apaciguamiento casi incruento de la rebelión de los Comuneros que durante unos meses había puesto en vilo la estabilidad del virreinato.

Los Comuneros

Sucedió que un día de mercado del mes de marzo de 1781, en la villa de El Socorro, en las montañas del nororiente del virreinato, se dio un gran alboroto que...

Pero esto requiere algunos antecedentes.

La teoría del absolutismo regio que promovían los ministros de Carlos III se estrellaba en la práctica con un serio problema: no había con qué. Ni funcionariado capaz de ponerla en vigor —la pululante burocracia creada por los Austrias era tan numerosa como inepta—, ni ejército y marina que pudieran imponerla. Y ya no imperaba el tolerante "se obedece pero...", sino el autoritario "ordeno y mando". Por eso la tarea principal de los reformadores consistió en aumentar la presión fiscal sobre las colonias para obtener excedentes monetarios. Los cuales, irónicamente, servirían en buena parte para financiar la ayuda de España a la emancipación de las colonias inglesas de América del Norte; emancipación esta desatada a su vez por la carga de impuestos sin contraprestaciones que les exigía la Corona británica: la famosa Fiesta del Té (Tea Party) de Boston.

Así que las reformas, adelantadas en América por orden del laborioso y enérgico ministro de Indias José Gálvez, marqués de Sonora, iban dirigidas a que la metrópoli explotara fiscalmente sus colonias con un rigor sin precedentes. Para lograrlo se nombraron unos novedosos e implacables visitadores-regentes, azuzados desde la Corte de Madrid para reforzar en cada virreinato los recaudos: para aumentar el impuesto de alcabala hasta los niveles peninsulares, reintroducir un tributo ya obsoleto para el mantenimiento de la Armada de Barlovento, inventar otros nuevos, subir el precio de los productos de monopolio oficial como eran la sal, el tabaco y el aguardiente (estos últimos dos constituían los dos tercios de los ingresos del fisco). Funcionarios venidos a aplicar el que de modo anacrónico pudiera llamarse "consenso de Madrid": sin consultar la opinión de los gobernantes locales. Los cuales, en el Perú y en México y en la Nueva Granada, desaconsejaron el apretón fiscal, temiendo los disturbios. Una copla de la época advertía:

> La naranja es siempre amarga
> si se exprime demasiado.
> Y el borrico recargado
> siempre se echa con la carga...

La carga tributaria

Hubo, en efecto, disturbios. En México, levantamientos indígenas. En el Perú, Alto y Bajo, la gran rebelión del inca Túpac Amaru II ahogada en sangre. En la Nueva Granada la cosa fue más leve y tuvo tintes de farsa: hubo un tumulto, una capitulación y un engaño.

La protesta nació en los pueblos tabacaleros de las montañas del nororiente del virreinato, afectados por el alza de los impuestos decretados por el nuevo visitador regente Gutiérrez de Piñeres. Y un domingo de mercado de marzo de 1781 se convirtió en motín popular en la ciudad de El Socorro.

Una enfurecida vivandera llamada Manuela Beltrán arrancó de las paredes de la plaza los edictos de los nuevos impuestos gritando "¡Viva el rey y muera el mal gobierno!": un grito que parece demasiado largo y bien compuesto para ser natural (tal vez fue inventado *a posteriori* por los historiadores). Y se alzó el pueblo entero.

No sólo el pueblo raso. Por oportunismo se sumaron al bochinche los notables locales: las "fuerzas vivas", como se decía, las modestas oligarquías municipales, comerciantes, hacendados medianos; que después, por miedo, se vieron empujados a tomar la cabeza del movimiento. Uno de ellos, Salvador Plata, escribiría más tarde en su disculpa que lo habían forzado "con lanzas en los pechos". Sería menos: serían apenas gritos de "¡que baje el doctor, que baje el doctor!" dirigidos al balcón de su casa. Y el doctor bajó, y se dejó llevar contento a la primera fila de la protesta. Lo mismo sucedió en los pueblos vecinos: Mogotes, Charalá, Simacota. Y eligieron por capitán general al terrateniente local y regidor del cabildo, Juan Francisco Berbeo, que organizó el desorden en milicias armadas con lanzas y machetes y escopetas de cacería. Las tropas eran de blancos pobres, de indios y mestizos. Los capitanes eran criollos acomodados, con pocas excepciones, entre ellas la del que luego sería el jefe más radical de la rebelión, José Antonio Galán: "Hombre pobre, pero de mucho ánimo".

Pero alborotos populares había a cada rato, y en el gobierno nadie se inquietó. Formaban parte de la práctica política tradicional, como la tradicional corrupción y el tradicional clientelismo. Un oidor con unos pocos soldados fue a apagar la revuelta provinciana —la escasa tropa regular del virreinato estaba en Cartagena con el virrey, Manuel Antonio Flórez, como siempre: pues el enemigo era, como siempre, el inglés—; y ante la masa creciente de los amotinados, que ya llegaba a los cuatro mil hombres, el oidor tuvo que rendirse sin combatir: hubo un muerto. Se alborotaron también los burgueses de Tunja. Hasta de la capital empezaron a llegar entonces inesperadas e interesadas incitaciones a la revuelta de parte de los ricos criollos, deseosos de que recibieran un buen susto las autoridades españolas. Se leyeron en las plazas y se fijaron en los caminos pasquines con un larguísimo poema que se llamó la "Cédula del Común", por remedo irónico de las reales cédulas con que el monarca español otorgaba o quitaba privilegios. La del Común, por el contrario, incitaba a "socorrer al Socorro", donde había empezado todo, y a convertir la revuelta en un alzamiento general del reino:

> ¿Por qué no se levanta Santa Fé?
> ¿Por qué no se levantan otros tales
> en quienes la opresión igual se ve
> y con mayor estrago de los males?

Las fuerzas represoras

De nuevo un grito popular: "¡A Santa Fé!". Y allá fue la montonera arrastrando a sus jefes, que sin embargo tomaron primero la precaución leguleya de consignar ante notario que lo hacían forzados por la chusma y sólo con el virtuoso propósito de "sosegar y subordinar a los abanderizados". Por el camino fueron reclutando más gente: notables locales que ponían dinero, criollos pobres dueños de un caballo y un cuchillo, mestizos, indios de los resguardos. Al indio Ambrosio Pisco, negociante de mulas de arriería y descendiente de los zipas, lo unieron a la causa proclamándolo "príncipe de Bogotá" casi a la fuerza. En mayo, cuando llegaron a Zipaquirá, eran ya veinte mil hombres de a pie y de a caballo armados de lanzas, machetes y garrotes y unas cuantas docenas de mosquetes: el equivalente de la población entera de Santa Fé, niños incluidos. La ciudad estaba aterrorizada ante la inminencia del "insulto", como se llamó al posible asalto, al que no podía oponer más defensores que las dos docenas de alabarderos de aparato de la guardia del virrey. El visitador regente Gutiérrez de Piñeres huyó a Honda buscando llegar por el río a Cartagena, donde estaba el virrey Flórez con sus exiguas tropas. Se nombró en comisión al oidor de la Audiencia Vasco y al alcalde Galavís, asesorados por el arzobispo Caballero, para que fueran a Zipaquirá a parlamentar con los rebeldes.

El marqués de San Jorge
quejándose de su pobreza

Aquí, un paréntesis elocuente. Se supo entonces que la incendiaria "Cédula del Común" que había galvanizado a los pueblos, escrita por un fraile socorrano, había sido financiada, impresa y distribuida por cuenta del marqués de San Jorge, el más poderoso de los oligarcas santafereños. El mismo que, a la vez, ofrecía contribuir con cuatrocientos caballos de sus fincas para la tropa que las autoridades se esforzaban por levar a toda prisa. Porque el sainete de dobleces que llevó al fracaso del movimiento comunero no fue sólo de los gamonales de pueblo como Plata y Berbeo, que se levantaron en armas al tiempo que firmaban memoriales de lealtad; ni de los funcionarios virreinales que se comprometieron a sabiendas de que no iban a cumplir: fue una comedia de enredo en la que participaron todos.

Jorge Miguel Lozano de Peralta y Varaes Maldonado de Mendoza y Olaya era el hombre más rico de la Nueva Granada. Había heredado de la Conquista una enorme encomienda en la sabana, aumentada con tierras de los resguardos indígenas y transformada en hacienda ganadera de engorde que alimentaba de carne a la población de Santa Fé y de cuero a sus industrias de curtiembres; era dueño de una docena de casas y terrenos en la ciudad; manejaba negocios de comercio con España; había ocupado todos los cargos públicos posibles para un criollo y había comprado un título de marqués —bajo los Borbones se instauró la venta de títulos nobiliarios para recaudar fondos para la Corona—, negándose a continuación a pagar los derechos con el argumento de que en realidad había merecido el marquesado por las hazañas de sus bisabuelos conquistadores y por el hecho mismo de ser, gracias a esas hazañas, inmensamente rico. Lo tenía todo. Pero en su condición de criollo "manchado de la tierra" se sentía injustamente postergado en sus méritos por los virreyes españoles, que en su opinión eran —según le escribía al rey— "incompetentes y corruptos", como lo suelen ser todos los gobernantes a ojos de los ricos. Y se quejaba diciendo: "¿De qué nos sirve la sangre gloriosamente vertida por nuestros antepasados? Aquí los virreyes nos atropellan, mofan, desnudan y oprimen... [y] los pobres americanos, cuanto más distinguidos, más padecen".

El caso del marqués es revelador del hervor que se cocinaba en todos los estamentos sociales bajo las aguas mansas del tedio colonial. Si jugaba a dos barajas era porque sus intereses estaban de los dos lados: en cuanto que hombre rico, con el orden representado por la Corona española; y con la chusma comunera porque compartía con ella un rencor de criollo, que ya se puede llamar nacionalista aunque no sea todavía independentista. Eso vendría una generación más tarde, con sus hijos.

Los rebeldes Comuneros llegaron a Zipaquirá con una lista de exigencias de treinta y cinco puntos. Unos referidos a los propietarios, como la abolición de un recién creado impuesto que consideraron extorsivo: el "gracioso donativo" personal para la Corona; o el compromiso de privilegiar a los españoles americanos sobre los europeos en la provisión de los cargos públicos. Otros que beneficiaban a los promotores originales de la protesta, los cultivadores de tabaco: la reducción de los impuestos. Otro para los borrachos del común: la rebaja del precio del aguardiente. Y finalmente algunos para los indios que se habían sumado a la acción: el respeto de sus resguardos y la devolución de las minas de sal. Y también, para todos, un perdón general por el alzamiento.

Mientras el alcalde Galavís y el oidor Vasco negociaban, cedían, se arrepentían, renegociaban, el arzobispo decía misas, echaba sermones elocuentes para afear la conducta impía de quienes osaban levantarse contra el Rey —como ya lo estaban haciendo por orden suya todos los curas párrocos—, prometiendo, con éxito de público, los fuegos del infierno y la condenación eterna para quienes persistieran en la rebeldía; y, sinuosamente, dividía a los Comuneros entre ignorantes y cultivados, entre ricos y pobres, y entre socorranos y tunjanos, atizando sus celos de jurisdicción. Los de El Socorro se ofendieron, los de Tunja, que eran los más ricos y mejor armados, amenazaron con volver a su tierra. Los ricos negociaban en privado. El gentío de los pobres se impacientaba afuera y daba gritos, y desde las ventanas el arzobispo pronunciaba con unción más y más sermones apaciguadores y piadosos: en España había tenido fama de gran orador sagrado antes de venir a América.

Hasta que por fin se firmaron las llamadas Capitulaciones —porque iban divididas en capítulos, y no porque significaran una rendición— de Zipaquirá. El gobierno cedía en todo, bajaba los impuestos, nombraba a Berbeo corregidor de la nueva provincia de El Socorro y dictaba un indulto general para los insurrectos. A continuación el ejército comunero se disolvió como una nube y cada cual se fue a su casa. La insurrección había durado tres meses.

El astuto arzobispo
calmando la revuelta
comunera

Pero de inmediato, desde Cartagena en donde seguía esperando el ataque de los ingleses, el virrey Flórez repudió el acuerdo, y envió tropas para defender a Santa Fé por si volvía a presentarse el caso. Evaporado su ejército, los cabecillas de la revuelta fueron apresados: Pisco, Plata, Berbeo. El marqués de San Jorge fue desterrado a Cartagena, en donde edificó un palacio que se le dio como casa por cárcel hasta su muerte. Otros capitanes fueron condenados a la vergonzosa pena pública de azotes, o al destierro en los presidios españoles de África.

Desde el otro lado del escenario uno de los más distinguidos capitanes Comuneros, José Antonio Galán, aquel "hombre pobre, pero de mucho ánimo" venido del pueblo de Charalá, tampoco aceptó el trato. No se hallaba presente durante la firma porque su comandante Berbeo lo había mandado a Honda con un destacamento de insurrectos para capturar al fugitivo visitador regente Gutiérrez de Piñeres, culpable final de todo el lío. Cosa que Galán no había hecho. Existe al respecto una disputa entre los historiadores sobre si él mismo le escribió una carta al visitador aconsejándole que huyera, o si lo hizo, por el contrario, tratando de tenderle una celada; sobre si él mismo fue un traidor o fue un héroe, o los dos a la vez en una sola persona, como en el cuento de Borges que se titula así: "Tema del traidor y del héroe".

El caso es que Galán, en vez de perseguir al visitador por un lado o de aceptar por el otro el perdón general, siguió durante unos meses recorriendo el valle del Magdalena, levantando a su paso caseríos de pescadores y liberando esclavos de las haciendas, radicalizando los objetivos de la protesta popular con la consigna ya revolucionaria de "¡Unión de los oprimidos contra los opresores!" (tal vez también inventada, como el grito de Manuela Beltrán, por los historiadores).

Sin éxito. Sus propios jefes tumultuarios se encargaron de perseguirlo, capturarlo y entregarlo a la justicia virreinal, como prueba definitiva de su arrepentimiento por el alboroto. Fue condenado a muerte con tres de sus compañeros, y lo descuartizaron. Aunque no de verdad, como acababa de serlo en la plaza mayor del Cuzco el rebelde inca Túpac Amaru II: vivo, tirado por cuatro caballos. Sino simbólicamente, después de muerto arcabuceado: no había en la pueblerina Santa Fé verdugo que supiera ahorcar. Su cabeza cortada fue exhibida en una jaula a la entrada de la ciudad para escarmiento de los descontentos, y sus manos y sus pies llevados con el mismo fin a los pueblos que habían sido teatro de la rebelión. Se ordenó sembrar de sal el solar de su casa en su pueblo de Charalá, después de demolerla. Pero no se pudo. Se encontró que José Antonio Galán no tenía casa.

El virrey Flórez solicitó del rey su vuelta a España. Su sucesor Pimienta murió de indigestión, como se contó más atrás. Y en la manga de su mortaja, por así decirlo, apareció el nombramiento de quien debía asumir el mando: el arzobispo de Santa Fé, Caballero y Góngora.

La cabeza cortada
de José Antonio Galán

El trono y el altar

Caballero y Góngora iba a ser el gobernante que más poderes
haya acumulado en la historia de este país. El poder eclesiástico como arzobispo primado de Santa Fé de Bogotá; el civil
como virrey y presidente de la Real Audiencia de la Nueva
Granada —a la que su buen amigo Gálvez, el ministro de Indias, acababa de agregarle de un plumazo los territorios de la
Audiencia de Quito y la de Panamá y los de la capitanía de Ve-

nezuela: los mismos que conformarían medio siglo más tarde la Gran Colombia—; y el militar como gobernador y capitán general del virreinato. Ejerció el gobierno durante siete años, a los que hay que sumar los seis de gran influencia que había tenido como arzobispo bajo los ausentistas virreyes anteriores. Y así pasaría a la Historia con dos caras contrapuestas, o tal vez complementarias: la del arzobispo malo y la del virrey bueno. El prelado pérfido, perjuro y traidor que engañó a los ingenuos Comuneros, y el virrey ilustrado que reformó el sistema educativo y organizó la gran Expedición Botánica.

Lo describen de manera contradictoria dos escritores liberales del siglo xx, Antonio José "Ñito" Restrepo en un soneto punitivo y Enrique Caballero Escovar en un estudio histórico. Así empieza el primero:

> ¿Cómo, con esa cara de pastel
> rubicunda de vinos y jamón...

Y termina de este modo:

> ¡Hoy son los Comuneros gloria y luz!
> Mal Caballero y Góngora: el Jordán
> no lavará el oprobio de tu cruz.

Y por su parte asegura el otro:

> Su figura resplandece como la del estadista más importante de la dominación española.

Lo uno y lo otro. El arzobispo Caballero sin duda distrajo y engañó a los jefes Comuneros, que no deseaban otra cosa que ser distraídos y engañados para engañar ellos a su vez a sus distraídas y engañadas huestes campesinas. Pero no fue él quien firmó las Capitulaciones de Zipaquirá, sino el alcalde Galavís y el oidor Vasco; y no fue él, sino el virrey Flórez, quien las desconoció luego. En cambio, con el argumento de que la asonada de los Comuneros había sido la manifestación de "nada menos que un reino entero" y la Corona debía "hacer valer la real palabra que sus ministros han empeñado tan solemnemente", obtuvo del rey en persona el indulto para los sublevados. Le escribió el rey Carlos III:

> Teniendo Yo muy particular afecto a vuestra venerable persona y la mayor consideración a la sabiduría, paciencia, caridad y otras grandes virtudes con que Dios os ha dotado, he venido a confirmar, por vuestra intercesión y merecimientos, el referido perdón general.

Las reformas fallidas

Luego, ya como virrey, fue sin duda el más ambicioso de todos, y emprendió grandes reformas en todos los campos, pero lo cierto es que no le fue bien casi en ninguna, o peor, le salió el tiro por la culata en unas cuantas.

Era un arzobispo "a la moderna": ilustrado, afrancesado, jansenisista, antijesuita, antipapista, regalista. Y un virrey ilustrado y progresista. Y reformista. En consecuencia chocó con todo el mundo.

Chocó con el que él llamaba "el partido de los hacendados", al que consideraba un obstáculo para el buen gobierno porque, explicaba en sus cartas al ministro de Indias, "por interés propio subvierten el orden, perpetúan la ignorancia y la escasez y rechazan las reformas a favor de su personal ganancia". En su relación de mando escribe lo que parece un retrato del ya mencionado marqués de San Jorge: que los criollos ricos "son súbditos inútiles que ponen su prestigio y felicidad en conservar unas tierras improductivas o en poner varias casas en lugares de prestigio, sin desear el progreso". Pero esto no significa que le gustaran más los criollos pobres: llamaba al pueblo "monstruo indomable" que producía "sinnúmero de ladrones y pordioseros" y vagabundos y trabajadores ambulantes. "No hay quien quiera trabajar [...] La gente del común es casi toda ociosa, y, como tal, aplicada a la rapiña y al hurto".

Chocó también con las órdenes religiosas, por su corrupción y sus abusos. No pudiéndolo hacer como arzobispo, como virrey tomó medidas para "liberar a los vasallos de la vejación y extorsiones que sufren del estado eclesiástico". No se lo perdonaron. Quiso imponer un nuevo Plan de Estudios Generales desarrollado con el sabio Mutis, y tropezó con la oposición encarnizada de los dominicos de la Universidad Santo Tomás. Porque proponía "sustituir [por] las útiles ciencias exactas en lugar de las meramente especulativas en que hasta ahora lastimosamente se ha perdido el tiempo": es decir, cambiar los silogismos de la escolástica por las ecuaciones de las matemáticas. Y, osadía más escandalosa aún, quería volver la educación superior pública y laica, usando para ello las edificaciones de las universidades y colegios expropiados a los jesuitas. La protesta de los dominicos y de los agustinos, dueños del sector desde la extinción (transitoria) de la Compañía de Jesús, consiguió frustrar la reforma. Proyectó en vano la apertura de un canal interoceánico para embarcaciones de gran porte uniendo con una cadena de embalses los ríos Atrato y San Juan, en el Chocó: la Corte de Madrid rechazó la idea para no darles facilidades a los buques ingleses, que desde la apertura del comercio entre las colonias en 1758 dominaban el contrabando tanto en el Atlántico como en el Pacífico. Como capitán general, y para evitar la repetición de un alzamiento como el de los Comuneros, creó milicias permanentes e instaló tropas en la capital. Pero sus sucesores desecharon ambas cosas por considerarlas demasiado costosas para las rentas del virreinato.

Fue un gobernante amigo del gasto público, hasta el derroche. Al tiempo que dedicaba grandes sumas al mejoramiento de los intransitables caminos del país —"yo me he sorprendido de haber visto unos caminos tales", anotaba en su diario el sabio Mutis—, multiplicaba sin freno la burocracia, llenando los empleos con sus clientes y parientes corruptos y abriendo un gran hueco fiscal que heredaron sus sucesores. También la Expedición Botánica que emprendió con Mutis resultó la más costosa de todas las que, sobre el mismo modelo, ordenó la Corona en el Perú, México, Cuba y las Filipinas. Y produjo menos publicaciones científicas que aquellas.

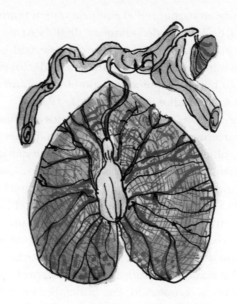

Lámina de la Expedición Botánica

Tan manirroto como con el dinero público era con el suyo propio, que tenía en abundancia: según sus críticos, era el mismo. Nombrado arzobispo de Santa Fé en 1776 llegó a Cartagena con un descomunal equipaje personal: docenas de bultos, cajones, esportones, baúles, arcones, maletas y cofres de ropas y vajillas y cristalería, espejos, muebles, varios toneles y cientos de botellas de vino y pellejos y botijas de aceite. Alfombras, cortinajes. Nada menos que treinta y ocho cajas de libros. Cuando regresó a España le donó al arzobispado de Santa Fé su biblioteca, la biblioteca de un ilustrado dieciochesco, la única que podía rivalizar con la del sabio Mutis en la América española: cinco mil volúmenes en varios idiomas (castellano, francés, latín, griego, italiano), y sobre todos los temas: teología (Tomás de Aquino, pero también Pascal), filosofía (desde Aristóteles hasta Locke y Montesquieu, y los primeros volúmenes de la escandalosa *Encyclopédie* de Diderot), historia, economía política, jardinería, navegación, y las que él llamaba "artes industriales": arquitectura civil y militar, hidráulica, mecánica. Y gramáticas y diccionarios de inglés y de italiano, y, caso curioso en un hombre de Iglesia justamente temeroso de la Inquisición, de hebreo y de árabe. Y docenas de cuadros. Según el inventario de embarque, en el equipaje venían pinturas de Miguel Ángel, de Tiziano, de Velázquez, de Rubens, de Murillo…

Y cabe preguntarse ¿qué se hicieron esos cuadros? Todo el mundo los miró pasar cuando entraban. Nadie los vio salir. En cuanto a los libros, se quemaron con el palacio arzobispal de Bogotá en los incendios del 9 de abril de 1948.

Al margen de sus costos y sus fastos, de los emprendimientos del virrey arzobispo iba a quedar muy poco: planes que no se aplicaron, obras que no se terminaron, ordenanzas que no se cumplieron. Lo que de verdad dejó en herencia, fuera de sus libros incendiados y sus cuadros perdidos, fue la gran empresa de la Expedición Botánica de Mutis. Sin el impulso del arzobispo virrey, y sin los fondos que puso de su propio bolsillo para darle comienzo, hubieran pasado años y años antes de que la Corte de Madrid se decidiera a financiarla. Pero su resultado, que más que científico fue político, probablemente a él no le hubiera complacido. Fue la siembra de la Ilustración en la Nueva Granada. Al traerla, él y Mutis esperaban que las élites criollas apoyaran el reformismo liberal de los reyes Borbones españoles. Pero sucedió que, a fuer de ilustradas, esas élites rechazaron el absolutismo reaccionario de esos mismos reyes, aprendido de sus primos franceses.

Para eso faltaba todavía, por una generación, más de lo mismo: el estribillo monótono de la lista de virreyes, como una ronda infantil: "Dongilyezpeletadespuésmendinuetayamaryborbón…".

Pero en la lista quedó faltando el último: Juan Sámano, el de los cadalsos que iban a venir.

Niños de colegio aprendiendo Historia Patria

El sabio
Mutis

Nadie ha merecido en este país, tan dado a la vez a la lambonería elogiosa y a la envidia mezquina, el epíteto unánime de "sabio". Con una sola excepción: la de José Celestino Mutis, médico, botánico, matemático, astrónomo nacido en Cádiz, que llegó de treinta años a la Nueva Granada y murió en Santa Fé medio siglo después. El sabio Mutis.

Si hubieran sospechado que con él venía la Ilustración, y con la Ilustración la subversión política, las autoridades del virreinato no habrían admitido aquí a ese joven botánico que llegó como médico personal del virrey Messía de la Cerda en 1760. Pero ¿quién más inofensivo que un botánico, políticamente hablando? Era además hombre piadoso en materia de religión, que al desembarcar en Cartagena se escandalizó al ver que las mulatas iban a misa descalzas y sin más que las enaguas y una blusa "que deja descubiertos gran parte de los pechos, espalda y hombros", según anotó en su diario entre otras observaciones sobre flora y fauna tropicales. Pocos años después se hizo cura. Pero cabe sospechar que era más bien agnóstico y quizás masón, como lo fueron tantos clérigos dieciochescos: ya funcionaban logias masónicas en Cádiz que, por cuenta de la Casa de Contratación que controlaba el comercio con América, era entonces la ciudad más cosmopolita de España. Es probable que su ordenación sacerdotal tuviera el objeto de conveniencia de evitarle sospechas de la Inquisición, ante la cual lo empapelaron dos veces los dominicos: la primera por exponer en el Colegio del Rosario la nefanda teoría heliocéntrica de Copérnico, por la cual había sido encarcelado y casi quemado vivo Galileo; la segunda por haber traducido al castellano los abominables —por ser obra de un inglés— *Philosophiæ naturalis principia Mathematica* de Newton.

En ambas ocasiones salió absuelto. Pero no había venido a las Indias con la intención de dar clases de astronomía, sino con la de estudiar la naturaleza todavía por completo desconocida del continente descubierto hacía ya casi tres siglos. "Pensaba yo desde España que a estas horas me hallaría investigando la quina…", escribe en su diario, "pero el silencio que ha guardado su excelencia el virrey…" le impidió consagrarse a las investigaciones científicas. Dos veces el silencio de los virreyes rechazó su propuesta de organizar una expedición botánica que estudiara qué riquezas naturales —distintas del

oro— podía haber en las tierras de la Nueva Granada. Y durante veinte años tuvo que resignarse a vivir de "la amarga práctica
de la medicina" en Santa Fé, de la destilación del ron de caña
en Mariquita y de la minería del oro en el pueblo de Vetas, en
el remoto páramo de Santurbán. Fue necesario que llegara
a Santa Fé un arzobispo ilustrado, Antonio Caballero y Góngora, nombrado además virrey, para que en 1783 promoviera
ante la corona la financiación de la gran empresa científica
y se la confiara a Mutis, quien la dirigió hasta su muerte casi
treinta años después.

El joven sabio Mutis
entrando a misa en
Cartagena

No fue esa la única obra que emprendió Mutis, uno de
esos polifacéticos sabios de ese asombroso siglo XVIII, que entre la ciencia y el libertinaje estaba liberándose de la tiranía
de la teología. Nacido en Cádiz, médico y cirujano de Sevilla, botánico de Madrid, bachiller en filosofía y autodidacta
en astronomía, en matemáticas y en lenguas vivas y muertas,
hizo de todo: fundó el observatorio astronómico de Santa Fé
y la cátedra de Medicina del Colegio del Rosario, inventó un

nuevo método de destilación del ron, experimentó con la metalurgia del oro y de la plata, redactó o compiló diecinueve (breves) volúmenes de lenguas indígenas por encargo de la emperatriz Catalina de Rusia (chibcha, paez, caribe, achagua, andaquí...), las cuales, según temía, "precipitadamente caminaban a la región del olvido" por la desaparición de sus hablantes. Fue bibliófilo: hasta el pueblo de Mariquita, a orillas del Magdalena, se hacía llevar libros enviados por sus corresponsales de Cádiz y de Madrid, de París y de Londres y de Upsala, en castellano y en latín, en inglés, en francés, en italiano. Trató de aprender sueco para leer en el original las obras de su amigo epistolar (en latín) Carl Linneo, el padre de la taxonomía científica, quien le escribió que le sería más útil aprender alemán. El célebre naturalista Alexander von Humboldt pospuso su proyectado viaje al Perú para subir a Santa Fé a visitar al hombre que ya era conocido en Europa como "el sabio Mutis", y le escribió con asombro a su hermano en Alemania: "Excepto la de Banks en Londres [el presidente de la Royal Society] no he visto una biblioteca científica más nutrida que la de Mutis". Fue también una especie de bibliotecario aficionado: prestaba generosamente sus libros a amigos y discípulos, que, milagrosamente, por lo visto se los devolvían: pues con sus 8.588 volúmenes de ciencias naturales, matemáticas, astronomía, medicina, filosofía, teología, historia, derecho, y algo de literatura griega, latina y castellana (más otros tantos expropiados a los jesuitas después de la expulsión) se formaría más tarde el núcleo de la Biblioteca Nacional de Colombia. Institución que, digámoslo de paso, publicó originalmente este libro que escribo aquí.

Además, mucho más. Escribió un tratado (*El arcano de la quina*) sobre las propiedades medicinales de esa planta; estudió las diversas variedades de frailejones de páramo; pretendió llevar a la práctica, bajo las instrucciones del arzobispo virrey, el nuevo Plan de Estudios propuesto años atrás sin éxito por el fiscal de la Audiencia Moreno y Escandón que quería volver pública y laica la educación. Organizó la explotación, con miras a la exportación, de maderas como el guayacán, y de tinturas y resinas como la raíz de ipecacuana y el bálsamo de Tolú, y pensó que el petróleo que rezumaba la tierra por los alrededores de Barrancabermeja podía servir mejor que la brea para calafatear embarcaciones en los astilleros de La Habana o de Cádiz —en la Nueva Granada no los había—. Para combatir la epidemia de viruela que azotó Santa Fé en 1782, y que los sacerdotes presentaban desde los púlpitos como un castigo de Dios por la insurrección comunera del año anterior, ideó la inoculación de los sanos con pus de los enfermos, como se hacía en la antigüedad en la China y la India. Aunque desconocido en España y sus colonias, pocos años antes el método había sido ensayado con éxito en Inglaterra, traído de Turquía.

Porque, como les ha pasado a muchos investigadores y científicos de este país ciegamente encerrado entre sus cordilleras, el sabio Mutis llegó tarde al llamado banquete de la civilización. Aunque era conocido internacionalmente entre las gentes de su oficio, y se carteaba con Linneo en Upsala y en París con el sabio conde de Buffon, y con media docena de eruditos italianos e ingleses y alemanes, el pobre sabio —que era rico— vivía demasiado lejos: le escribía a un amigo de Cádiz quejándose de estar "apartado del mundo racional por dos mil leguas de distancia". Con lo cual resultaba que la quina estudiada por él en la Nueva Granada ya había sido explotada por los jesuitas en el Perú. Y que sus novedosas observaciones astronómicas ya las había publicado alguien en Edimburgo o en Praga. Y que sus novedosas técnicas mineralógicas ya las había descrito en el siglo primero el tratadista romano Lucio Columela —nativo, como él, de la antiquísima ciudad de Cádiz—. Y que el ron que él destilaba en sus alambiques de Mariquita lo sabían hacer más sabroso los bodegueros de Cuba y de Jamaica. A su discípulo Francisco José de Caldas le sucedió lo mismo cuando creyó haber inventado el barómetro "en el seno de las tinieblas de Popayán" —como él mismo anotó— sin saber si ya había sido "hallado y perfeccionado por algún sabio europeo". Como, en efecto, lo había sido años antes en Florencia.

Un siglo más tarde resumiría este fenómeno un poeta retrasadamente romántico nacido en Chiquinquirá, Julio Flórez, diciendo en un verso famoso que aquí "todo nos llega tarde… ¡hasta la muerte!".

Pero la obra más importante de José Celestino Mutis fue obviamente la colosal tarea colectiva de la Expedición Botánica, que dirigió durante tres décadas hasta su muerte en 1808, en vísperas de las agitaciones de la Independencia. Importante no sólo por sus logros científicos: una monumental "historia natural del Nuevo Reino de Granada" compuesta de millares de observaciones físicas, geográficas, astronómicas, geológicas, zoológicas y botánicas; la clasificación de veinte mil especies de plantas en su mayoría desconocidas hasta entonces por la ciencia (flores ornamentales, bejucos medicinales, tubérculos comestibles), y de siete mil especies de animales que a veces no cabían en las locuciones latinas de Linneo, desde los manatíes que amamantan a sus crías como si fueran sirenas de la mitología hasta los alacranes que según la leyenda popular se suicidan de un certero picotazo asestado con su propia cola; más de cinco mil espléndidas láminas de treinta y tantos dibujantes y pintores formados por el propio Mutis, que hoy se conservan en el Jardín Botánico de Madrid. La Expedición Botánica de Mutis tuvo una trascendental importancia por sus no calculadas consecuencias políticas, como ya se ha dicho: nada menos que el comienzo del derrumbe del Imperio español en América.

Lámina de la Expedición Botánica

En efecto: esa empresa científica sirvió para formar intelectualmente, en la curiosidad de las ideas y en los logros de la investigación práctica, a una generación entera de ilustrados criollos, ricos como los Lozano, hijos del marqués de San Jorge, o pobres como el futuro sabio Caldas, que a continuación serían los iniciadores de la empresa política (y armada) de la emancipación del virreinato. Salvo tal vez Antonio Nariño —que por su parte, como niño rico, había recibido clases particulares de Mutis— casi todos los futuros dirigentes intelectuales revolucionarios pasaron cuando jóvenes por la Expedición: Francisco Antonio Zea, José Félix de Restrepo, Jorge Tadeo Lozano, Pedro Fermín de Vargas, Francisco José de Caldas, José María Carbonell, Sinforoso Mutis (sobrino del sabio). La Expedición Botánica fue la incubadora de la Independencia. Es decir, exactamente lo contrario de lo que esperaban sus impulsores, el sabio Mutis y el arzobispo virrey Caballero. Es lo habitual en la Historia: los medios sustituyen el fin, y los resultados invierten los propósitos.

Algunos libros
y fuentes consultados

Anthony McFarlane. *Colombia antes de la Independencia. Economía, sociedad y política bajo el dominio borbón.*

Enrique Caballero Escovar. *Incienso y pólvora. Comuneros y precursores.*

Indalecio Liévano Aguirre. *Los grandes conflictos sociales y económicos de nuestra historia.*

Jaime Jaramillo Uribe. "La administración colonial", en Jaime Jaramillo Uribe (ed.), *Nueva Historia de Colombia.*

Jaime Jaramillo Uribe y Germán Colmenares. "Estado, administración y vida política en la sociedad colonial", en Jaime Jaramillo Uribe (ed.), *Manual de Historia de Colombia.*

José Celestino Mutis. *Viaje a Santa Fe.*

Luis Duque Gómez. *El descubrimiento de la tumba del sabio Mutis: informe sobre las excavaciones practicadas en el antiguo Templo de Santa Inés.*

Luis Navarro García. "América, siglo XVIII", en *Gran Enciclopedia de España y América*.

Pilar de Zuleta. "La vida cotidiana en los conventos de mujeres", en Beatriz Castro Carvajal (ed.), *Historia de la vida cotidiana en Colombia*.

Renán Silva. *Los ilustrados de la Nueva Granada, 1760-1808. Genealogía de una comunidad de interpretación*.

Santiago Díaz Piedrahita. "La Ilustración en la Nueva Granada: su influencia en la educación y en el movimiento de emancipación. El caso de Mutis", en *Boletín de Historia y Antiguedades*, vol. XCII, núm. 828.

Sergio Elías Ortiz. "Nuevo Reino de Granada. El Virreynato (1753-1810)", en *Historia extensa de Colombia*.

Y míster Google.

V

LA

DESGRACIADA

PATRIA

BOBA

Los enredos ideológicos y militares de la Europa dieciochesca tuvieron en América efectos políticos y geográficos. Primero, la independencia de las colonias inglesas, con ayuda de España, y luego, la independencia de las colonias españolas con ayuda de Inglaterra.

Era el mejor de los tiempos.
Era el peor de los tiempos.
Charles Dickens
Historia de dos ciudades

Así se hizo pedazos
el Imperio español

(El florero de Llorente en 1810)

A finales del siglo XVIII sucedían cosas tremendas en el mundo. Las colonias americanas de Inglaterra proclamaban su independencia y la ganaban después de una lenta guerra de diez años, con ayuda de Francia y de España, y se convertían en una inaudita república de ciudadanos libres y felices —con excepción, por supuesto, de los negros esclavos—. En Inglaterra se asentaba la Revolución Industrial, que iba a transformar el mundo y, de pasada, a sembrar las bases económicas del Imperio británico. En Francia estallaba en 1789 una revolución burguesa: la Revolución con mayúscula. Y en la ingeniosa máquina de la guillotina les cortaban la cabeza a los aristócratas y a los reyes, en nombre de la Libertad, la Igualdad y la Fraternidad. Y al amparo de esa revolución, al otro lado del océano los negros esclavos de Haití lograban su libertad y les cortaban la cabeza —a machete— a los dueños blancos de las plantaciones, y luego a las tropas francesas, y luego a las españolas del vecino Santo Domingo, y luego a los mulatos… Y así sucesivamente.

La guillotina abrió nuevos
caminos para la historia

Las potencias monárquicas de Europa le declararon la guerra a la Francia revolucionaria. Un general corso llamado Napoleón Bonaparte dio en París un golpe de Estado, se proclamó cónsul a la romana y luego emperador de los franceses, y procedió a conquistar por las armas el continente europeo para imponerle a la fuerza la libertad, desde Lisboa hasta Moscú. En cuanto a España —que nunca había dejado de estar en guerra por ser todavía un gran imperio en tierra y mar, en el Mediterráneo y en el Atlántico, contra Francia unas veces, contra Inglaterra otras, a veces también contra el vecino Portugal por asuntos de ríos amazónicos o de naranjas del Alentejo—, fue invadida por las tropas napoleónicas en 1808, destronados sus reyes y reemplazados por un hermano del nuevo emperador francés. Con la ocupación extranjera se desató además una guerra civil entre liberales y reaccionarios, entre "afrancesados" partidarios de una monarquía liberal, y patriotas de dura cerviz animados por curas trabucaires; y el país se desgarró con terrible ferocidad.

Un sainete sangriento

Secuestrados por Napoleón los reyes, en el sur de la península todavía no ocupado por las tropas francesas, se creó una Junta de Gobierno, y a su imagen se formaron otras tantas en las provincias de ultramar: en Quito, en México, en Caracas, en Buenos Aires, en Cartagena, en Santafé —que en algún momento indeterminado había dejado de llamarse Santa Fé, y muy pronto iba a volverse Bogotá—. Se abrió así la etapa agitada, confusa y tragicómica que separa la Colonia de la República y que los historiadores han llamado la Patria Boba: el decenio que va del llamado grito de Independencia dado el 20 de julio de 1810 en Santafé a la batalla del Puente de Boyacá librada el 7 de agosto de 1819, comienzo formal de la Independencia de España. Diez años de sainete y de sangre.

En la Nueva Granada las perturbaciones habían empezado casi quince años antes, al socaire de las increíbles noticias que llegaban sobre las revoluciones norteamericana y francesa. De la primera, los ricos comerciantes criollos de Cartagena y Santafé y los hacendados caucanos de productos de exportación (azúcar, cacao, cueros, quina) habían sacado la ocurrencia del libre comercio: en su caso, para comerciar con las colonias inglesas independizadas y con Inglaterra misma. De la segunda, los intelectuales —que eran esos mismos hacendados y comerciantes, más los doctores en Derecho que ya entonces vomitaban por docenas las universidades del Rosario, de San Bartolomé y de Popayán— habían sacado las ideas de *liberté, égalité, fraternité...* entendidas de manera convenientemente restringida: libertad de las colonias frente a España, pero no de los esclavos; igualdad de los criollos blancos ante los españoles, pero no de las castas de mulatos y mestizos ante los blancos. ¿Fraternidad? No sabían lo que podía ser eso, ni siquiera en los más sencillos términos cristianos. Una generación atrás había observado el arzobispo virrey Caballero y Góngora que nunca había visto gentes que se odiaran entre sí tanto como los criollos americanos.

En 1794 el señorito criollo Antonio Nariño, rico comerciante y estudioso intelectual, había traducido e impreso en Santafé la Declaración de los Derechos del Hombre y del Ciudadano de la revolucionaria Asamblea Nacional Constituyente de Francia: pero sólo había distribuido tres ejemplares entre sus amigos, y había pagado su audacia subversiva con años de cárcel, de exilio y de cárcel otra vez. La represión, pues, empezó en la Nueva Granada antes que la revolución.

Santafé, 1810
20.000 habitantes. Ni un árbol

Una represión preventiva. Porque lo que aquí había no era ni el embrión de una revolución en serio: sólo una amable fronda aristocrática hecha de mordacidades sobre el virrey y de buenos modales ante la virreina. Aunque la imprenta llegó tarde, en comparación con Lima o México, hacía algunos años circulaban periódicos locales, y se recibían los de Filadelfia y los de Francia. Lo que en París eran los clubes revolucionarios, aquí no pasaban de amables tertulias literarias de salón burgués. Antonio Nariño tenía una, que era tal vez también una logia masónica; el científico Francisco José de Caldas otra; el periodista Manuel del Socorro Rodríguez otra más; la señora Manuela Sanz de Santamaría una llamada "del Buen Gusto", en su casa. En ellas se discutía de literatura y de política, se tomaba chocolate santafereño —no hacía mucho que la Santa Sede había levantado la excomunión sobre esa bebida pecaminosamente excitante— con almojábanas y dulces de las monjas. Una copita de vino fino de Jerez. Para los más osados, coñac francés importado de contrabando por alguno de los distinguidos contertulios. Una señora tocaba una gavota en el clavicordio. Un caballero ya no de casaca sino de levita, con un guiño populista, rasgueaba al tiple un pasillo. Se hablaba de los precios del cacao en Cádiz y de los negros en Portobelo, de los problemas con el servicio indígena, de las gacetas llegadas de Londres y de París —las de Madrid estaban sometidas a una férrea censura desde el estallido de la revolución en Francia—, de la ya consabida insatisfacción de los criollos ricos por su exclusión del poder político. Empezaban a llamarse ellos mismos "americanos", y a llamar a los españoles no sólo "chapetones" —como se les dijo siempre, desde la Conquista, a los recién llegados— sino también "godos", ya con hostil intención política.

Pocos años antes había observado el viajero Alejandro de Humboldt:

> Hay mil motivos de celos y de odio entre los chapetones y los criollos [...]. El más miserable europeo, sin educación y sin cultivo de su entendimiento, se cree superior a los blancos nacidos en el Nuevo Continente.

Entre dos aguas, el ya casi americano pero también godo, funcionario virreinal y poeta aficionado Francisco Javier Caro componía himnos patrióticos:

> No hay más que ser (después de ser cristiano,
> católico, apostólico y romano)
> en cuanto el sol alumbra y el mar baña
> que ser vasallo fiel del rey de España.

Sus descendientes, ya no españoles sino americanos, pero además godos en el sentido político, también compondrían himnos patrióticos, que veremos más adelante.

Todo por un florero

Con las noticias de las guerras de Europa se agitaron esas aguas coloniales que, desde los tiempos de la fugaz y frustrada sublevación de los Comuneros, parecían otra vez estancadas. En la España ocupada por los ejércitos franceses, la Junta de Gobierno refugiada en Cádiz convocó unas Cortes en las que por primera vez participarían, con una modesta representación, las colonias americanas; y en respuesta a la invitación, el más brillante jurista de la Nueva Granada, Camilo Torres, escribió un memorial. El hoy famoso *Memorial de agravios* en que exponía las quejas y las exigencias de los españoles americanos: un documento elocuentísimo que tuvo el único defecto de que no lo conoció nadie, porque en su momento no se llegó a enviar a España y sólo fue publicado treinta años después de la muerte de su autor. El más importante documento explicatorio de la Independencia fue archivado sin leerlo.

O bueno: no era ese el único defecto. Tenía también el defecto natural de no representar los agravios de todos los americanos: Torres hablaba en nombre de su clase, no del pueblo. Señalaba en su queja que "los naturales [los indios] son muy pocos o son nada en comparación con los hijos de los europeos que hoy pueblan estas ricas posesiones. [...] Tan españoles somos como los descendientes de don Pelayo". Era para los criollos ricos para quienes Torres reclamaba derechos: el manejo local de la colonia, no su independencia de España. La independencia que a continuación se proclamó fue el resultado inesperado de un incidente que a la clase representada por Torres se le salió de las manos por la imprevista irrupción del pueblo.

La cosa fue así. Un puñado de abogados ambiciosos y ricos santafereños, Torres entre ellos, y los Lozano hijos del marqués de San Jorge, y Caldas el sabio de la Expedición Botánica de Mutis, y Acevedo y Gómez, a quien después llamarían el Tribuno del Pueblo por sus dotes de orador, y tal y cual, que ocuparían todos más tarde altos cargos en la Patria Boba y serían luego fusilados o ahorcados cuando la Reconquista española, un puñado de oligarcas, en suma, habían planeado organizar un alboroto con el objeto de convencer al viejo y apocado virrey Amar y Borbón de organizar aquí una Junta como la de Cádiz en la cual pudieran ellos tomar parte. Junta muy leal y nada revolucionaria, presidida por el propio virrey en nombre de su majestad el rey Fernando VII, cautivo de Napoleón. Pero Junta integrada por los criollos mismos.

El pretexto consistió en montar un altercado entre un chapetón y un criollo en la plaza mayor de Santafé un día de mercado para soliviantar a la gente contra las autoridades coloniales. Fue escogido como víctima adecuada un comerciante español de la esquina de la plaza, José Llorente, conocido por su desprecio hacia los americanos: solía decir con brutal franqueza que "se cagaba en ellos". Y el criollo Antonio Morales fue a pedirle prestado de su tienda un elegante florero para adornar la mesa de un banquete de homenaje al recién nombrado visitador Villavicencio, otro criollo (de Quito). Cuando Llorente, como tenían previsto los conjurados, le respondió a Morales que se cagaba en él y en el visitador y en todos los americanos, Morales apeló al localismo encendido de las turbas del mercado, en tanto que su compinche Acevedo y Gómez saltaba a un balcón para arengarlas con su famosa oración: "¡Si dejáis perder estos momentos de efervescencia y calor, antes de doce horas seréis tratados como sediciosos! ¡Ved los grillos y las cadenas que os esperan...!".

Pero la cosa no pasó de darle una paliza a Llorente y, al parecer, de romper el florero, del cual hoy sólo subsiste un trozo en un museo. La autoridad no respondió a la provocación como se esperaba, sacando los cañones a la calle: aunque así lo pedía la combativa virreina, el poltrón virrey no se atrevió. La gente de la plaza se aburrió con la perorata incendiaria de Acevedo y empezó a dispersarse, y se necesitó que otro criollo emprendedor, el joven José María Carbonell, corriera a los barrios populares a amotinar al pueblo, cuyo protagonismo no estaba previsto por los patricios conspiradores. Los estudiantes "chisperos" echaron a rebato las campanas de las iglesias, y al grito de "¡cabildo abierto!" las chusmas desbordadas de San Victorino y Las Cruces incitadas por Carbonell, los despreciados pardos, los artesanos y los tenderos, las revendedoras y las vivanderas del mercado invadieron el centro e hicieron poner presos al virrey y a la virreina y quisieron forzar, sin éxito, la proclamación de un cabildo abierto que escogiera a los integrantes de la Junta. En la cual, sin embargo, lograron tomar el control los ricos: los Lozano, Acevedo, Torres, que al día siguiente procedieron a liberar al virrey y a llevarlo a su palacio para ofrecerle que tomara la cabeza del nuevo organismo. La virreina, cuenta un historiador, "mandó servir vino dulce y bizcochos".

José María Carbonell y Camilo Torres

Y hubo misas, procesiones, un tedeum de acción de gracias al que asistió toda la "clase militar", que en pocos días ya contaba con más oficiales que soldados. Pero continuaban los bochinches. Cuenta en su *Diario* de esos días el cronista José María Caballero que el desconcierto era grande:

> Con cualesquiera arenga que decían en el balcón los de la Junta u otros, todo se volvía una confusión. Porque unos decían: ¡Muera! Otros ¡Viva!

En los barrios se formaban juntas populares, inflamadas por los discursos de Carbonell y sus chisperos: señoritos estudiantes que escandalosamente, provocadoramente, usaban ruana chibcha en vez de capa castellana. Se fundó en San Victorino un club revolucionario. El pueblo seguía en las calles, y corrían el aguardiente y la chicha en las pulperías y en las tiendas. El virrey Amar huyó a Honda, y de ahí a España, aprovechando la distracción de una procesión en honor de la santísima Virgen Nuestra Señora del Tránsito. La Junta creó una milicia montada de voluntarios de la Guardia Nacional: seiscientos hombres enviados de sus haciendas por los "orejones" sabaneros que, cuenta Caballero, cabalgaban por las calles empedradas "metiendo ruido con sus estriberas y armados con lanzas y medialunas". Se restableció el orden. A Carbonell y a los suyos los metieron presos. Y apenas quince días después de proclamada la Independencia el 20 de julio, el 6 de agosto, se celebró solemnemente, con desfiles y procesiones y el correspondiente tedeum, el aniversario de la Conquista.

Es natural: eran los nietos —o los tataranietos— de los conquistadores. Eran los descendientes de don Pelayo. Todos los participantes en los retozos democráticos del 20 de julio eran hijos de español y criolla, "manchados de la tierra", pero casi ninguno criollo de varias generaciones. Todos eran parientes entre sí. Primos, yernos, hermanos, cuñados, tíos los unos de los otros. La Patria Boba fue un vasto incesto colectivo. Todos eran ricos propietarios de casas y negocios, de haciendas y de esclavos. Por eso querían mantener intacta la estructura social de la Colonia: simplemente sustituyendo ellos mismos el cascarón de autoridades virreinales venidas de España, pero sin desconocer al rey. Querían seguir siendo españoles, o, más bien, ser españoles de verdad, por lo menos mientras esperaban a ver quién ganaba la guerra en la península: si los patriotas sublevados contra el ocupante, o "los libertinos de Francia" que pretendían abolir la Inquisición y la esclavitud e imponer "las detestables doctrinas [igualitarias] de la Revolución francesa".

La propiedad y el protocolo

Con los indios era otra cosa: los naturales que, según el jurista Torres, no eran nada. Pero todavía les quedaba algo de su antigua tierra. Así que la primera medida de la nueva Junta consistió en abolir los resguardos de propiedad colectiva, dividiendo sus tierras en pequeñísimas parcelas individuales (media fanegada) con el pretexto de igualar sus derechos económicos con los de los criollos. Pero lo que con ello se buscaba y se logró fue que fuera fácil comprarles sus tierras, insuficientes pero ya enajenables, para convertirlos en peones de las haciendas. Los derechos políticos, en cambio, se les siguieron negando: se pospuso darles el sufragio y la representación "hasta que hayan adquirido las luces necesarias" —pero no se les abrieron los centros educativos para que las recibieran—.

Las demás decisiones de las nuevas autoridades tocaron puntos de protocolo, como el importantísimo de saber cómo debían dirigirse entre sí: no ya Chepe ni Pacho, como se conocían desde la infancia, sino "señoría" los unos a los otros, "excelencia" al presidente, y, al Congreso en su conjunto, "alteza serenísima". O el fundamental asunto de los nombramientos burocráticos: los grados militares de coronel o general, relacionados con el número de peones de sus haciendas respectivas, los sueldos y los cargos vacantes del abandonado Tribunal de Cuentas o de la Real Administración de Correos. En cinco años hubo once presidentes o dictadores o regentes en Santafé. Todos querían ser presidentes: los abogados, los comerciantes, los hacendados, los canónigos, que eran todos los mismos. Y cada cual, como los virreyes de antes, llegaba con su cola de clientes y parientes. Hasta el populista Nariño puso a dos de sus tíos a representar en su nombre los intereses del pueblo, cuando se fue a guerrear contra los realistas en el sur del país. Por lo demás, celebraciones: se dedicaron, literalmente, a lo que el refrán llama "bailar sobre el volcán". Escribe un contemporáneo: "Bajo el gobierno benévolo de don Jorge Tadeo Lozano los bailes y las diversiones eran frecuentes…".

Pero ese incesto de grupo iba a ser también una orgía de sangre fratricida, en un enredo de todos contra todos difícilmente resumible. La guerra social que se veía venir tomó formas territoriales a la sombra del caos de España: el virreinato neogranadino se disolvió en veinte regiones y ciudades, controladas cada una por su respectivo patriciado local en pugna casi siempre con un partido popular más radical en su proyecto independentista. De un lado, la "plebe insolente", y la "gente decente" del otro: únicas clases en que se dividían los americanos —sobre la exclusión de los indios casi extintos y de los negros esclavos—. En Cartagena los comerciantes locales no veían sino ventajas en su ruptura con España: el comercio libre con las colonias o excolonias inglesas. Así que fue la primera importante ciudad neogranadina —tras Mompox y la venezolana Caracas— que declaró su independencia absoluta. En Santafé Antonio Nariño, de vuelta de la cárcel de la Inquisición, tomó la cabeza del partido popular de Carbonell, con lo cual fue elegido presidente en sustitución del bailarín Lozano. Y proclamó también la independencia total, alegando el pretexto leguleyo y cositero de que el rey Fernando VII no había aceptado el asilo que su modesta pero honrada Cundinamarca le había ofrecido en 1811. No hay constancia de que en su palaciega prisión francesa el monarca derrocado se hubiera percatado del reproche neogranadino.

"Los bailes y las diversiones eran frecuentes"

(Cundinamarca: el nombre había sido inventado para la ocasión sobre una etimología quechua, y no chibcha, que significaba "tierra de cóndores". Aunque postizo, sonaba en todo caso menos estruendosamente hispánico que el Santa Fé de la Nueva Granada del conquistador Jiménez de Quesada).

Cada provincia y casi cada ciudad siguió el ejemplo centrífugo, declarando su independencia no sólo de la metrópoli ultramarina sino de la capital del virreinato. Pamplona, Tunja, Vélez, Antioquia, Mariquita. Sogamoso que se desgajó de Tunja, Mompox que se separó de Cartagena, Ibagué que se divorció de Mariquita, Cali que se alzó contra Popayán. Cada cual se proveyó de su propia Constitución: inspirada según los gustos ora en la de los Estados Unidos, ora en alguna de las varias que para entonces había dado Francia, ora en la recién estrenada —pero nunca aplicada— Constitución liberal de Cádiz en España. Y cada cual se dotó de su correspondiente ejército, costeado con impuestos extraordinarios. Y para amortizarlos, todas pasaron de inmediato a hacerse la guerra las unas a las otras.

Las guerras civiles

Empieza a ser difícil distinguir
a los buenos de los malos

Empezó Santafé, desde donde Nariño insistía en imponer el centralismo con el argumento de que era necesario para someter la resistencia realista española, que dominaba en Popayán y en Pasto, en Panamá, en media Venezuela y en el poderoso virreinato del Perú. Desde Tunja, el presidente del recién integrado Congreso de las Provincias Unidas, Camilo Torres, respondió atacando a Cundinamarca. La guerra se declaraba siempre con fundamentos jurídicos: el uno alegaba que lo del dictador Nariño en Cundinamarca era una "usurpación"; el otro que lo del presidente Torres en Tunja era "una tiranía autorizada por la ley". A veces ganaba el uno, a veces el otro, al azar de las batallas y de las traiciones. Dejando a un tío suyo en la presidencia, Nariño emprendió la conquista del sur realista, yendo de victoria en victoria hasta que fue derrotado en Pasto y enviado preso a España, en cuyas mazmorras pasaría los siguientes seis años.

Torres desde Tunja envió entonces un ejército a conquistar Santafé, comandado por un joven general que había sido sucesivamente vencedor, derrotado, luego asombrosamente victorioso y nuevamente batido en las guerras de Venezuela: el caraqueño Simón Bolívar. La ciudad rechazó su primer ataque con una vigorosa excomunión del arzobispo, y a continuación saludó su fácil victoria con el habitual tedeum de acción de gracias. Y por otra parte, continuaba en el sur —en el Cauca, en la provincia de Quito— y en el norte —en Santa Marta, en Maracaibo— la lucha entre realistas y patriotas. De manera que las hostilidades eran múltiples: sin hablar de las tropas españolas propiamente dichas, que no eran muy numerosas, estaban entre los americanos los partidarios de España, llamados realistas o godos, y los partidarios de la independencia, llamados patriotas, y los centralistas, también llamados pateadores, que combatían con los federalistas, o carracos, los cuales también combatían entre sí: Cartagena contra Mompox, Quibdó contra Nóvita, El Socorro contra Tunja.

Era un caos indescriptible. Los jefes se insultaban en privado y en público, en memoriales y periódicos, llamándose pícaros, inmorales, traidores, ladrones y asesinos. Los oficiales cambiaban de bando por razones de familia, o de ascensos y aumentos de sueldo prometidos por el adversario. Los generales improvisados se irritaban en vísperas de la batalla, cuando algún edecán les avisaba que el enemigo estaba cerca: "Diga usted que aguarden un poco, que estoy almorzando". Las tropas saqueaban los pueblos. Los soldados, reclutados a la fuerza, desertaban en cuanto podían. Desde su periodiquito el sabio Caldas se disculpaba ante la Historia: "Todas las naciones tienen su infancia y su época de estupidez y de barbarie. Nosotros acabamos de nacer...".

Un caos indescriptible, bien descrito sin embargo en sus memorias, y bien pintado en sus cuadros por el soldado José María Espinosa, abanderado del ejército de Nariño: "Mil detonaciones, los silbidos de las balas, las nubes de humo que impiden la vista y casi asfixian, los toques de corneta y el continuo redoblar de los tambores". Los quejidos de los agonizantes, los relinchos de los caballos moribundos, el tronar de los cañonazos, las granizadas de la fusilería que Espinosa distingue entre "lejanas y cercanas", menos letales, curiosamente, estas que aquellas. Todos trataban por todos los medios y con todas las excusas de matarse entre sí. Subraya las matanzas Espinosa cuando dicta sus memorias cincuenta años después, diciendo: "No hay duda de que la República estaba entonces en el noviciado del arte en que hoy es profesora consumada. Tal vez por eso la llamaban Patria Boba".

José María Espinosa,
retratista de todas
las batallas

A los supervivientes de la bobería los fusilaría pocos años más tarde la Reconquista española, sin distingos de matiz, ni de ideología, ni de origen geográfico o posición de clase; y todos pasarían sin distingos a ser considerados próceres de la república.

La guerra civil

La Reconquista

Pero en Europa empezaba a caer la estrella fugaz de Napoleón, que por quince años había sido árbitro y dueño de Europa. Expulsadas de España las tropas francesas volvía el "rey Deseado", Fernando VII, que de inmediato repudiaba la Constitución liberal de Cádiz de 1812 y restablecía el absolutismo. Y España, arruinada por la guerra de su propia independencia, recuerda entonces que el oro viene de América, y decide financiar la reconquista de sus colonias enviando, para comenzar, un gran ejército expedicionario mandado por un soldado profesional hecho en la guerra contra Napoleón: el general Pablo Morillo. Más de 10.000 hombres, de los cuales 369 eran músicos: trompetas para las victorias, redobles de tambor para las ejecuciones capitales.

Morillo venía con instrucciones de "actuar con benevolencia". Y así lo hizo al desembarcar en la isla Margarita, en la costa de Venezuela, en abril de 1815, perdonando a los rebeldes venezolanos para tener que arrepentirse después. La ciudad de Caracas lo recibió con guirnaldas de flores y banderas de España, decididamente realista desde la derrota de Francisco Miranda en 1812, y aún más desde la de Simón Bolívar tras su pasajera recuperación de 1814: porque los años que la Nueva

Granada había pasado enzarzada en sus guerritas de campanario, en Venezuela habían sido los de la Guerra a Muerte entre realistas y patriotas. (Y aquí cabría, pero no cabe, aunque vendrá más tarde, un breve bosquejo de la parte venezolana de estas primeras guerras de la Independencia neogranadina y luego colombiana. O grancolombiana). De ahí pasó Morillo con su ejército por mar a la ciudad de Santa Marta, fielmente realista también, y empantanada en su propia pequeña guerra con su vecina la independentista Cartagena, en la cual, a su vez, las varias corrientes políticas locales se disputaban agriamente el gobierno.

Fernando VII de España,
el Deseado

Morillo puso sitio a Cartagena: un largo y riguroso asedio de ciento cinco días que iba a ser el episodio más trágico y terrible de la Reconquista española de la Nueva Granada, y el más mortífero de parte y parte. Más que por los combates en tierra y agua, que fueron constantes y cruentos durante esos tres meses en la complicadísima orografía de la ciudad, sus bahías, lagunas, ciénagas y caños, por las enfermedades tropicales para los sitiadores europeos y por el hambre para los sitiados cartageneros. Las tropas españolas de Morillo, como había sucedido ochenta años antes con las inglesas del almirante Vernon, fueron víctimas del paludismo, la fiebre amarilla o vómito negro, la disentería, la gangrena provocada por picaduras de insectos, y de una epidemia de viruela, y tuvieron más de tres mil bajas: un tercio del ejército. Sometida al bloqueo, la ciudad perdió también un tercio de sus habitantes —seis mil de dieciséis mil— a causa de la hambruna y de la peste. Comían, cuenta un superviviente, "burros, caballos, gatos, perros, ratas y cueros asados". Cuando al cabo de muchas peripecias bélicas y políticas, incluidos un golpe de Estado interno y la fuga por mar de unas dos mil personas, la ciudad se rindió por fin, los sitiadores no encontraron en ella "hombres, sino esqueletos". O, como escribió un oficial español, "llanto y desolación".

El Pacificador Morillo

Cayó la imperial ciudad amurallada, que desde lejos el Libertador Bolívar calificó de "heroica" —seis meses antes, tras chocar con las autoridades locales, Bolívar había salido de Cartagena rumbo a Jamaica; y aunque derrotado una vez más, ya recibía el título de Libertador desde su Campaña Admirable

de 1813, que restauró efímeramente la república en Venezuela. Y que veremos después: porque todo no cabe en este
párrafo—. Cayó la ciudad, y con ella la Nueva Granada, pues
en adelante la campaña de Morillo fue un paseo militar. Un
paseo sin combates, pero puntuado de víctimas. Tras la toma
de Cartagena hubo fusilamientos en el pueblo de Bocachica,
pero en realidad la justicia expeditiva de Morillo, ya conocido
como el Pacificador, se concentró en los principales cabecillas
de la revolución: los después llamados "Nueve Mártires" cartageneros, a quienes un Consejo de Guerra condenó "a la pena
de ser ahorcados y confiscados sus bienes por haber cometido
el delito de alta traición". No fueron ahorcados, sin embargo,
sino fusilados en las afueras de la muralla y arrojados a una fosa
común. Nueve precursores.

Morillo trajo a Sámano,
que trajo los patíbulos

En Santafé, la capital del virreinato, el Pacificador fue recibido sin la menor resistencia. Por el contrario, un selecto comité de las más elegantes damas santafereñas salió a recibirlo a la entrada de la ciudad: no les hizo caso. Arcos triunfales de flores lo esperaban en las calles: los ignoró. No perdió tiempo en saludos ni discursos, sino que procedió a ordenar la detención de todos los dirigentes de la Patria Boba y su juicio expeditivo por un consejo de guerra. Su intención era decapitar la rebeldía, y estaba convencido de que las masas populares americanas no formaban parte de ella, sino que habían sido arrastradas a la revolución por unos pocos jefes oligárquicos. Tan seguro estaba de que su tarea pacificadora iba a durar pocos meses, que en cuanto hubo conquistado Cartagena escribió a España solicitando el permiso del rey para casarse con una jovencita gaditana de buena familia, y lo hizo por poderes, en el lejano Cádiz. No imaginaba que no podría volver a verla sino seis años más tarde. Al regresar a Venezuela, que empezaba otra vez a levantarse en armas, dejó en Santafé instalado como restaurado virrey al militar Juan Sámano, quien levantó los cadalsos del llamado Régimen del Terror, que iba a durar exactamente tres años, tres meses y tres días.

La bandera de la Guerra a Muerte

En la Nueva Granada, desfallecida y entregada, no quedaba sino la resistencia suicida de los restos del ejército de Nariño en el sur, y las tropas que huyeron hacia los Llanos con el coronel abogado Francisco de Paula Santander, para encontrarse con las del guerrillero llanero José Antonio Páez. El agua y el aceite. Se necesitaría la presencia de Bolívar para sacar provecho de los dos para la revolución que recomenzaría. Pero Bolívar andaba por el Caribe, de isla en isla, redactando cartas y publicando manifiestos retóricos y proféticos y levantando ejércitos expedicionarios y novias: la ayuda del presidente Pétion de Haití; la señorita venezolana Josefina Machado. Al llegar a los Llanos empezaría otro capítulo de la Independencia, para el cual había quedado sembrada en Venezuela la bandera de la Guerra a Muerte. La clavó Bolívar en su Campaña Admirable de 1813, con la proclama de Trujillo avalada por el Congreso de la Nueva Granada:

> Españoles y canarios: contad con la muerte aun siendo indiferentes si no obráis activamente en obsequio de la libertad de América.
> Americanos: contad con la vida aun cuando seáis culpables.

La Historia se repite, dice Marx: la primera vez en forma de tragedia y la segunda en forma de farsa. Aquí fue al revés: la Patria Boba fue un sainete que se repitió como tragedia unos años después, cuando vino la Guerra Grande. Aunque quizás sea más trágica la farsa de la primera parte, porque a la tragedia le agrega su parte de inanidad.

Antonio Nariño,
una vida de novela

Antonio Nariño y Álvarez, que ha sido llamado con motes tan contradictorios como el de "Precursor de la Independencia de la Nueva Granada" y el de "Flor y nata de la cachaquería santafereña", y que en efecto fue las dos cosas, es también el más conspicuo representante de la Patria Boba. Él mismo fue el primero en darle ese nombre, en su periódico *La Bagatela*, y el primero en describirla: "... esta apatía, esta confianza estúpida, esta inacción tan perjudicial en momentos críticos"... Hasta la tragedia final.

La "Flor de la cachaquería". Nariño era un niño bien, un señorito santafereño, elegante, educado —hablaba inglés y francés, además de latín—, ingenioso, despreocupado, enredador, que entendía de caballos y de escopetas de cacería, diletante en filosofía y en economía política, fundador de una tertulia literaria en su casa llamada pretenciosamente "El Arcano Sublime de la Filantropía", donde se recibían periódicos de Europa y los Estados Unidos y se discutía de política y de chismes sociales. Y el "Precursor de la Independencia". Traductor al español de los Derechos del Hombre y del Ciudadano de la Revolución francesa, y sedicioso que abogaba por la separación de España de las colonias americanas; por lo cual pasó preso o huyendo de la cárcel la mitad de su vida adulta, y la otra mitad conspirando o echando tiros. Y, en fin de cuentas, perfecto epítome de la Patria Boba que describía y fustigaba.

Porque de la Patria Boba Nariño criticaba lo que él mismo era: un nudo de contradicciones.

Hijo de funcionario colonial español y de criolla terrateniente, y en consecuencia "manchado de la tierra"; comerciante rico y agitador populista; estadista aficionado con el título de presidente y de dictador, y militar improvisado con el grado de general de división; autodidacta *philosophe* a la francesa, católico tradicional a la española y masón cosmopolita por cuenta propia; conspirador de salón en Santafé, Madrid, París y Londres, politiquero de plaza pública —una y otra vez, como todos, retirado de la política para que lo volvieran a llamar—, guerrero curtido en una docena de campos de batalla, amigo personal de los virreyes, enemigo público de los españoles, preso político. Tomás Rueda Vargas resume, admirativo: "Volteriano del siglo XVIII, panfletario del XIX, cristiano viejo de siempre".

Y sí: cristiano de confesión: cuando como presidente de Cundinamarca emprendió sus guerras contra las demás provincias que se rehusaban a acatar su autoridad central, nombró generalísimo de su ejército al Jesús Nazareno en talla barroca de la iglesia de San Agustín, con su túnica morada y su cruz a cuestas. Pero también anticlerical de convicción y volteriano de vocación: su biblioteca de dos mil volúmenes estaba compuesta casi toda por libros prohibidos por el Índice de la Inquisición. Medio siglo más tarde escribiría el ultracatólico hispanófilo presidente y gramático Miguel Antonio Caro, no se sabe si con admiración o con reproche: "La cuna de la República está en la biblioteca de Nariño". Pero el abuelo de Caro y contemporáneo de Nariño, Francisco Javier, lo había definido en verso:

> Nariño que es presidente
> y tiene el mando y el palo
> sobre si es bueno o es malo
> dividida está la gente…
> Unos dicen que es villano,
> otros que es usurpador,
> aquellos, que es un traidor,
> y estos que es un mal cristiano;
> ya dicen que es un tirano
> y ya que es un francmasón.
> Pero entre tanta opinión
> nos ha dicho don Juan Niño
> que don Antonio Nariño
> es un puro Napoleón.

Y también lo era, o quería serlo. Un dictador amado por su pueblo, como han pretendido serlo todos, desde el Creonte de Sófocles hasta el patriarca eterno de García Márquez.

Y, en fin, Nariño panfletario: panfletario de profesión.

Es decir, periodista: uno de los inventores de la prensa en la Nueva Granada, que empezaba a nacer. Periodista crítico, irónico y de combate. Empezó escribiendo en el *Papel periódico de la Ciudad de Santafé de Bogotá* de Manuel del Socorro Rodríguez, y en el *Diario Político de Santafé de Bogotá* que dirigía Francisco José de Caldas, y pronto fundó su propio periódico, *La Bagatela*, no tanto para exponer sus ideas como para rebatir las de los demás. Para atacar a Jorge Tadeo Lozano, hijo del riquísimo marqués de San Jorge, como ya se ha dicho, y rival político de Nariño en Cundinamarca —tal vez también su rival sentimental en el corazón de su mujer, Magdalena Ortega, a juzgar por el medallón con la efigie del uno o del otro que llevaba la dama en el pecho en un retrato que... En fin: el chisme es largo—. Y para atacar también a los federalistas —cuando él era centralista—, al Congreso, al Colegio Electoral, a los españoles, a los cartageneros, a los curas, a los regentistas de la Junta de Cádiz y, en general, a los gobernantes, por incapaces.

Jorge Tadeo Lozano

Doña Magdalena
Ortega de Nariño

Él mismo fue un gobernante incapaz, que organizó tres guerras civiles —y las perdió todas—. Lo cual no es de extrañar, dada la confusión caótica de esas batallas entre estrategas primerizos, llenas de humo y de sangre, todas ellas retratadas de memoria por el pintor José María Espinosa, que fue abanderado de las tropas de Nariño. Su victoria más importante, la de San Victorino en la defensa popular de Santafé contra el ejército oligárquico de las Provincias Unidas, fue una sorpresa tanto para sus adversarios como para él mismo. En esa acción, demagógico, confió a su hija de cinco años el honor de disparar el primer cañonazo, cosa que la niña hizo —cuenta encantado Espinosa— "aplicando el botafuego al cañón con gran impavidez". Tras su última derrota, en los Ejidos de Pasto, tuvo que entregarse prisionero a los realistas y ofrecerse desafiante a la muchedumbre desde un balcón: "¡Pastusos, si queréis al general Nariño, aquí lo tenéis!". Y los pastusos no supieron hacer otra cosa que mandarlo preso a Quito, a Guayaquil, a un buque que le dio la vuelta a América por el cabo de Hornos, y finalmente a la bahía de Cádiz, donde pasó en una mazmorra los seis años siguientes.

Como periodista, en cambio, estuvo siempre a la ofensiva. En 1810, recién sacado de los calabozos de la Inquisición donde lo habían puesto preso precautelativamente por la rebelión ocurrida en la remota Quito, lo primero que hizo fue escribir un artículo criticando a los revolucionarios de Santafé y pegarlo en las paredes de Cartagena: "Consideraciones sobre los inconvenientes...". Diez años más tarde, preso en la cárcel de la Carraca de Cádiz, aprovechó la liberalización de sus condiciones de detención traída por la revolución de Riego contra el despotismo del restaurado Fernando VII para publicar en la *Gazeta* de Cádiz "Carta de un americano a un amigo suyo" contra la Junta. Y cuando por última vez regresó exhausto de la cárcel fundó *Los Toros de Fucha* para atacar a Santander, su sucesor en la vicepresidencia de Colombia, que ejercía el gobierno en ausencia de Bolívar. Y para criticar el centralismo, ahora que este se había impuesto y él se había vuelto federalista.

Pero lo que ha quedado resonando en la historia no son sus ataques ni sus críticas contra todo y contra todos, sino su defensa de sí mismo. La que tuvo que hacer ante el Senado, recién inaugurado por él mismo, el 15 de mayo de 1823, al final de su vida, cuando fue demandada su elección por dos politiqueros a quienes incomodaba su prestigioso pasado de patriota, recién homenajeado de manera elocuente por el libertador Simón Bolívar al nombrarlo vicepresidente de la nueva nación a donde regresaba desde las mazmorras españolas.

"Hoy me presento como reo ante el Senado que yo mismo he instalado", dijo Nariño al empezar su intervención ante la sesión plenaria. Y pasó a resumir, a partir de las acusaciones que se le hacían, no sólo el curso de su propia vida turbulenta sino el futuro de su recién estrenada patria, que avizoraba oscuro.

Las acusaciones contra él eran tres: la de haber sido un deudor fallido de la Caja de Diezmos que administraba treinta años antes, en 1794, cuando fue detenido por sedición contra la Corona española por la traducción de la Declaración de los Derechos del Hombre y le fueron confiscados sus bienes; la de ser un traidor a la patria por haberse entregado al enemigo realista en Pasto, nueve años antes, en 1814; y la de no tener el tiempo de residencia en el país requerido para los senadores por haber permanecido fuera "por su gusto y no por causa de la República", desde 1814 hasta 1821. Respondió al cargo de deudor fallido explicando en detalle sus negocios de exportación e importación (quina, cacao, azúcar y ropas de Castilla), y contando cómo, al ser arrestado por sedicioso, fue despojado de todas sus propiedades por el cabildo y por sus fiadores: de sus casas, de sus mercancías, de los libros de su biblioteca y hasta de sus espuelas y de sus casacas. Y le presentó al Senado un papel: un finiquito de que no había constancia de que debiera nada. Ante la acusación de traición explicó que si se había rendido en Pasto a los realistas había sido para facilitar la retirada de sus tropas derrotadas. No había entregado nada al enemigo: sólo a sí mismo.

En cuanto al tercer cargo, el de la ausencia "por gusto", la verdad es que se lo pusieron fácil: bastaba con mencionar que estaba preso. Pero Nariño aprovechó la solemnidad del momento para plantear la gravedad histórica de la acusación temeraria de Diego Gómez y Vicente Azuero:

Y en vista de semejante escandalosa acusación comenzada por el primer Congreso General y al abrirse la primera legislatura, ¿qué debemos presagiar de nuestra

República? ¿Qué podremos esperar para lo sucesivo si mis acusadores triunfan o quedan impunes? Por una de esas singularidades que no están en la previsión humana, este juicio que a primera vista parece de poca importancia va a ser la piedra angular del edificio de nuestra reputación. Hoy, señores, hoy va a ver cada ciudadano lo que debe esperar para la seguridad de su honor, de sus bienes, de su persona; hoy va a ver toda la República lo que debe esperar de vosotros para su gloria. En vano, señores, dictaréis decretos y promulgaréis leyes llenas de sabiduría; en vano os habréis reunido en este templo augusto de la ley, si el público sigue viendo a Gómez y Azuero sentados en los primeros tribunales de justicia; en vano será vuestro trabajo. [...] Si vosotros, al presentaros a la faz del mundo como legisladores, como jueces, como defensores de la libertad y la virtud, no dais un ejemplo de integridad, de desinterés y de justicia severa, nuestra libertad va a morir a su nacimiento. Desde la hora en que triunfe el hombre atrevido, desvergonzado, intrigante, adulador, el reino de Tiberio empieza y el de la libertad acaba.

Antonio Nariño fue absuelto en el Senado unánime y estruendosamente —aunque sus acusadores Gómez y Azuero procedieron a denunciarlo por injuria; y luego hicieron ambos exitosas carreras políticas a la sombra del general Santander—. Pero era ya un hombre acabado, a los cincuenta y ocho años. Del Senado salió para morir.

Fueron cincuenta y ocho años de una vida complicada y rica, desventurada y feliz, hecha de batallas políticas y bélicas ganadas y perdidas, y de prisiones de incansable agitador revolucionario y luchador por la libertad: una vida heroica y desgraciada, como la del otro gran precursor de la Independencia hispanoamericana, el aventurero venezolano Francisco Miranda. El propio Nariño se describió como un anunciador siempre desengañado de grandes cambios, que había "visto formarse y desvanecerse revoluciones. Y a cada una que se frustraba me renacían nuevas esperanzas, hasta que llegó el día para siempre memorable en que se realizaron". En su defensa ante el Senado, sin embargo, vaticinó lúcidamente una última frustración: la de la ética. Pero de esa capacidad visionaria sólo se cuenta hoy la predicción más banal: que estando ya para morir en su casa de Villa de Leyva sacó su reloj de bolsillo, y cuando marcó las cinco de la tarde anunció su propia muerte diciendo: "Ya es tiempo". Y, en efecto...

Nariño vaticinando su propia
muerte con ayuda de un reloj
de bolsillo

Algunos libros y fuentes consultados

Anthony McFarlane. *Colombia antes de la Independencia. Economía, sociedad y política bajo el dominio borbón.*

Eduardo Caballero Calderón. *Historia privada de los colombianos.*

Enrique Caballero Escovar. *Incienso y pólvora. Comuneros y precursores.*

Enrique Santos Molano. *Antonio Nariño, filósofo revolucionario.*

Especial "Nariño: el triunfo de las ideas" / "Bicentenario de Cundinamarca 1813-2013", en revista *Semana*, 2013.

Indalecio Liévano Aguirre. *Los grandes conflictos sociales y económicos de nuestra historia.*

José María Caballero. *Diario de la Independencia.*

José María Espinosa. *Memorias de un abanderado. Recuerdos de la Patria Boba (1810-1819).*

Rodolfo Segovia Salas. *105 días: el sitio de Pablo Morillo a Cartagena de Indias.*

Soledad Acosta de Samper. *Biografía del general Antonio Nariño.*

Varios autores (Ed. Universidad del Rosario). *Historia que no cesa. La Independencia de Colombia 1780-1830.*

Y Google.

VI

LA

GUERRA GRANDE

Los muy complicados enredos políticos y las muchas guerras contradictorias y simultáneas en variados escenarios que constituyen el proceso de la Independencia entre la Reconquista de Morillo y la disolución de (la Gran) Colombia se pueden entender siguiendo la biografía de su principal protagonista, Simón Bolívar.

El que sirve una revolución ara en el mar.
Simón Bolívar
Carta al general Juan José Flores, 9 de nov. de 1830

Familia criolla antes
de la Independencia

B ueno: la verdad es que la Guerra a Muerte proclamada en Venezuela por Bolívar para abrir una zanja de sangre y odio entre españoles y americanos, y convencer a estos de la necesidad de la independencia, en un principio no funcionó mucho: más bien salió al revés. En la Nueva Granada, la Reconquista española, con la salvedad terrible del sitio de Cartagena, fue un paseo militar. En Venezuela, la guerra que los insurrectos habían creído independentista se volvió social y racial con la aparición en los llanos de la Legión Infernal —oficialmente llamada Ejército Real de Barlovento— de José Tomás Boves: hordas salvajes de jinetes llaneros mestizos, mulatos y zambos que bajo la consigna de "La tierra de los blancos para los pardos" se alzaron con sus lanzas contra la oligarquía mantuana de Caracas y a favor de las tropas españolas. Fue una guerra feroz y sin cuartel: de parte y parte, los prisioneros eran degollados. Y la ganaron —en un principio— los realistas. Mientras el sur —Popayán, Pasto y luego Quito— seguía siendo realista.

Liquidada en sangre la ilusión independentista de la Patria Boba empieza, con más sangre aún, la verdadera guerra de Independencia: la Guerra Grande. La cual es inseparable de la vida de su principal ideólogo y caudillo, Simón Bolívar. Un caraqueño rico y de buena familia que dedicó su vida y su fortuna al ideal de expulsar a la Corona española de sus colonias americanas para dárselas ¿a quién? Él mismo lo vaticinaría en la frustración desengañada del final de sus días, en una carta casi testamentaria dirigida a uno de sus compañeros de armas: para dejarlas "en manos de la multitud desenfrenada, para después pasar a tiranuelos casi imperceptibles de todos los colores y razas".

La confusión de esos años se puede describir siguiendo con el dedo la vida de Bolívar desde que en 1810 se unió a la revolución perorando, entre las ruinas del terremoto de Caracas, que lucharía contra la naturaleza. Enviado por la Junta a Londres —joven rico que hablaba idiomas y tenía los contactos de la masonería— para conseguir ayuda, respaldo, dinero o armas, o todo a la vez. De esa visita, en la que no obtuvo nada de lo que pedía, le quedaría sin embargo su persistente admiración por la organización constitucional de la Gran Bretaña y por su poderío militar y económico.

¿El Manifiesto de Cartagena

Pronto sería derrotada la Primera República venezolana por la reacción española, y su jefe, Francisco de Miranda, sería entregado a sus enemigos por sus oficiales subalternos, entre ellos el propio Bolívar, que acababa de perder la plaza fuerte confiada a su mando. Para continuar la lucha —mientras Miranda va a morir en las mazmorras de la cárcel de Cádiz— Bolívar huye a la Nueva Granada, todavía dominada por los patriotas. Y en Cartagena compone y publica un "manifiesto" explicando y criticando las causas del desastre venezolano: la falta de unidad de los revolucionarios y su invención ingenua de "repúblicas aéreas" montadas sobre doctrinas filosóficas importadas, y no sobre las realidades de la tierra. No le hacen caso —como, la verdad sea dicha, no se lo harán nunca—, pero por la fuerza de su personalidad consigue en cambio que los neogranadinos le confíen un pequeño ejército para reanudar la guerra en Venezuela. Y emprende la asombrosa campaña de reconquista —después llamada Admirable— que lo lleva en unos meses a recuperar el territorio perdido y entrar triunfante en Caracas, recibiendo el título de Libertador. Que no abandonará ya nunca, ni siquiera en sus derrotas: ni cuando la restaurada república venezolana —en realidad una dictadura militar— cayó de nuevo ante el empuje de las montoneras de Boves al poco tiempo de proclamada, ni, por supuesto, diez años después cuando lo hubo merecido de cinco naciones.

Lanceros llaneros
(¿de Boves? ¿de Páez?)

La Carta de Jamaica

Derrotado en Venezuela vuelve a la Nueva Granada, al servicio del Congreso de las Provincias Unidas, para las cuales conquista la Bogotá centralista que ha dejado en su propia derrota el precursor Antonio Nariño. En Cartagena choca con las autoridades locales y se embarca rumbo a Jamaica, salvándose así del terrible asedio puesto a la ciudad por el Pacificador español Pablo Morillo. Y en Jamaica descansa el soldado, pero despierta de nuevo el pensador político a través de la famosa *Contestación de un americano meridional a un caballero de esta isla.* Una Carta de Jamaica que no tuvo ningún resultado práctico, pues su texto en castellano no fue publicado sino después de la muerte del Libertador, y la versión inglesa fue ignorada por aquel a quien de verdad iba dirigida, que era el gobierno inglés. A este pretendía Bolívar explicarle las causas y la justicia de la lucha independentista americana, y pintarle —con ojo visionario— el futuro posible del continente. Pero todavía entonces sigue siendo Bolívar mucho de lo que él mismo criticaba: un ideólogo teórico sin suficiente asidero en las realidades de la tierra. Todavía piensa, por ejemplo, que en América "el conflicto civil es esencialmente económico": entre ricos y pobres, y no entre criollos blancos y castas de color, como en la práctica lo planteaba a lanzazos Boves en Venezuela —y en la Nueva Granada lo harían más tarde los guerrilleros realistas del Cauca—.

Pronto lo entendería mejor al regresar a Venezuela. Y años más tarde él mismo describiría con su habitual elocuencia el enmarañado enredo racial, social y político:

> Este caos asombroso de patriotas, godos, blancos, pardos, federalistas, centralistas, egoístas, republicanos, aristócratas buenos y malos, y toda la caterva de jerarquías en que se subdividen las diferentes partes.

Para una nueva empresa consigue Bolívar en Haití la ayuda del presidente Pétion, a cambio de la promesa de dar la libertad a los esclavos negros de la América española. Ha descubierto que la libertad debe ir pareja con la independencia, pues de lo contrario no puede tener respaldo popular. Es derrotado una y otra vez en Venezuela, y otras tantas resulta victorioso, en una confusión de escaramuzas y batallas en las cuales las deserciones y los cambios de bando son frecuentes. Consigue ganar para la causa patriota a los llaneros de José Antonio Páez, jefe de montoneras de lanceros a caballo: la misma gente de Boves, quien ya había muerto para entonces. Los conquista no sólo con el atractivo magnético de su personalidad excepcional, sino porque se ha dado cuenta del problema racial: y refuerza sus tropas con esclavos de las haciendas costeras fugados hacia el interior de los llanos concediéndoles la libertad a los que combatan contra España. En eso ayuda la torpeza racista de Morillo, que al volver a Venezuela tras dejar instalado el Régimen del Terror en Bogotá con el virrey Sámano ha decidido degradar en las tropas realistas de Boves a los oficiales mestizos o mulatos por serlo, volviéndolos así contra los españoles. Los cambios de bando, ya se dijo, eran frecuentes: el propio Páez había combatido en ambos.

El Bolívar guerrero no descuida lo político. Y así convoca a principios de 1819 el Congreso de Angostura, que iba a instaurar la República de Colombia por la unión de Venezuela, la Nueva Granada y Quito: audacia asombrosa por parte de un político la de crear un país y darle una Constitución —libertad de los esclavos incluida— antes de haber conquistado su territorio, pues los patriotas revolucionarios dominaban apenas unas pocas regiones despobladas de los llanos del Orinoco y el Apure. Y esa audacia política la remata Bolívar con otra militar: el golpe estratégico de invertir el sentido de la guerra, devolviéndola de las llanuras venezolanas a las montañas neogranadinas, donde los españoles ya no la esperaban.

Boyacá

En pleno invierno tropical de lluvias atraviesa con su ejército los llanos inundados para unirse con las guerrillas del Casanare organizadas por Francisco de Paula Santander. Y reunidos en el piedemonte unos quince mil hombres —tropas venezolanas, neogranadinas, varios miles de mercenarios ingleses e irlandeses veteranos de las guerras napoleónicas, contratados en Londres con los primeros empréstitos ingleses que iban a agobiar a Colombia durante los siguientes dos siglos—, Bolívar emprende el cruce de la cordillera por Pisba y Paya para caer por sorpresa sobre las tropas españolas en el corazón de la Nueva Granada, deshaciéndolas en la batalla del Pantano de Vargas y en la del Puente de Boyacá, el 7 de agosto de 1819. Esta, que en realidad no pasó de ser una escaramuza, es sin embargo el golpe definitivo sobre el virreinato. El Libertador entra en triunfo al día siguiente en Bogotá, de donde había huido el virrey Sámano con tanta precipitación que olvidó sobre su escritorio una bolsa con medio millón de pesos. Fiestas. Corridas de toros. Bailes. Son jóvenes: en Boyacá, el Libertador tiene treinta y seis años; el general Santander acaba de cumplir veintiséis. Anzoátegui, Soublette, los británicos...

El cruce de los Andes

Una de las severas críticas que le haría Karl Marx a Simón Bolívar se refiere a su inmoderada inclinación por los festejos de victoria.

Pero pronto sale el Libertador de vuelta a Venezuela para proseguir la campaña libertadora, dejando el poder en Bogotá en manos de Santander —que no tarda en mancharlo con la ejecución en masa de los cuarenta y ocho oficiales realistas tomados prisioneros en la batalla de Boyacá: constituían, alegó, una latente amenaza—. En los llanos Bolívar no tarda en reunirse con Morillo para firmar el Tratado de Armisticio y Regularización de la Guerra, que pone fin a las matanzas bárbaras de la Guerra a Muerte. Se saludan de mano, como buenos masones los dos. Se abrazan. Morillo, que hasta entonces sólo hablaba de "el bandido de Bolívar", lo trata de "su Excelencia" y escribe a España diciendo: "Él es la revolución". Y obligado por los acontecimientos de España, donde acababa de darse el alzamiento revolucionario de las tropas destinadas a embarcar para América que da comienzo al breve período constitucional llamado el Trienio Liberal, ofrece un armisticio. Y se embarca para su tierra. Al poco tiempo la tregua se rompe, y tras algunos meses y batallas, la de Carabobo sella definitivamente la independencia de Venezuela, y de nuevo Bolívar recibe en Caracas una recepción triunfal que dura varios días. (Tal vez en eso Marx tenía razón).

Y la alternancia constante de la guerra y la política. Se reune el Congreso de Cúcuta en 1821 para darle una Constitución a la nueva Colombia tripartita —que los historiadores han llamado después la Gran Colombia—. Y sus resultados son los que cabía esperar de su composición de diputados elegidos por voto censitario: terratenientes, comerciantes ricos, abogados de comerciantes ricos y de terratenientes. Empieza a formarse una casta de políticos profesionales que comienzan a dividirse en dos ramas fraternales pero enfrentadas que más tarde se llamarían el Partido Retrógrado y el Partido Progresista: a la vez conservadores ambos y liberales ambos. Bolívar quería —como lo pensaba desde su Manifiesto de Cartagena sobre las frágiles repúblicas aéreas— "un gobierno fuerte, que posea medios suficientes para librarlo de la anarquía popular y de los abusos de los grandes", y en eso contaba en el Congreso con apoyos como el de Antonio Nariño, un resucitado de otra época. Pero lo que se impone es un sistema híbrido, formalmente liberal —libertades de palabra y de opinión, de religión y de organización política (partidos), y con las tres ramas de rigor de Montesquieu—, y de estructura conservadora a causa, justamente, del sistema electoral censitario que proscribía el sufragio popular. Así, por ejemplo, la promesa de Bolívar a Pétion en Haití sobre la libertad de los esclavos, reiterada en Angostura, sale de Cúcuta cumplida sólo a medias: el Congreso aprueba una ley de "libertad de vientres" por la que los hijos de esclavos nacerían libres, pero sometidos a los dueños de sus madres hasta su mayoría de edad, posponiendo así, por toda una generación, la abolición de la esclavitud.

La Campaña del Sur

Santander (por Rendón)

El Congreso eligió presidente de Colombia a Bolívar, y vicepresidente a Santander. El primero solicitó de inmediato permiso para llevar la guerra al sur, convencido como estaba de
que para garantizar la independencia era necesario eliminar
del todo la presencia española en el continente: limpiar de
realistas las provincias del Cauca y Quito, y completar la independencia del virreinato del Perú ya iniciada desde el sur por
José de San Martín, Libertador de Argentina y Chile. De modo
que volvió a imponerse el Bolívar guerrero sobre el gobernante —que en realidad era lo que menos le gustaba ser, de todas
sus cambiantes personalidades—. Batallas, todas victoriosas:
Bomboná, Pichincha —y entrada triunfal en Quito, donde
una bella quiteña le arroja una corona de laurel—. Bailes, fiestas: la bella quiteña, que sería muy importante en adelante
para Bolívar y para las repúblicas, se llamaba Manuela Sáenz.

Y luego vino la misteriosa Conferencia de Guayaquil, en
julio de 1822, con José de San Martín, Libertador de la Argentina y Chile y Protector del Perú, territorio a donde había entrado con un ejército argentino y chileno, pero que no había
podido someter por completo. Bolívar llegó triunfante. San
Martín, en cambio, ya no tenía el respaldo de Buenos Aires y
de Santiago. Hablaron, al parecer, de cómo terminar juntos

la guerra en el Perú con sus dos ejércitos reunidos. Pero al día siguiente San Martín se embarcó de vuelta a Lima, donde renunció a su cargo de Protector, y de allí a Chile, para viajar finalmente al exilio en Europa, expulsado por las disputas internas de los generales argentinos. Bolívar resumió la fallida entrevista en una frase desdeñosa: "No hemos hecho más que abrazarnos, conversar y despedirnos".

En la entrevista de Guayaquil
Bolívar y San Martín
se juegan la América Española

Y prosiguió hacia Lima, desde donde organizó la guerra contra las tropas españolas que culminó en la batalla de Ayacucho dos años después. Proclamado dictador del Perú, se quedó en Lima dos años más, en brazos de su amante Manuela Sáenz, dedicado a las fiestas —que en Lima eran mucho más fastuosas que en Caracas, Bogotá o Quito—, y entregado a una verdadera orgía de creación constitucionalista. Para las provincias del Alto Perú, que se desgajaron del antiguo virreinato y tomaron en su honor el nombre de Bolívar, después convertido en Bolivia, diseñó la que se había vuelto la Constitución de sus sueños. La que después le serviría de modelo para proponer una última Constitución de Colombia, que aunaba, según él, "la monarquía liberal con la república más libre".

Manuela Sáenz

Era una Constitución autocrática, que instituía un poder ejecutivo fuerte con un presidente vitalicio con derecho a nombrar a su sucesor, dividía el legislativo en tres cámaras —Senado, Cámara de los censores y Cámara de los tribunos— e introducía un cuarto y complejo "poder electoral". No funcionó en Bolivia, donde el presidente elegido —el propio Bolívar— designó en su lugar a su vicepresidente, el mariscal Antonio José de Sucre, quien no tardó en ser derrocado. Tampoco funcionó en el Perú, donde fue adoptada cuando ya Bolívar partía de regreso a Colombia. Y para Colombia sería rechazada más tarde por la Convención de Ocaña en 1828.

El mariscal Sucre

El sueño de la unión

Durante los años de estancia de Bolívar en el Perú, gobernó Colombia el vicepresidente Santander, con grandes dificultades. La más grave era la quiebra de la república, pese a un segundo y vasto empréstito inglés que se diluyó en gastos de funcionamiento del gobierno, en corrupción, y sobre todo en el mantenimiento del ejército. Un gran ejército de treinta mil hombres —cifra oscilante al ritmo de las deserciones y las levas forzosas— para una Colombia que, sumadas sus tres partes, tenía poco más de dos millones de habitantes. El ejército era por una parte un lastre fiscal, pero por otra constituía la única vía de promoción social y la única fuerza de cohesión de un país de tan diversas regiones, de tan malos caminos y tan grande extensión territorial. Desde sus campañas del sur Bolívar reclamaba sin cesar más tropas, más armas, más dinero. Y Santander respondía: "Deme usted una ley, y yo hago diabluras. Pero sin una ley…". La discusión, a través de correos que se demoraban semanas en ir y volver, llevaba a callejones sin salida: más que un diálogo era un intercambio de principios. Bolívar seguía actuando como en su juventud de niño rico y manirroto, mientras que Santander era tacaño tanto en lo personal como en lo público. Escribía el Libertador:

> Estos señores [los que gobernaban en Bogotá] piensan que la voluntad del pueblo es la opinión de ellos, sin saber que en Colombia el pueblo está en el ejército.

Pero entendía por ejército no a la tropa reclutada a la fuerza, tal como lo era también la realista —él mismo había expedido un decreto tras la batalla del Pantano de Vargas reclutando a todos los varones entre quince y cuarenta años bajo pena de fusilamiento; o más bien, dada la necesidad de ahorrar munición, de amachetamiento—, sino a su oficialidad, compuesta fundamentalmente de venezolanos e ingleses: el partido militar. Que muy pronto se enfrentaría al partido civil —de los criollos blancos, no de las castas pardas— mayoritariamente neogranadino. Porque tampoco la "voluntad del pueblo" era exactamente la de Bolívar, a quien su permanente obsesión unificadora no le había permitido ponerse a averiguar si los distintos pueblos de Colombia la compartían. "He sido partidario de la unión desde mis primeras armas", escribía; y lo sería, en efecto, hasta su última proclama: "Si mi muerte contribuye a que se consolide la unión…".

Una unión que soñaba más amplia todavía. Liberado el Perú, Bolívar conservaba su vieja ambición de una más vasta federación americana. Una que reuniera, para empezar, a Colombia con el Perú y su recién separada Bolivia, y que se organizara luego en una federación de todas las antiguas colonias españolas, desde la raya de México hasta la Patagonia. Así que tuvo la idea de convocar un gran Congreso Anfictiónico —su pasión retórica: en recuerdo de la Liga Anfictiónica de las antiguas ciudades griegas—, reunido no ya en el istmo de Corinto sino en el de Panamá. Sólo acudieron a la cita Colombia, el Perú, México y la República Federal de Centroamérica. Adelantándose a la opinión contraria de Bolívar, Santander invitó también a un delegado de los Estados Unidos, que habían proclamado el año anterior la Doctrina Monroe: América para los americanos. Cuando Bolívar estaba convencido de que la América española requería la protección de una potencia europea: su admirada Gran Bretaña. Así que de la reunión de Panamá no salió nada.

Porque otra cosa pensaban los caudillos regionales y sus pueblos respectivos, y sus respectivas oligarquías conservadoras, fortalecidas y enriquecidas con los bienes incautados a los españoles y a los criollos realistas: querían lo contrario de la unión. Dificultada además por la imposición de una administración centralista dirigida desde Bogotá, en la punta de un cerro, sobre un país tan grande y de tan acentuada diversidad regional (climática, racial) no sólo entre los tres departamentos artificiosamente cosidos entre sí (Venezuela, Cundinamarca y Quito) sino en el interior de cada uno. Colombia sólo se mantenía unida por la voluntad de Bolívar, y por su prestigio. Aunque él mismo había escrito —pues muchas veces su pensamiento y su voluntad se llevaban la contraria: pero solía imponerse su voluntad— que los señores de Bogotá no se daban cuenta de la heterogeneidad de los pueblos que pretendían gobernar:

> Piensan estos caballeros que Colombia está cubierta de lanudos arropados en las chimeneas de Bogotá, Tunja y Pamplona. No han echado sus miradas sobre los caribes del Orinoco, sobre los pastores del Apure, sobre los marineros de Maracaibo, sobre los bogas del Magdalena, sobre los bandidos del Patía, sobre los indómitos pastusos, sobre los guajibos de Casanare y sobre todas las hordas salvajes de África y América que, como gamos, recorren las soledades de Colombia.

Páez antes de
la Independencia

El caso es que Colombia empieza a resquebrajarse por el lado de Venezuela, donde José Antonio Páez se resiste a obedecer las órdenes que dicta Santander, y este lo destituye como comandante general de Venezuela. Páez se rebela, y se desata el movimiento separatista que a falta de un nombre justificativo se llamó La Cosiata, apoyado por la oligarquía local: los terratenientes y los caudillos militares —que se estaban convirtiendo ya en terratenientes—, que no querían ser gobernados desde la remota Bogotá —casi tan lejana como lo había sido Madrid antes de la

Páez después de
la Independencia

independencia—. Tenía que venir Bolívar desde Lima a poner orden. En enero de 1827 se entrevista con Páez y lo perdona, nombrándolo jefe civil y militar de Venezuela y repartiendo entre sus segundos puestos y ascensos militares: la alternativa era la guerra civil —complicada por el hecho de que casi todos los comandantes de tropas en el territorio de Colombia eran venezolanos—. Vuelve a Bogotá, donde destituye a Santander de su vicepresidencia y propone la reforma de la Constitución. Para eso se reúne la Convención de Ocaña, donde chocan santanderistas —mayoritarios, según Bolívar gracias al fraude electoral: ya desde entonces...— y bolivarianos. Estos se retiran: los bolivarianos dispersos —Bolívar no asiste a la convención, sino que la vigila desde Bucaramanga, a varios días de camino—; los santanderistas unidos en un solo bloque en torno a su jefe: desayunaban y comían juntos, y por primera vez empezaron a llamarse "liberales". Ante el rechazo de su propuesta de Constitución cuasimonárquica, Bolívar asume la dictadura el 27 de agosto, lo que marcará la pugna definitiva que se desatará contra Santander.

El enfrentamiento

En los años de Lima su pensamiento político había seguido evolucionando cada vez más hacia el autoritarismo —rodeado como estaba de aduladores, de la admiración de sus generales, de la aclamación de las muchedumbres y del amor de Manuela Sáenz—. Y así lo plasmó en su proyecto de Constitución boliviana. Desconfiaba cada vez más de la volubilidad de los pueblos —"como los niños, que tiran aquello por lo que han llorado"—, y de los americanos en particular: "Hasta imaginar que no somos capaces de mantener repúblicas, digo más, ni gobiernos constitucionales. La historia lo dirá". Le escribía a Sucre, su favorito, su presunto heredero: "Nosotros somos el compuesto de esos tigres cazadores que vinieron a América a derramarle la sangre y a encastar con las víctimas antes de sacrificarlas, para mezclarse después con los frutos de esos esclavos arrancados del África. Con tales mezclas físicas, con tales elementos morales ¿cómo se pueden fundar leyes sobre los héroes y principios sobre los hombres?".

Propone pues, como ya se dijo, su Constitución boliviana para Colombia, ante el rechazo de los liberales reunidos en torno a Santander, el cual resume en una frase su oposición al Libertador: "No he luchado catorce años contra Fernando VII para tener ahora un rey que se llame Simón".

Ni de cualquier otra manera: ni un Bolívar, ni un Borbón, ni un Habsburgo (un Austria), o algún Hannover inglés. La idea de traer un príncipe europeo a que reinara en América no era exclusiva de Bolívar, aunque este, tras meditarla, había terminado por rechazarla. San Martín había tenido la misma iniciativa para Buenos Aires, y Páez en Venezuela, y Flores en el Ecuador, y los mexicanos acabarían trayendo a un austriaco con título de emperador y respaldo de un ejército francés. Sólo rechazaban esa tentación los generales neogranadinos —Santander, Córdoba, Obando, José Hilario López—, y los abogados del colegio de San Bartolomé, cuya juventud había sido envenenada, diría Bolívar, por las ideas del utilitarismo liberal. Como vicepresidente, Santander había impuesto los libros del filósofo utilitarista Jeremy Bentham como textos de estudio en la universidad. Bolívar los proscribió cuando reasumió el mando.

Porque el enfrentamiento entre Bolívar y Santander no venía simplemente de un choque de caracteres: el generoso y romántico del caraqueño y el práctico y mezquino del cucuteño —visibles ambos en sus respectivos testamentos—, sino de una discrepancia de ideas: el cesarismo de Bolívar frente al republicanismo de Santander. La espada de Bolívar —retenida sólo por la conciencia de su propia gloria: no quería ser un Napoleón, sino solamente un Bonaparte—, frente a la ley de Santander, a quien el Libertador mismo había dicho: "Usted es el hombre de las leyes". La famosa frase de Santander, tan sujeta a burlas como a elogios y tan burlada en la realidad histórica, iba en serio: "Las armas os dieron la independencia, las leyes os darán la libertad". Dos personalidades: el militar y el abogado. Si en otras de las naciones hijas de Bolívar y su espada se impuso el militar —Venezuela, Bolivia, Ecuador, Perú— en Colombia, por cuenta de Santander, se impuso —para bien y para mal— el abogado. O peor: el leguleyo, ya presente en nuestra historia desde los tiempos del conquistador y licenciado en leyes Jiménez de Quesada.

Mientras Bolívar reinaba en Lima, en Bogotá Santander había gobernado durante cinco años, y con gran efectividad dadas las circunstancias y las estrecheces económicas del Estado: era un gran organizador —el propio Libertador, diez años antes, lo había llamado "el organizador de la victoria"—, y fijó en esos años de poder lo mejor de lo que iba a ser este país, y también lo peor (más lo que venía de atrás). En esos años empezaron a dibujarse los dos partidos que durante el siglo siguiente iban a dividir a Colombia: los amigos de Bolívar y los amigos de Santander. El enfrentamiento entre los dos iba a ser frontal y terrible. Pero en la lucidez final de su desengaño, camino del exilio, del destierro, expulsado de Bogotá, proscrito de Venezuela, le escribiría Bolívar al general Rafael Urdaneta, uno de sus últimos leales: "El no habernos arreglado con Santander nos ha perjudicado a todos".

Bolívar estaba ahora en Bogotá tan en condición de dictador en país extranjero protegido por su guardia pretoriana de militares venezolanos como lo había estado antes en Lima protegido por sus regimientos de tropas colombianas. El odio lo rodeaba. Y estalló en la conspiración tramada por los amigos de Santander que culminó en la tentativa de darle muerte la noche del 25 de septiembre de 1828, llamada desde entonces, prosopopéyicamente, "la nefanda noche septembrina".

Un grupo de asesinos, entre ellos el futuro fundador del Partido Conservador colombiano y futuro presidente de la república, Mariano Ospina Rodríguez, y el futuro inspirador del Partido Liberal, Florentino González —pues tanto en los amores que despertó como en los odios el abanico de Bolívar cubría todo el círculo del sextante—, un grupo de asesinos, digo, entró matando a los guardias al palacio de San Carlos, buscando al Libertador. Bolívar escapó por una ventana mientras su amante, la combativa Manuela Sáenz, sable en mano, distraía a los asaltantes; y pasó la noche refugiado bajo un puente del vecino río San Agustín. En medio del alboroto, el general Rafael Urdaneta acabó controlando la situación, y los militares bolivarianos empezaron sus rondas de detenciones y arrestos. Bolívar volvió a palacio. Ley marcial, autoridad militar, supresión de garantías: dictadura. Juicios sumarios. Fusilamientos. Santander, indudable cabeza de la conspiración, aunque no había pruebas en su contra, fue condenado a muerte. Bolívar intervino para conmutar la sentencia por la de destierro, y Santander viajó a Europa. Su admirado Jeremy Bentham escribiría más tarde, tras darle audiencia en Londres, que al menos "la crueldad de Bolívar" no lo había despojado de sus bienes. Porque hay que anotar que a esas alturas todos los generales de la Independencia eran hombres ricos, o muy ricos. Tal vez sólo Simón Bolívar, que cuando empezó el baile había sido inmensamente rico, se había arruinado en el camino.

Bolívar escapa de los asesinos
en la "nefanda noche septembrina"

No quedaron ahí las cosas. Estalló en el Cauca una sublevación encabezada por los generales José María Obando y José
Hilario López, estimulada por el ministro plenipotenciario
de los Estados Unidos, William Henry Harrison —quien años
más tarde sería elegido presidente de su país, y moriría a las
tres semanas—, y seguida por el levantamiento en Antioquia
del general José María Córdoba. Fue a raíz de la intromisión
de Harrison cuando Bolívar, que había marchado con tropas
hacia el sur para sofocar con Sucre la invasión de Colombia
emprendida por el Perú para ocupar Guayaquil, escribió su
famosa carta al cónsul británico, diciendo que "los Estados
Unidos parecen destinados por la providencia a plagar de mi-
serias a la América en nombre de la libertad". Y Harrison fue
expulsado del país en medio de protestas diplomáticas.

El embajador Harrison

En 1830 se convoca el Congreso Admirable para dictar,
una vez más, una Constitución para Colombia. Bolívar vuelve
a renunciar, tanto a la dictadura como a la presidencia, alegando el habitual argumento de su gloria:

> Libradme del baldón que me espera si continúo ocupando
> un destino que nunca podrá alejar de sí el vituperio de la
> ambición. [...] La República sucumbiría si os obstináseis
> en que yo la mandara. Oíd mis súplicas: salvad la Repúbli-
> ca. Salvad mi gloria, que es de Colombia.

Y tras pintarle al Congreso la tarea ingente que le espera, termina con una nota de profundo pesimismo:

> Me ruborizo al decirlo: la independencia es el único bien que hemos adquirido, a costa de todos los demás.

El fin

El Congreso elige presidente a Joaquín Mosquera. Bolívar, enfermo, sale hacia la costa para embarcarse rumbo a Europa. Al débil Mosquera y a su gobierno de santanderistas les da un golpe militar el general Urdaneta. Asesinan a Sucre en Berruecos, sin que se sepa quién: ¿Obando? ¿López? Futuros presidentes de Colombia. ¿Flores, futuro presidente del Ecuador? A ese mismo Juan José Flores le escribe Bolívar desde Barranquilla: "Venguemos a Sucre y vénguese V. de esos que...".

Pero ahí, en la carta que tal vez denunciaba a los que Bolívar creía asesinos de Sucre, viene una nota de la transcripción: resulta que en el original "hay una gran mancha, al parecer de tinta" que "impide leer la continuación por espacio de treinta o treinta y cinco letras". Una de esas grandes manchas negras de tinta que salpican y borran de tiempo en tiempo, en momentos precisos, episodios de la triste historia de Colombia. Y prosigue la carta: "Vénguese en fin a Colombia que poseía a Sucre". Y le dice a Flores: "La única cosa que se puede hacer en América es emigrar".

Pero ya ni eso pudo hacer Bolívar. Estaba demasiado enfermo. Sólo alcanzó a llegar a Santa Marta —donde pensaba embarcarse para Jamaica e Inglaterra— para morir el 17 de diciembre de 1830 a los cuarenta y siete años de edad, en una finca prestada por un rico español. Dos médicos, un francés y el cirujano de un buque norteamericano, certificaron su muerte de tuberculosis con los pulmones destruidos. Cuando se conoció la noticia hubo grandes regocijos en Caracas, en Bogotá, en Quito, en Lima.

Unos días antes había dictado su última proclama, que concluía diciendo:

> Si mi muerte contribuye para que cesen los partidos y se consolide la unión, yo bajaré tranquilo al sepulcro.

Ni cesaron los partidos, ni se consolidó la unión. Por el contrario. Se disolvió Colombia (la grande), y la parte que aquí quedó, la República de la Nueva Granada, se partió en dos: bolivarianos (provisionalmente) derrotados y santanderistas (provisionalmente) triunfantes. Se enfrentarían, se mezclarían, se aliarían, se matarían entre sí, se reconciliarían una y otra vez. No los separaban las ideas, sino las personas: Santander y Bolívar. O, más exactamente: los separaban de los unos las personas, y de los otros las ideas, como diría ochenta años más tarde Miguel Antonio Caro.

Familia criolla después
de la Independencia

Uno y diez Bolívares

Había pensado, por enfoque de género, dedicar el perfil de personaje de este capítulo a Manuela Sáenz, que fue "la Libertadora del Libertador" en la "nefanda noche septembrina" y su amante durante los últimos ocho años de su vida: una mujer de gran personalidad y gran belleza, impertinente y valiente, discutida y discutidora, y llena de ímpetus y de enemigos hasta su muerte solitaria en una aldea olvidada de la costa peruana, veinticinco años después de haberse despedido para siempre de Bolívar con un gesto de la mano cuando este salió de Bogotá rumbo a la muerte. Pero no hay duda: en esta época histórica el protagonista que se impone sobre cualquier otro es Simón Bolívar, el Libertador.

El Bolívar de Espinosa

Ilustro este perfil con cuatro retratos de Bolívar. Dos copiados de los que le hizo José María Espinosa al carboncillo, en uno de ellos de corrosca, en 1830: el Bolívar deshecho y ya casi agonizante de los últimos días. Otro que reproduce la silueta de la estatua heroica y melancólica que el escultor Pietro Tenerani le fundió en bronce al Libertador y está hoy en el centro de la plaza mayor de Bogotá: la Plaza de Bolívar. Y otro más: un Bolívar de quince años. Son cuatro Bolívares muy diferentes, y sin embargo verdaderos. Pero hay muchos más. Y todos son distintos, si se mira la muy abundante iconografía bolivariana, desde sus miniaturas sobre marfil de niño rico hasta sus caricaturas de gobernante detestado. Y me refiero sólo a los retratos que se le hicieron en vida, sin contar las innumerables representaciones posteriores patrióticas y aduladoras de los pintores y escultores oficiales, e ignorando por grotesca la absurda cabezota de expresión estúpida que mandó elaborar por computador a partir de su desenterrada calavera el presidente venezolano Hugo Chávez en 2012. Todos los retratos de Bolívar son diferentes. Espinosa, que lo pintó muchas veces, señala en sus memorias una razón: que el hombre no se quedaba quieto.

Eso, en lo iconográfico. En lo descriptivo de quienes lo conocieron en vida —sus amigos, sus enemigos y los embajadores extranjeros— la diversidad es igualmente desconcertante. Unos dicen que era alto, otros que bajito. Unos que negroide, otros más, como el dibujante y naturalista François Désiré Roulin, quien le hizo un célebre retrato de perfil, que era "enteramente vascongado": lo que en España llaman "un chicarrón del norte", con cráneo braquicéfalo de cromañón pirenaico, nuca de toro y antebrazos de levantador de piedras (deporte rural vasco). Y sí, bueno, los Bolívar eran originarios del País Vasco español: pero el Libertador, como todos los criollos, tenía otros veinte apellidos provenientes del resto de España, y también algún ramalazo intruso de esclavos africanos a causa del cual su padre se llevó un chasco al reclamar un título nobiliario: no pudo probar cuádruple limpieza de sangre.

Bolívar era el más criollo de los criollos: descendiente de encomenderos del siglo XVI, terratenientes del XVII, grandes comerciantes y altos funcionarios coloniales del XVIII, y a la muerte de sus padres el heredero más rico de todo el continente. Y americano por su propia tenaz voluntad: quería vehementemente que la América española fuera no sólo independiente de España sino de verdad un Nuevo Mundo para una nueva humanidad. Pero a la vez, por su educación, fue el más europeo de los americanos de su generación. Había pasado años en Europa: primero como jovencito rico que jugaba a la raqueta en Madrid con el príncipe de Asturias y se casaba, también como por juego, con una prima marquesita; y luego, joven viudo disipado en los salones de París y joven estudioso con su maestro Simón Rodríguez por los campos y las ciudades de Francia y de Italia, donde se convirtió en una especie de encarnación viva del Emilio de Jean-Jacques Rousseau.

En la visión de los otros hay también muchos Bolívares. El del poeta inglés lord Byron, que en su honor bautizó su barco con su nombre, es un héroe romántico que representa la lucha por la libertad. Uno que corresponde al héroe por excelencia en la teoría de Carlyle: hombre de muchos combates, de muchos logros y muchas tribulaciones, heroísmos e histrionismos. En la definición que hizo Bolívar de sí mismo: "El hombre de las dificultades". Y es también, para Karl Marx, exactamente lo contrario: en un (hoy) famoso artículo para la *New American Cyclopedia* lo describe como un canalla, epítome de la doblez burguesa: un niño rico criollo de formación española y francesa, sin nada de la seriedad alemana o al menos de la rectitud inglesa, únicas virtudes morales que Marx respetaba. Un mulato del Caribe, un bailarín. Un payaso. Un general cobarde que "delegó en Sucre la cosa militar y restringió sus actividades a las entradas triunfales, los manifiestos y la proclamación de Constituciones", un gobernante frívolo que hacía simulacros de renuncia para hacerse reelegir y recibir poderes dictatoriales.

Aunque tal vez el Bolívar del poeta aristócrata inglés y el del revolucionario alemán que predicaba la abolición de las clases son el mismo: los distintos son ellos. Lo que para Byron son virtudes, para Marx son defectos.

Hay el Bolívar militar, veinte veces victorioso y otras tantas derrotado, pero de quien decía el Pacificador Pablo Morillo, que lo enfrentó por años y con quien acabó fundiéndose en un abrazo masónico, que era "más temible derrotado que vencedor". Un general capaz de crear un ejército libertador a partir de un revoltijo de montoneras realistas, guerrilleros patriotas, esclavos negros fugados, mercenarios europeos, y de conducirlo de batalla en batalla por medio continente. Pero un general político, al que más que los resultados puramente militares de sus incesantes campañas le interesaban sus resultados políticos: la creación de naciones independientes, así como la misma creación del sentido de nacionalidad a través del ejército. De esta forma, por ejemplo, una medida en apariencia estrictamente militar, como el decreto de la Guerra a Muerte de 1813, tenía por objetivo político el de generar odio —a muerte, justamente: un odio "más ancho que el océano que nos separa"— entre americanos y españoles para hacer inevitable la independencia. Que era de lo que se trataba.

El niño Simón

Es ahí, en lo político, donde se encuentra la mayor diversidad de los Bolívares posibles. Por eso han querido y podido nutrirse de él todos los partidos en la historia de Colombia: los conservadores, los liberales, y hasta las guerrillas de inspiración marxista —pese al juicio de Marx—. Porque en los documentos políticos que compuso se encuentran propuestas todas las ideas del espectro político, desde el radicalismo jacobino hasta el absolutismo monárquico. El autoritarismo y el centralismo estaban en el pensamiento del joven Bolívar desde el principio: desde el Manifiesto de Cartagena de 1812; y la tentación dictatorial —o monárquica— no iría más que acentuándose con el paso del tiempo, hasta culminar en el proyecto de Constitución boliviana para Colombia, con su presidente vitalicio y en capacidad de designar a su sucesor. Es sólo por reato de imagen, más que de conciencia, que una y otra vez rechaza Bolívar la corona real de los países libertados: porque prefiere la gloria al poder, y cree que no pueden ir juntos. Porque aprecia más su título de Libertador que el de emperador que pudieran o quisieran darle sus áulicos. "¡Mi gloria, mi gloria! ¿Por qué me la arrebatan?", es el grito final de su desesperación, en vísperas de su muerte.

Pero no es necesario rebuscar mucho en su abundantísima producción escrita, en los miles de páginas de sus discursos, proclamas, decretos, cartas, para encontrar cientos de ejemplos de desconfianza ante la autoridad, o de franco rechazo: "Yo soy un hombre peligroso para la República". "Nada es tan peligroso como dejar permanecer largo tiempo a un mismo ciudadano en el poder". "Ay del hombre que manda solo, y del pueblo que obedece". Una suspicacia frente al poder impropia de un gobernante —de uno que, en sus propias palabras, "ha mandado veinte años"— y propia de un hombre libre: "Contemplaréis afligidos que casi toda la tierra ha sido, y aún es, víctima de sus gobiernos...". Y también, a la vez, la desconfianza ante los pueblos, cuando él mismo contemplaba "la espantosa verdad" de que "son los pueblos, más bien que los gobiernos, los que arrastran tras sí la tiranía".

Sí: pero mandó veinte años, y aunque renunciaba una y otra vez al mando, siempre volvía a él, y lo ejercía de modo dictatorial. Eso era lo que veían los septembrinos que quisieron asesinarlo en 1828: la forma militar de su dictadura, y no los propósitos, por muy altruistas y civilistas que fueran, de esa dictadura. Veían la tiranía. Por eso hasta sus amigos se convertían en enemigos: en Lima, en Bogotá, en Quito, en Caracas. Y por eso también sus medidas de gobierno, sus decretos, sus proyectos de ley, siempre bien orientados, solían tener en la práctica efectos insignificantes o aun contraproducentes. Inclusive su obsesión generosa por la liberación de los esclavos no vino a cumplirse sino veinte años después de su muerte, bajo el gobierno —no ya de Colombia, sino apenas de la República de la Nueva Granada— de uno de sus generales revoltosos. Más que por los resultados —de los cuales el único tangible sería la independencia, como él mismo lo reconoció ante el Congreso de 1830— a Bolívar hay que juzgarlo por sus intenciones, cien veces proclamadas en sus escritos.

Y el de las intenciones es el Bolívar escritor. El mejor Bolívar, y, de paso, tal vez el mejor escritor en lengua castellana de su tiempo, tal como puede leerse en sus cartas a vuela pluma, en sus meditados discursos, en sus elocuentes proclamas, en sus inspirados y a veces visionarios documentos políticos de envergadura. Pero de su obra literaria hay que excluir, a mi juicio, dos textos célebres que en mi opinión son claras falsificaciones póstumas: el pretencioso "Juramento del Monte Sacro", adornado *a posteriori* por su antiguo maestro Simón Rodríguez; y el cursi "Delirio sobre el Chimborazo", que no se sabe quién sacó a la luz años después de la muerte de Bolívar. Juzguen, si no, el primero: tras una pedante lección de historia de Roma —"galeras de una meretriz", "poetas para seducir con su canto", "sibaritas desenfrenados"—, un pomposo juramento: "Dios de mis padres", "cadenas que nos oprimen", "descanso de mi brazo". Ahí estoy de acuerdo —por una vez— con Fernando González en su libro sobre el Libertador: lo que debió decir el joven Bolívar en Roma fue "le juro, mi amigo, que voy a echar de Venezuela a esos cabrones". Y en cuanto al "Delirio": un hombre serio —y Simón Bolívar lo era— no puede, por imposibilidad orgánica, escribir cosas como "llego al Eterno con mis manos, siento las prisiones infernales bullir bajo mis pasos…". El tal "Delirio" es escrito por un lagarto, en prosa de lagarto. Bolívar era retórico desde sus primeros documentos —"Yo soy un hijo de la infeliz Caracas, escapado prodigiosamente…"—, y muchas veces grandilocuente, pero nunca cursi. Por eso pienso que "Delirio" no puede ser suyo, sin más pruebas que mi oído poético.

El Bolívar final

Cito una carta suya dirigida al poeta guayaquileño —lagarto él sí— Joaquín Olmedo, que le había escrito un "Canto" de alabanza tras su victoria en la batalla de Junín: "... sobre el collado que a Junín domina...".

Le criticaba el Libertador al poeta muchos versos de los que pensaba que "o yo no tengo oído musical, o son... o son renglones oratorios". Lo mismo pasa con el atribuido "Delirio", que sería, si fuera auténtico, de esas mismas fechas: no son más que renglones oratorios.

Es el Bolívar crítico literario. Otro Simón Bolívar más.

Algunos libros y fuentes consultados

David Bushnell. *Colombia, una nación a pesar de sí misma.*

Eduardo Caballero Calderón. *Historia privada de los colombianos.*

Gerhard Masur. *Simón Bolívar.*

Germán Arciniegas. *Bolívar y la revolución.*

Indalecio Liévano Aguirre. *Bolívar.*

Indalecio Liévano Aguirre. *Los grandes conflictos sociales y económicos de nuestra historia.*

Javier Ocampo. "El proceso político, militar y social de la Independencia", en Jaime Jaramillo Uribe (ed.), *Manual de Historia de Colombia.*

John Lynch. *Simón Bolívar.*

José María Espinosa. *Memorias de un abanderado. Recuerdos de la Patria Boba (1810-1819)*.

Marie Arana. *Bolívar. American Liberator*.

Mario Laserna. *Bolívar, un euro-americano frente a la Ilustración*.

Salvador de Madariaga. *Bolívar*.

Simón Bolívar. *Papeles de Bolívar: Cartas. Pensamientos políticos. Proclamas y mensajes. Miscelánea. Artículos para la prensa. Familia de Bolívar. Mi delirio sobre el Chimborazo. Papeles de familia. Apéndice: Advertencia. Adición*.

Varios autores (Ed. Universidad del Rosario). *Historia que no cesa. La independencia de Colombia 1780-1830*.

Y míster Google.

VII

GUERRAS

Y

CONSTITUCIONES

(O VICEVERSA)

En la confusión sangrienta de cuarenta y ocho guerras civiles transcurrió todo el siglo XIX. Y se fueron construyendo los dos grandes partidos —Liberal y Conservador— que con sus enfrentamientos y sus complicidades han tejido la historia de Colombia.

Deber del perdedor:
en la derrota
buscar del ganador
la cuota.
Cuarteta anónima decimonónica

Soldados de una revolución
conservadora

Soldados de una revolución
liberal

Muerto el Libertador, desbaratada la Gran Colombia en sus tres pedazos, la parte de la Nueva Granada se dedicó a destrozarse ella también en sus varias regiones. Y en cada región, un caudillo. Todavía el general presidente Santander pudo mantener pacífico y unido el país bajo su gobierno republicano, legalista y civilista: gustaba de vestirse ostentosamente de civil —y ostentosamente con paños de fabricación local y no de importación inglesa, en el marco de la disputa práctica y doctrinal entre proteccionistas de la industria nacional y librecambistas del capitalismo sin trabas ni fronteras—. Pero eran una unidad y una paz de fachada, bajo la cual hervían los odios que su personalidad despertaba.

Al volver de sus años de destierro en Europa y los Estados Unidos, Santander asumió el poder lleno de rencores por saciar. Había sido mejor gobernante como vicepresidente encargado del gobierno en tiempos de las campañas de Bolívar, con el impulso de las guerras y el respaldo del gran empréstito inglés, que como presidente en ejercicio de 1833 a 1837. Tan ahorrativo en lo público como tacaño en lo privado, redujo el ejército —bolivariano de espíritu y venezolano de oficialidad—, que aun terminada la guerra de Independencia era tan numeroso que se comía la mitad del presupuesto exiguo de la república. Pero fomentó la educación sin mirar el gasto, fundando colegios públicos, universidades y bibliotecas. Era un liberal. No sólo en lo económico (Bentham. Librecambio), sino también en lo político. Seguía siendo masón, pero mantuvo buenas relaciones con la Iglesia, y las restableció con el Vaticano, lo que no era fácil, dado el peso diplomático que todavía tenía España. En lo simbólico, diseñó, o hizo diseñar, el escudo de la nueva república, con su cóndor y sus banderas y su istmo de Panamá y sus rebosantes cornucopias de la abundancia: cosas que había, que ya no hay. Y con su lema: "Libertad y Orden". Complementario para unos, contradictorio para otros. Un lema que iba a retratar, a reflejar, a inspirar la historia colombiana de los dos siglos siguientes, en buena parte tejida de sublevaciones por la libertad y de represiones en nombre del orden —o más bien al revés: de represiones y de sublevaciones— y de represiones otra vez.

Pero el logro mayor de Santander fue la entrega del poder tras las elecciones de 1837. No trató de perpetuarse, como durante veinte años lo hizo Simón Bolívar con sus coquetas renuncias a la presidencia y aceptaciones de la dictadura, y como lo hicieron después de modo más brutal sus herederos e imitadores en las nuevas repúblicas: Páez en Venezuela, Santa Cruz en Bolivia, Flores en el Ecuador, La Mar en el Perú, y lo siguieron haciendo durante cien años más —y todavía— sus respectivos sucesores en la historia continental. Con la entrega constitucional y pacífica del poder por el general Santander se inaugura la tradición civilista de Colombia, casi ininterrumpida. Había presentado para su sucesión la candidatura del general José María Obando —fugaz presidente interino entre la elección de Santander y su regreso del exilio—. Perdió. Y, oh maravilla, aceptó la derrota.

Caso inaudito. Más notable todavía si se piensa que el candidato victorioso fue José Ignacio de Márquez, quien había tenido con Santander un serio altercado por una mujer, la célebre Nicolasa Ibáñez, madre del poeta José Eusebio Caro,

futuro fundador del Partido Conservador colombiano. La
Nueva Granada era una aldea, y los chismes de alcoba tan
determinantes como los proyectos constitucionales y las rivalidades entre los caudillos militares.

La bella
Nicolasa Ibáñez

Elegido Márquez se eclipsó de un golpe el largo poder
del general Santander, de quien cuando murió pocos años
más tarde alguien pudo decir que era como si hubiera muerto un muerto.

Las guerras

Y ya su sucesor, Márquez —un civil, liberal moderado, y menos
enfrentado con los generales bolivarianos—, pudo creer que
adelantaría un gobierno en paz. Educación pública, pero sin
llegar a chocar con la enseñanza de las órdenes eclesiásticas.

Leve proteccionismo de la artesanía local frente a las ruinosas importaciones abiertas: pianos ingleses de cola y lámparas francesas de Baccarat, pero también textiles, herramientas, armas, muebles. Obras públicas con los menguados ingresos del fisco. Pero vino la guerra civil. Una de las ocho de proyección nacional —y cuarenta locales— que iba a haber en los dos tercios restantes del siglo XIX. En la mayoría de los casos, con sus correspondientes amnistías.

Vale la pena enumerarlas, para luego explicarlas más a fondo, porque es muy fácil perderse en los enredos de querellas personales de políticos y militares, rivalidades entre regiones, choques entre la Iglesia y el Estado, juicios políticos, fraudes electorales y crisis económicas —o, más que crisis, el endémico estancamiento económico—. No fueron por lo general guerras muy grandes —salvo una o dos— desde el punto de vista de los ejércitos enfrentados. Pero sí causantes de atraso y de aislamiento, aunque también, paradójicamente, generadoras de cohesión nacional: el ruido de las guerras era casi lo único que se oía por igual en todo el país. Y los rezos de los curas.

Esta primera guerra civil —o quinta o sexta, si se recuerdan las de la Patria Boba y la de Independencia, que fue una guerra entre neogranadinos realistas e independentistas… ¿Y habría que incluir como "civil" la de Colombia contra el Perú, recién independizados de España ambos? ¿O la de la Nueva Granada contra el Ecuador, recién disuelta la Colombia grande?—, esta que por comodidad voy a numerar como primera, fue llamada "de los Supremos". Porque cada caudillo participante, con su respectivo título de general, se consideraba a sí mismo el director supremo de la guerra en su provincia, donde era hombre rico y gran hacendado, jefe feudal de peonadas: el reparto republicano de las tierras de los españoles y de los criollos realistas tras la Independencia había dejado una nueva clase de militares convertidos en terratenientes, que en muchos casos coincidía con la vieja clase de terratenientes convertidos en militares.

La guerra la desató desde el Cauca el general José María Obando, y tuvo ya, como lo iban a tener casi todas, un pretexto religioso, o más exactamente clerical: el cierre decretado por el gobierno de los conventos que tuvieran menos de ocho frailes o monjas. Obando, que había sido realista antes que patriota y antibolivariano antes que bolivariano, centralista a veces y federalista otras, y masón convencido como tantos de los caudillos de la Independencia, se descubrió de pronto ferviente católico. En su pronunciamiento —palabra sonoramente hispánica: pronunciamiento es lo que opina un general con mando de tropa, tan determinante en el siglo XIX en las antiguas colonias españolas de América como en la propia España—, desde Pasto se proclamó "Supremo Director de la Guerra, General y Jefe del Ejército Restaurador y Protector de la religión del Crucificado...". Y alzó la bandera de la restauración del rey Fernando VII, que había muerto hacía seis años.

Con Obando, o más exactamente, al mismo tiempo, se sublevaron de manera oportunista quince espadones más, supérstites de la oficialidad de la Independencia, supremo cada cual en su región respectiva: Santa Marta, Pamplona, Tunja, Mariquita, Antioquia, El Socorro, Panamá... Los generales bolivarianos salieron en defensa del gobierno de Márquez: Tomás Cipriano de Mosquera, Pedro Alcántara Herrán, con sus charreteras de la Guerra Grande y sus tropas levadas a la fuerza, como lo eran también las de los generales revoltosos. Y al cabo de tres años triunfó el gobierno de Márquez, o más bien sus generales bolivarianos, que le sucedieron en el poder uno tras otro.

La segunda guerra importante fue la de 1851. El gobierno liberal de José Hilario López llevó a cabo la largamente prometida abolición de la esclavitud, y se alzaron enfurecidos los terratenientes esclavistas. Los encabezaba en lo político el jefe conservador y antiguo conspirador septembrino Mariano Ospina Rodríguez, y en lo militar el poeta romántico Julio Arboleda. Fueron derrotados por las fuerzas del gobierno.

A continuación, tres años más tarde, en 1854, un confuso episodio del que hablaré unas páginas más adelante: la breve dictadura populista del general Melo en Bogotá, aplastada de nuevo por los generales de turno, Herrán y Mosquera.

Luego, la Guerra Magna, que duró del 59 al 62. Los abusos electorales del gobierno conservador de Mariano Ospina Rodríguez causaron el levantamiento de Mosquera en el Cauca, seguido por el de otros Estados de lo que para entonces era la Confederación Granadina. Fue la única insurrección del siglo ganada por los insurrectos, y tuvo serias consecuencias, que veremos más adelante.

Un año más tarde, en 1863, la breve guerra del Ecuador contra el general Flores.

Y finalmente, en el año 76, la Guerra de las Escuelas. De nuevo los conservadores se levantaron contra el gobierno liberal, que pretendía imponer en Colombia la educación pública, obligatoria, gratuita y laica. Una vez más fueron derrotados.

(Después hubo otras dos guerras civiles en lo restante del siglo XIX. La de 1885 y la que empezó en 1899, llamada de los Mil Días: las dos quedan por fuera del compás de este capítulo).

José Hilario López

José María Obando

Tomás Cipriano de Mosquera

Manuel Murillo Toro

Aquileo Parra

Mariano Ospina Rodríguez

Galería de bigotes mesodecimonónicos

Los partidos

Volviendo atrás: primero gobernó Herrán, bastante previsible y sin consecuencias. Pero a continuación vino Mosquera, completamente imprevisible: un general conservador que fue el primer reformista liberal habido aquí desde... por lo menos desde el virrey Ezpeleta.

Dije "liberal". Porque ya se formaban los dos grandes partidos que han hecho o deshecho la historia republicana de Colombia, el Liberal y el Conservador. Veinte años antes no eran otra cosa que una doble mezcolanza confusa de bolivarianos y santanderistas, separados más por sus temperamentos que por sus ideologías, o incluso que por sus intereses. Se dividían, imprecisamente, en derecha los conservadores e izquierda los liberales, y venían, también imprecisamente, los primeros del partido realista o godo de la Independencia y los segundos del partido patriota: pero en muchos casos esto era exactamente al revés: los dirigentes de ambos partidos tendían a ser oportunistas. Unos y otros eran republicanos en lo político, por la influencia ideológica de Francia. Y en lo económico, por la influencia práctica de Inglaterra, librecambistas todos, con las escasísimas excepciones proteccionistas de la (derrotada) facción "draconiana" de los liberales.

El origen oficial de los dos partidos se encuentra en sendos artículos de periódico. El de los liberales, en uno publicado por el santanderista septembrino Ezequiel Rojas, político profesional, en *El Aviso*, en 1848. El de los conservadores, en un manifiesto firmado en *La Civilización*, en 1849, por el también septembrino y también político profesional Mariano Ospina Rodríguez y por el poeta (y político) José Eusebio Caro.

Los llamados "retrógrados", de origen bolivariano, autoritarios y centralistas, militaristas, clericales, pasarían luego a llamarse "ministeriales", y finalmente conservadores. Religión católica como eje de la sociedad, alianza de la Iglesia y el Estado, que le confía a esta la enseñanza, defensa a ultranza de la propiedad, incluida la de esclavos —aunque con discrepancias: Caro, poeta romántico, le reprochaba al frío jurista Ospina su condición de "mercader de carne humana"—. Civilización contra barbarie. Gobierno fuerte. Ejército permanente.

Los jefes conservadores eran terratenientes, comerciantes, abogados, clérigos, gamonales de pueblo. Sus seguidores se reclutaban en el campesinado, por el poder de los púlpitos. Eran fuertes sobre todo en Antioquia, Boyacá y Nariño.

Los que terminaron teniendo el nombre de liberales habían sido santanderistas, luego federalistas y civilistas —aunque había entre ellos muchos militares con mando en plaza— bajo el nombre de "progresistas". Eran en principio anticlericales y librepensadores —aunque fieles católicos: pero no apostólicos, y muy poco romanos—. Abogaban por las libertades políticas y económicas —de palabra, de prensa, de cultos, de enseñanza, de industria y de comercio—. Eran partidarios de la separación de la Iglesia y el Estado, de un gobierno débil y un ejército reducido, y de gran autonomía para las provincias. Abogados, estudiantes, comerciantes, también gamonales de pueblo, militares en ascenso social —los dos partidos eran multiclasistas, dejando por fuera a los indios, que no participaban en política—. Sus partidarios eran los artesanos de las ciudades, los esclavos libertos de las grandes haciendas. Su fuerza estaba en las costas de los dos mares, en las ciudades, en Santander y en Bogotá.

Y con los partidos venían los periódicos. Los había por docenas, generalmente efímeros: a veces no duraban más que una sola campaña electoral o una sola guerra civil. Todos eran políticos: ni de información mercantil —buques que llegan, etcétera: pero como no llegaban buques...— ni de información general: no hubo ningún émulo del *Aviso del Terremoto* de 1785. Todos eran trincheras de combate. Desde los días de Nariño y Santander, cada jefe político o militar fundaba el suyo, y cada periodista aspiraba a convertirse en jefe político y militar, y, en consecuencia, en presidente de la república. La cual, sin dejar nunca de ser republicana —pues tras la muerte de Bolívar no volvió a haber aquí veleidades monárquicas como en Haití o en México o en el Ecuador— cambiaba a menudo de nombre. Tuvo seis, desde que se disolvió la Gran Colombia: República de Colombia de 1830 al 32, Estado de la Nueva Granada hasta el 43, República de la Nueva Granada hasta el 58, Confederación Granadina hasta el 63, Estados Unidos de Colombia hasta el 86, y otra vez República de Colombia desde entonces. Siempre siguiendo la terca convicción semántica de que cambiando el nombre se cambiará la cosa. Pero no. Cada nuevo país seguía siendo igual al viejo bajo la cáscara cambiante de la retórica política.

El régimen liberal

Llegó al poder en 1845 el general conservador Tomás Cipriano de Mosquera, señor feudal del Cauca: y resultó que era un liberal reformista y progresista. No sólo en lo económico, donde ya empezaban a serlo todos, sino también en lo político y lo administrativo. Su gobierno desmanteló los estancos —del tabaco, de la sal, del aguardiente— privatizándolos y dando así sus primeras alas al capitalismo poscolonial. Pero también impulsó iniciativas públicas de envergadura, como la contratación de los estudios científicos de la Comisión Corográfica, dirigida por el ingeniero y cartógrafo italiano Agustín Codazzi, viejo compañero suyo de las guerras de Independencia; o la construcción del ferrocarril de Panamá entre los dos océanos; o la reanudación de la navegación a vapor en el río Magdalena, abandonada desde los tiempos de Bolívar.

La navegación
en el Magdalena

Su sucesor, el ya resueltamente liberal general José Hilario López, cumplió por fin la largamente postergada promesa de Bolívar de abolir la esclavitud. Lo que provocó la reacción conservadora bajo la forma de una guerra, como ya se dijo. Y con Mosquera y López se inauguró una larga etapa de predominio liberal que los historiadores han llamado la Revolución Mesodecimonónica: de la mitad del siglo XIX.

Liberalismo económico y político. Si las ideas económicas —es decir, el librecambismo— venían de Inglaterra, para las ideas políticas la fuente seguía siendo Francia: la revolución parisina del 48 trajo a Colombia, con el romanticismo, un vago relente de liberalismo social y de socialismo proudhoniano que iba a prolongarse en un régimen liberal por más de cuarenta años, con las interrupciones inevitables de las guerras. Y con dos paréntesis. Uno desde la izquierda y otro desde la derecha.

El de la izquierda fue, en el año 54, la breve dictadura social del general José María Melo, que le dio un incruento golpe de cuartel al presidente liberal José María Obando y lo puso respetuosamente preso en el palacio presidencial. Un golpe casi protocolario: primero invitó a Obando a que se lo diera a sí mismo, y no quiso. Se trataba nada menos que de rebelarse contra el capitalismo naciente: a favor del proteccionismo económico, y contra el libre comercio impuesto universalmente por Inglaterra, pues con la independencia política de España sus antiguas colonias cayeron de inmediato bajo la dependencia económica de Inglaterra. La fuerza social detrás de la tentativa golpista, además de las tropas de la Guardia Nacional que comandaba Melo, eran los artesanos de Bogotá, reunidos en las populares Sociedades Democráticas apadrinadas por una facción del Partido Liberal: la de los proteccionistas enfrentada a la librecambista.

Hay que advertir que casi antes de que se formaran en Colombia los partidos Liberal y Conservador se habían formado ya las facciones internas de los dos. Tan frecuente en los escritos políticos de la época es la expresión "división liberal", o "división conservadora", como los nombres de las dos colectividades. La división entre gólgotas y draconianos no era como casi todas una división personalista de jefes, sino aquí sí ideológica. Los gólgotas, que se llamaban así porque decían inspirarse en el sacrificio de Cristo en el monte calvario, eran librecambistas, civilistas, legalistas, federalistas, y derivarían en los llamados radicales que monopolizarían el poder en las décadas siguientes. Los draconianos —por el implacable legislador griego Dracón— eran proteccionistas, centralistas, autoritaristas, nostálgicos de un fantasioso bolivarianismo libertario, y, de manera imprecisa, socialistas de oídas. Prácticamente todos los estamentos del país —salvo los artesanos y sus protectores intelectuales, estudiantes y periodistas— eran para entonces librecambistas: los comerciantes, los hacendados, los propietarios de minas, por interés; y los abogados, por convicción ideológica. Lo venían siendo desde la Independencia, y lo siguen siendo hoy: la vocación del país es de exportador de materias primas —oro y quina y bálsamo de Tolú entonces; oro y carbón y petróleo hoy—. Y de importador de todo lo demás: telas y fósforos y máquinas de coser y corbatas y machetes ingleses; muebles y vajillas y vinos franceses; harinas y salazones de los Estados Unidos.

El general Melo
y su caballo

Por eso la aventura de Melo y los draconianos con los artesanos de Bogotá ha sido barrida de la historia oficial bajo el rótulo infamante de dictadura militar populista. En realidad fue una romántica tentativa de democracia socialista. Un choque de fabricantes contra comerciantes. "De ruanas contra casacas", lo definió un periodista satírico draconiano, el Alacrán Posada. Se dijo también: de guaches contra cachacos. Terminó a los pocos meses con la derrota de los guaches y de la guarnición de Bogotá ante las armas del ejército constitucional mandado por —otra vez— Mosquera y Herrán.

Antes de firmar su rendición, Melo, que era un jinete apasionado, mató de un pistoletazo a su caballo favorito para que no lo fueran a montar sus vencedores. Desterrado a las selvas del río Chagres, en Panamá, escapó a México para hacerse matar combatiendo con las tropas de Benito Juárez contra la invasión francesa. Era un romántico.

Fue también, con Simón Bolívar, el único presidente colombiano del siglo XIX que no tenía ni barba ni bigotes. No le crecían: era un indio pijao del Tolima. Con su contemporáneo Juan José Nieto, mulato cartagenero que ocupó la presidencia en sustitución de Mosquera, es también el único que no ha sido oficialmente de raza blanca.

El paréntesis de la derecha fueron los cuatro años del gobierno conservador de Ospina Rodríguez, del 57 al 61, ocupados en buena parte por la guerra. A Melo, es decir, al derrocado Obando, lo había sucedido el conservador moderado Manuel María Mallarino, inventor de los gobiernos bipartidistas paritarios. Pero luego vino Ospina, para quien se creó la expresión "godo de racamandaca", con un gobierno conservador hegemónico cuyos atropellos electorales y políticos desembocaron en una nueva guerra civil. Ospina trajo de vuelta a los jesuitas, a quienes Mosquera había expulsado y volvería a expulsar, y pretendió lograr la anexión del país a los Estados Unidos "como único medio de conseguir seguridad". No tuvo tiempo de hacerlo. La revolución levantada por Mosquera en el Cauca triunfó en todo el país y devolvió el poder a los liberales, que procedieron a redactar una nueva Constitución.

Era lo habitual. Cada guerra civil traía en su impedimenta una nueva Constitución, y cada Constitución provocaba una nueva guerra civil generalizada —además de varias guerritas locales—, desde que se impuso —constitucionalmente y como consecuencia de una guerra— el sistema federal que daba a los Estados, las antiguas provincias, ejércitos propios. Además había elecciones: nunca se dio el caso de que una guerra impidiera la celebración de elecciones, que ya se habían convertido en una verdadera adicción nacional, en un vicio. Elecciones en las que regularmente todos los participantes denunciaban el fraude y el tráfico de votos —a partir de la instauración del sufragio universal—, y que provocaban brotes de violencia local que a veces degeneraban en otra guerra civil. Para las elecciones presidenciales de 1849, que tuvieron que ser perfeccionadas —rematadas— por el Congreso, anunció su voto el dirigente conservador Ospina Rodríguez: "Voto por [el liberal] José Hilario López para que no asesinen al Congreso".

Constitucionalista
colombiano a punto de ser
aplastado por una nueva
Constitución

Pero no hay que entender estas violencias como dirigidas a oprimir al pueblo, que se mantenía pacíficamente oprimido desde la Colonia. Sino destinadas a disputar con el partido opuesto el botín del Estado, utilizando al pueblo como carne de cañón. Literal o electoralmente. Un país de dos pisos. El de arriba jugaba a la política y el de abajo ponía los muertos.

Una vez ganada la guerra del 59-62 bajo la dirección del general Mosquera, los liberales, digo, procedieron a afianzar su régimen promulgando una nueva Constitución, para lo cual se convocó una convención en la ciudad de Rionegro, en Antioquia, en 1863. Ya en el 61, Mosquera, proclamado presidente provisorio, le había propinado a la Iglesia un tremendo golpe: el decreto de "desamortización de bienes de manos muertas", es decir, de expropiación de las tierras heredadas por la Iglesia de sus feligreses difuntos, que la convertían en la más grande terrateniente del país. El objeto era el de proveer al Estado de recursos para sus obras públicas y para el pago de la agobiante deuda externa, que crecía sin cesar por la acumulación de los intereses no pagados. Pero no se consiguió porque los remates de los bienes expropiados se hicieron a menosprecio y en fin de cuentas fueron a enriquecer a quienes ya eran ricos: gólgotas influyentes en su mayoría, que podían cumplir las condiciones de cómo, cuándo y cuánto se podía ofertar por lo subastado. Ni ganó el Estado ni la distribución de la tierra que se esperaba ocurrió: el latifundio clerical pasó entero, y barato, a manos privadas.

Bienes de
manos muertas

234

La Constitución de Rionegro, homogéneamente liberal, tenía por objeto principal reducir el poder del Estado central y del poder ejecutivo, y aumentar a su costa el de las regiones: los Estados soberanos. Consagraba todas las libertades, abolía la pena de muerte, prácticamente suprimía el ejército a órdenes del gobierno central: creando en cambio, más fuertes que este, los ejércitos de los Estados. Y debilitaba también los poderes presidenciales al limitar su ejercicio a períodos de dos años. Lo cual, por otra parte, abría el campo para que cupieran más ambiciones: en Colombia nunca han faltado los aspirantes a la presidencia; en muchos casos, hasta para ocuparla unos pocos días. La Constitución del 63, en fin, separaba de tajo la Iglesia del Estado: era una carta militantemente laica. Por sus raíces románticas algún lagarto fue a mostrársela en Francia al gran poeta Victor Hugo, que opinó —o eso dijo el lagarto— que era "una Constitución para ángeles". Nunca se supo si se trataba de un elogio o de una crítica —ni si lo dijo en realidad—.

El poder del liberalismo radical a partir de la nueva Constitución se estableció en torno a la personalidad de su máximo jefe, el político tolimense Manuel Murillo Toro. Una verdadera novedad en nuestra historia: no era abogado, sino médico, y no era militar, sino civil. Periodista, eso sí, como todo el mundo. Fue presidente por dos períodos —en 64-66 y en 72-74—, y en torno a él lo fueron, en los breves turnos de dos años instituidos por la Constitución con el propósito de frenar al general Mosquera, media docena de radicales más o menos intercambiables: políticos de provincia —Santander, Boyacá, el Tolima, Cundinamarca—, periodistas, oradores, algún general. Y con ellos, otra novedad: quince años de paz.

Y también de progreso. Crecían las exportaciones, en un principio empujadas por el tabaco, cuyos cultivos se habían disparado con la abolición del monopolio oficial. Entraban a producir las tierras de "manos muertas", y los bienes urbanos eclesiásticos expropiados ingresaban al mercado. La autorización de la banca libre sirvió para garantizar la financiación de nuevas exportaciones, y surgieron bancos en Bogotá, Medellín, Cartagena. La riqueza de los habitantes creció, empezando por la de los esclavos emancipados en el 51, salvo —una vez más— para los indios, a quienes la nueva y liberalizante disolución de los resguardos empobreció aún más, convirtiéndolos definitivamente en peones de hacienda. La población, que había disminuido a principios del siglo con las guerras de la Independencia, empezó a recuperarse desde los años treinta, se duplicó en una generación para llegar a 2.243.730 habitantes en el censo del año 51, y había crecido en 600.000 personas más para el del 70. Bajo los gobernantes radicales empezó a ser manejable la agobiante deuda externa. Crecían las ciudades, se hacían puentes y caminos, se instalaba el telégrafo, se tendían líneas de ferrocarril, pese a que tales cosas requerían increíbles forcejeos jurídicos: por ejemplo, el gobierno central no pudo planear, como lo intentó durante una década entera, la construcción de una vía férrea que comunicara todo el país, desde Buenaventura en el Pacífico hasta Santa Marta en el Caribe, pasando por Bogotá, porque eso constituía una intromisión inconstitucional en los asuntos internos de los Estados soberanos.

Sí, bueno, muy bonito. Pero ¿quince años de paz? Colombia se aburría.

Así que dicho y hecho: indignados por la pretensión de los radicales de establecer la enseñanza gratuita y obligatoria, y encima pública, y por añadidura laica, quitándole a la Iglesia su control tradicional otorgado por Dios, los conservadores azuzados por el clero hicieron estallar la que se llamó Guerra de las Escuelas, en 1876. Se apalancaban en el *Syllabus* que unos años antes había escrito y promulgado el papa Pío IX: una lista de los principales "errores funestísimos" del mundo moderno, de los cuales el primero era el liberalismo.

Fue una guerra muy sangrienta. La perdieron. Pero el régimen radical quedó herido en el ala, y el Partido Liberal de nuevo dividido: le salió una excrecencia a su derecha, encabezada por el varias veces ministro Rafael Núñez. El cual, tras pronunciar en el Senado un discurso ominoso sobre el tema de "regeneración o catástrofe", emprendió el camino de una nueva alianza con el Partido Conservador —y con la Iglesia misma— que lo llevaría al poder en calidad de "liberal independiente".

A continuación fue elegido presidente por dos años de manera pacífica. Por el momento.

En el Capitolio Nacional —un edificio cuya construcción se inició bajo el gobierno del general Tomás Cipriano de Mosquera— sólo hay dos estatuas en pie, que en dos patios separados se dan mutuamente la espalda. Son dos tránsfugas. El mismo Mosquera, que en 1845 pasó del Partido Conservador al Liberal, y Rafael Núñez, que pasó del Partido Liberal al Conservador cuarenta años más tarde.

Delante del Capitolio, en la plaza mayor, está la estatua de Simón Bolívar. El padre de los dos grandes partidos les da la espalda a los dos.

Un resumen: muchas guerras feroces y mucha politiquería partidista. Pero uno de los guerreros feroces de ese siglo, que participó activamente en varias de ellas, primero como conservador y después como liberal, y se enfrascó de uno y otro lado en las luchas políticas en calidad de poeta, de diplomático y de periodista, Jorge Isaacs, escribió una novelita romántica de amor sentimental que tituló *María*, y la publicó en el año de 1867. Y todos los colombianos, liberales y conservadores al unísono, interrumpieron sus disputas para llorar un rato.

María, 1867

Yo, Tomás Cipriano

La numerosa
familia Mosquera

A mediados del siglo XIX, para donde uno mirara en Colombia había un Mosquera. El presidente de la república solía ser el general Tomás Cipriano de Mosquera, que lo fue cuatro veces: de 1845 a 1849 por el Partido Conservador, de 1861 a 1863 y de 1863 a 1864 por el Liberal, y de 1866 a 1867 por su propio impulso, para caer a continuación derrocado por el hastío y la impaciencia de sus conciudadanos. Lo hubiera podido ser una quinta vez en 1869 de haber aceptado, como le proponían los conservadores, una candidatura bipartidista. Pero él, que había inventado la fórmula veinticuatro años atrás, y que diez años antes había anunciado como candidato semibipartidista que si de sus dos rivales ganaba el conservador lo derrocaría alzándose con los liberales, y si ganaba el liberal lo tumbaría en alianza con los conservadores —y así lo hizo—, esta vez se dio el lujo de declinar la oferta:

> Si la unión de los hombres de los dos partidos Liberal y Conservador no significa sino el triunfo de mi candidatura, para entrar después en luchas y exigencias personales, no acepto la unión ni la candidatura.

Cuando no era presidente él, lo era alguno de sus parientes. Su hermano Joaquín, que sucedió a Bolívar en 1830, su yerno Pedro Alcántara Herrán en 1841, su primo (aunque bastardo) José María Obando en el 31 y en el 53. Si alguien encabezaba una sublevación, era un sobrino suyo: Julio Arboleda. El arzobispo de Santafé de Bogotá, primado de la Nueva Granada, era o bien su hermano Manuel José Mosquera —de 1834 hasta su autoexilio en el 52: sabio, prudente y santo; y que, dicen, iba para papa si no se hubiera muerto cuando lo iban a hacer cardenal. De ahí el refrán: si el arzobispo tuviera ruedas…—, o bien su sobrino Antonio Herrán (del 53 al 66). Los más importantes cargos diplomáticos —Londres, París y Washington— los ocupaba otro hermano suyo, Manuel María, cuando el propio Tomás Cipriano no era embajador en los respiros que le dejaban las guerras y las presidencias. Manuel María negociaba empréstitos, y se hizo muy rico. Tomás Cipriano buscaba más bien la pompa diplomática: se hacía recibir por la emperatriz Eugenia de Francia o por la reina

Victoria de Inglaterra, a quienes llamaba confianzudamente "primas", y publicaba en Londres manuales de geografía y encargaba en París vistosos uniformes militares de ave del paraíso: "Como los del mariscal Murat", le recomendaba al sastre: el más fantoche de los mariscales del Imperio de Napoleón.

Y cuando no era presidente de la república —ya se llamara esta Nueva Granada, Confederación Granadina o Estados Unidos de Colombia— era presidente del Estado del Cauca; o de varios Estados a la vez: el Cauca, el Tolima, Antioquia; o comandante del ejército; o presidente del Senado; o secretario de la Guerra; o Director Supremo de la guerra civil correspondiente.

Eso venía de atrás. Su tío paterno —otro Joaquín, como su hermano— había sido nada menos que presidente de la Junta de Regencia de España durante la prisión en Francia del rey Fernando VII, en 1810. La de los Mosquera era la familia más rica de Popayán, que era la provincia más rica de la Nueva Granada: fincas, minas, esclavos. Familia numerosa: en su generación eran trece hermanos. Familia resueltamente endogámica: los padres de Mosquera eran primos hermanos, y él mismo se casó con una prima y, tras enviudar, con una de sus muchas sobrinas. Y familia orgullosa que se pretendía la más linajuda del virreinato: descendiente de encomenderos caucanos hijos de conquistadores del Perú que a su vez provenían de la más alta aristocracia de Andalucía: de Guzmán el Bueno, que en Tarifa luchó contra los moros en el siglo XIII. Y por otra rama —al parecer por el lado Figueroa—, de Príamo, rey de la antigua Troya, el cual era a su vez bisnieto del dios Zeus y de una de las Pléyades, como es sabido desde Homero.

Al borde de la muerte, cuando a los ochenta años dictó su testamento en la vieja casa de su hacienda de Coconuco, en las afueras de Popayán, el general Mosquera compuso así su primer párrafo:

> Yo, Tomás Cipriano Ignacio María de Mosquera-Figueroa y Arboleda-Salazar Prieto de Tobar Vergara Silva Hurtado de Mendoza Urrutia y de Guzmán, declaro: Que nací el 26 de septiembre de mil setecientos noventa y ocho, día jueves, primer día de menguante, a las ocho de la noche en la casa de mis padres, situada en Popayán en la calle de la Pampa. Fueron mis padres [y

aquí los nombres compuestos y los dos apellidos de su padre y su madre, sus abuelos paternos y maternos; y unos cuantos datos informativos] […] por la línea de mi padre desciendo del príncipe Dorico de Moscovia y de los duques de Feria y Alba […] de varios soberanos […] de Grandes de España […] y de Guzmán el Bueno.

Con la misma megalomanía grandilocuente de ese primer párrafo testamentario había vivido Mosquera toda su larga y agitada vida. Cuatro presidencias, seis guerras, una herida de mosquete en la cara, una bancarrota en Nueva York, dos exilios, cinco embajadas, dos matrimonios, ocho hijos en cinco mujeres, dos legítimas y tres no, de los cuales tuvo el último a los setenta y nueve años de edad. Todo, ostentosamente frente al público. Una vida de teatro.

Admirado, odiado, temido, siempre fue considerado un personaje estrafalario, extravagante, que oscilaba entre la farsa de vodevil y la grandeza política. Militar, estadista, diplomático, negociante, periodista, escritor, geógrafo… pero en las enciclopedias todos los personajes decimonónicos hispanoamericanos son descritos de ese modo: "General, abogado, político y poeta [ecuatoriano o uruguayo]…". En ese campo de escritor a Mosquera no le faltó variedad. Memorias, libros de geografía física y política, libelos denunciatorios, panfletos defensivos. Versos originales no compuso: pero sí comenzó a traducir a Torquato Tasso del italiano, que hablaba al igual que el inglés y el francés. El latín no, porque a diferencia de sus hermanos no había ido a la universidad por alistarse en el ejército. Periodista: todos los espadones de la época dirigían un periódico, sí: pero es que el suyo, siendo conservador, se llamaba *El Amigo del Pueblo*, como el del jacobino Jean-Paul Marat en la Revolución francesa. Rico, pobre, y otra vez rico. Fatuo y fanfarrón, petulante y soberbio, amante del fasto y del ruido. Cuando era presidente salía a pasear por las calles de Bogotá precedido por una banda de guerra de tambores y trompetas y seguido por una destacamento de húsares a caballo con los sables desnudos. Para ingresar a la masonería fundó su propia logia nueva, en la que se hizo otorgar de entrada el grado Treinta y cuatro, a sabiendas de que el más alto era el Treinta y tres (por la edad de Cristo). Y en sus días malos de desgracia política y económica les daba unas monedas a los mendigos a cambio de que gritaran a voz en cuello "¡Viva el Gran General!". Porque tras uno de sus triunfos militares se había hecho conceder por el Congreso ese título inédito y estrambótico.

Se esforzaba por copiar al Libertador Bolívar, de quien había sido edecán y que lo había nombrado general. También le había regalado una de sus espadas, con la cual se mandó retratar una y otra vez en los daguerrotipos desde que llegó a la Nueva Granada ese arte. Don José María, su padre, lo consideraba un tarambana que sólo pensaba en derrochar el vasto patrimonio familiar. "Derramo el oro a manos llenas", había dicho alguna vez. Su hermano, el arzobispo de Bogotá, lo consideraba un loco y un ateo y un adúltero. Su sobrino, el poeta, abogado, militar y político Julio Arboleda, lo describía así:

> En la milicia
> es general en jefe.
> En diplomacia
> Primer embajador.
> En obstetricia
> el único partero.
> Y en la farmacia
> boticario mayor.
> Y es papa en Roma.
> Y en Turquía, Mahoma.

No era Bolívar, como a veces creyó. Ni tampoco una copia: era una caricatura de Bolívar. Tal vez un gran hombre. En todo caso, un hombre fuera de lo ordinario.

Pero ante todo, y decididamente, un militar. Militar de vocación: tal cosa ha existido siempre. Lo suyo era la guerra. Se enroló siendo casi un niño en los ejércitos patriotas de la Patria Boba, a las órdenes de Antonio Nariño. Fue edecán de Bolívar, por la amistad de este con su padre. En la acción de Barbacoas en 1824 contra el guerrillero realista Agustín Agualongo —a quien derrotó— fue herido de un balazo que le voló media quijada. Pudieron recomponérsela con una chapa de plata que le dejó para siempre constantes dolores y un impedimento en la lengua: le dieron el apodo infame de Mascachochas, a causa de los extraños ruidos que hacía al hablar y que más tarde, en la política, volverían casi incomprensibles sus discursos parlamentarios. Su primera derrota en el campo de batalla vendría cuatro años después, cuando los alzamientos del sur contra la dictadura de Bolívar, en la batalla de La Ladera. Su vencedor fue su pariente lejano el general sublevado José María Obando; y esa derrota le dejaría a Mosquera un odio irreconciliable que habría de tener grandes consecuencias en la vida de la república.

**El Gran General
Tomás Cipriano de Mosquera
disfrazado de sí mismo**

En adelante, sin embargo, su vida castrense estuvo hecha de triunfos, a veces acompañados de crueles represalias sobre los vencidos. En la Guerra de los Supremos, cuando al mando de las tropas del gobierno tuvo la satisfacción de aplastar a su enemigo Obando obligándolo a escapar al Perú por en medio de la selva. En la lucha contra la breve dictadura del

general José María Melo del año 54. En la llamada Guerra
Magna de 1859, que él mismo desató desde el Cauca contra
el gobierno conservador de Mariano Ospina Rodríguez. Y en
la breve guerra de 1863 contra el Ecuador, cuando no vaci-
ló en abandonar la presidencia que ocupaba para viajar a la
frontera a comandar personalmente las acciones. Tenía ya
sesenta y cinco años, y se enfrentaba a un viejo compañero
de la lucha independentista: el general bolivariano Juan José
Flores, varias veces presidente del Ecuador, que tenía sesenta
y cuatro: viejos para la época. Mosquera lo venció en la batalla
de Quaspud, y por esa victoria el Congreso le dio el título de
Gran General mencionado más atrás.

Pero la guerra civil del 76 lo cogió ya demasiado viejo para
participar en ella. Ya no usaba uniforme militar con alamares
dorados y pesadas charreteras y al cinto la espada de Bolívar:
sólo vestía levita gris.

Su trayectoria política, en cambio, estuvo hecha de altibajos. Durante veinte años dominó la vida pública del país, como
lo había hecho durante otros tantos su modelo Simón Bolívar.
Pero a costa de tropezones y caídas, de sublevaciones, de traiciones, de destierros, de cárceles (breves), de un juicio ante el
Senado en 1867: el tercero de nuestra historia, después del de
Antonio Nariño en 1819 y del de José María Obando en 1855.
Un juicio orquestado por los liberales que se sentían traicio-
nados por él, y que lo sentenciaron a tres años de ostracismo
en Lima. De allá fueron a intentar rescatarlo los conservadores
para llevarlo nuevamente a la presidencia. Como al comienzo de su carrera electoral, veinte años antes, cuando fueron
los conservadores quienes respaldaron su primera candidatura
presidencial: cerrando el círculo. Tenía entonces una nieta de
un año: ahora, un hijo de la misma edad.

Esa primera presidencia de 1845 fue la más larga —cuatro
años completos, hasta el 49—, y la más sorprendente. Se esperaba lo peor: su propia mujer lo advertía diciendo: "Tomás
en la presidencia va a ser como un mico en un pesebre". Y
en cierto modo lo fue. Elegido como conservador bolivariano, resultó santanderista liberal, reformista, progresista; pero
práctico e inesperadamente serio.

Su segunda administración, del 61 al 63, empezó con
una guerra civil: su levantamiento con los liberales contra el

gobierno homogéneamente conservador de Mariano Ospina Rodríguez. Ganó la guerra, se proclamó presidente provisorio, convocó la Convención de Rionegro del año 63 que promulgó una nueva Constitución y lo eligió para su tercera presidencia, hasta el 64. Pero redujo el período presidencial a dos años: ya conocían a Mosquera, y no le tenían confianza. Tan poca, que a continuación lo enviaron a una especie de exilio dorado como ministro plenipotenciario ante varias cortes europeas.

De Europa volvió —habiendo intercambiado con la familia de Napoleón un mechón de cabellos del Emperador por otro del Libertador Bolívar— para lanzarse de nuevo a la presidencia, y ganarla una vez más, en 1866. Se enfrentó al Senado, lo clausuró, fue derrocado y preso, juzgado por el mismo Senado y condenado a tres años de destierro, que como sabemos pasó en Lima, dedicado a lo que él solía llamar "otro gran pensamiento": la redacción de un gran tratado científico sobre todas las cosas, modestamente titulado *Cosmogonía: estudio sobre los diversos sistemas de la creación del universo.* Desde Lima rechazó la oferta conservadora de una nueva candidatura presidencial, como ya se dijo. Y sólo regresó a Colombia para ser una vez más elegido presidente del Estado soberano del Cauca, casarse una última vez y tener un último hijo.

Pero este esbozo de la familia Mosquera quedaría incompleto sin ahondar en la relación con otro de sus miembros, que fue algo así como el eterno gemelo enemigo del Gran General: otro general y caudillo caucano, guerrero de la Independencia y presidente de Colombia —aunque no cuatro sino sólo dos veces, brevemente las dos—, José María Obando. La rivalidad entre los dos parientes ocupó un tercio del siglo XIX. Se odiaban. El orgulloso Mosquera miraba al otro desde la altura de sus abolengos, despreciándolo en tanto que hijo natural: "Nieto ilegítimo", escribía, "de una mujer que era nieta del hermano de uno de mis bisabuelos [y] como relacionado le habíamos reconocido el grado noveno de parentesco legal". Y lo describía así: "Lisonjea todas las pasiones de aquellos a quienes necesita. Miente sin rebozo, y no se cree obligado a pagar servicios, dinero ni favores. Se enternece y llora con facilidad, y manda matar riéndose".

Obando, por su parte, retrataba a Mosquera: "Es el hombre más doble, el amigo más falso, el hipócrita más refinado y la fiera más astuta… ¡Ah! Pérfido hombre que quiere arrastrar la patria al carro de su ambición, de su fatuidad, de su venganza personal y de su ridículo…".

Mosquera y Obando
tratando de matarse

Se odiaban. Como en la célebre novelita de Joseph Conrad, *Los duelistas*, se pasaron media vida tratando de matarse el uno al otro. Se desafiaron en duelo, cara a cara. Tuvieron dos: en el primero, muy jóvenes ambos, el propio Bolívar tuvo que separarlos antes de que dispararan; en el otro, al uno le falló la pistola, y el otro disparó al aire. Se enfrentaron en batalla campal, a la cabeza cada uno de un ejército: la primera la ganó el uno en La Ladera, cerca de Popayán, como ya se ha dicho; la segunda, el otro en La Chanca, cerca de Cali. Se combatieron electoralmente: dos veces ganó el uno, cuatro veces el otro. Obando llegó primero a la presidencia, como interino sustituto del exiliado general Santander, elegido como liberal después de haber empezado su carrera como godo realista. Mosquera, cuando llegó a su vez, lo hizo como conservador. Se persiguieron ante los tribunales: Mosquera llevó a Obando a juicio criminal acusándolo del asesinato del mariscal Sucre, y en un principio Obando se presentó para ser juzgado, pero después huyó. Asilado en el Perú, hasta allá lo persiguió Mosquera haciéndose nombrar ministro plenipotenciario para obtener su extradición a Colombia y su condena. Y en el Perú y en Chile se atacaron, se insultaron, se calumniaron sin tregua a través de folletos y periódicos. Obando publicó en Lima un libelo contra Mosquera. Mosquera respondió desde Valparaíso con un mamotreto titulado *Examen crítico del libelo publicado en la Imprenta del Comercio en Lima, por el reo prófugo José María Obando.*

Finalmente, al cabo de treinta años de odio sin cuartel, se reconciliaron los dos para unirse en la guerra contra el gobierno conservador de Mariano Ospina. Cuando Obando, vencedor en el Cauca, llegaba a Bogotá en auxilio de las fuerzas de Mosquera que sitiaban la ciudad, una emboscada de las tropas del gobierno lo sorprendió en el páramo de Cruz Verde. Caído del caballo, lo mataron a lanzadas. Tres meses después, tras tomar Bogotá, Mosquera hizo fusilar al oficial responsable del asesinato.

Algunos libros
y fuentes consultados

Antonio García. *Tomás Cipriano de Mosquera. El gran general.*

Antonio Pérez Aguirre. *25 años de historia colombiana, 1853 a 1878. Del centralismo a la federación.*

David Bushnell. *Colombia, una nación a pesar de sí misma.*

Diana Ceballos Gómez. "Desde la formación de la República hasta el radicalismo liberal (1830-1886)", en *Historia de Colombia: todo lo que hay que saber.*

Enrique Santos Molano. *Grandes conspiraciones en la historia de Colombia.*

Gerardo Molina Ramírez. *Las ideas liberales en Colombia: 1849-1914.*

Guillermo Camacho Carrizosa. *Santiago Pérez y otros estudios.*

Ignacio Arizmendi Posada. *Presidentes de Colombia 1810-1990*.

Jaime Jaramillo Uribe. *El pensamiento colombiano en el siglo XIX*.

Jaime Jaramillo Uribe (ed.). *Nueva Historia de Colombia*.

Joaquín Estrada Monsalve. *Mosquera: su grandeza y su comedia*.

Lázaro Mejía Arango. *Los radicales. Historia política del radicalismo del siglo XIX*.

Rafael Quiñones Neira. "Manuel Murillo Toro", en *Colección de caudillos liberales*.

Y mucho míster Google.

VIII

REGENERACIÓN
Y
CATÁSTROFE

Como para cambiar: otra guerra civil. La de 1885,
que tuvo importantes consecuencias: la pérdida del
poder por los liberales, después de un cuarto de siglo
de más bien caótico federalismo. Y a continuación
medio siglo de hegemonía conservadora, iniciada por
un gobernante nominalmente liberal bajo el solemne
título de la Regeneración.

Para que a don Rafael
conozcas, cuando le veas:
tiene tres cosas muy feas
la boca, la mano y él.
El Alacrán Posada sobre Rafael Núñez

CARO   NÚÑEZ   NÚÑEZ   CARO

¿Caro a la derecha de Núñez?   ¿Núñez a la derecha de Caro?

El régimen de los liberales radicales empezaba, ya se dijo, a hastiar a la nación. Libertad y progreso, sí: "Un mínimo de gobierno con un máximo de libertad". Pero el modesto progreso del naciente capitalismo local se había venido abajo a partir de la crisis económica mundial del año 1873. Cayeron las exportaciones, y con ellas los ingresos fiscales. Le escribía un radical a otro: "Deuda exterior, contratos, pensiones, sueldos: ¿cómo se puede gobernar sin dinero?". Y todo lo agravaba el gran desorden provocado por un federalismo extremo, paradójicamente sazonado de centralismo absolutista en cada uno de los nueve Estados soberanos: gobiernos nacionales débiles y breves, y continuas sublevaciones regionales tanto conservadoras como liberales, y fraudes electorales de un lado y de otro. De entonces data el cínico aforismo que preside las elecciones en Colombia: "El que escruta elige".

Sumando la de la república y las de sus Estados soberanos eran diez soberanías en pugna. Diez Constituciones, diez códigos civiles, diez códigos penales, diez ejércitos. Y cuarenta

revueltas armadas en veinticinco años. Se pudo decir: "La nación está en paz y los Estados en guerra".

Fue por entonces cuando en este país empezó a usarse
de manera habitual la palabra "oligarquía", que en su original griego aristotélico significa "gobierno de unos pocos". En
Colombia el término se tradujo por "gobierno de los otros":
era el que usaban los conservadores para referirse al pequeño
círculo de los liberales radicales en el poder, y el que más
adelante usarían los liberales para designar el círculo aún más
pequeño de los conservadores, cuando cambiaron las tornas.

Carlos Holguín

En 1884 fue reelegido a la presidencia Rafael Núñez, el liberal que dos años antes, como presidente del Senado, había
pronunciado su ominosa frase: "Regeneración o catástrofe".
Y ahora quiso poner en práctica la primera parte de su advertencia en colaboración con una fracción de los conservadores, la encabezada por Carlos Holguín, ya desde hacía años
promotor de alianzas y "ligas" con las disidencias del Partido
Liberal. Pensaba Holguín que el regreso de los conservadores
al poder —¿como en los breves años de Ospina?, ¿como en los
largos siglos de la Colonia?— sólo podía lograrse maniobran-

do en zigzag, dando bordadas, como un velero avanza contra el viento. Con Núñez, sus relaciones eran mejores y más estrechas que las que tuviera con cualquier jefe liberal del radicalismo: ya en su gobierno anterior (80-82) le había encargado a Holguín la reanudación de las relaciones diplomáticas con España, sesenta años después de la guerra de Independencia.

Núñez otra vez

Como todos los jefes políticos de la época, el cartagenero Rafael Núñez era escritor: es decir, en la Colombia de entonces, periodista y poeta; y a causa de los temas filosóficos de su poesía y económicos y sociológicos de su periodismo tenía fama de "pensador". De hombre de ideas generales y abstractas, aumentada por una ausencia de más de diez años, que pasó como cónsul nombrado en Francia y en Inglaterra por los sucesivos gobiernos radicales. Durante ese período mantuvo una activa correspondencia postal con Colombia y publicó frecuentes y sesudos artículos de prensa, que para aclimatar su regreso editó en forma de libro bajo el título de *Ensayos de crítica social*. Desde su temprana juventud había ocupado además todos los cargos públicos posibles, desde el de vicepresidente del remoto Estado soberano de Panamá hasta el de presidente de los Estados Unidos de Colombia, pasando por diversas secretarías, como eran llamados entonces los ministerios; y en el transcurso de su carrera había acumulado una cauda clientelista de consideración, en particular en la costa Atlántica, hasta el punto de que a su regreso de Europa, en 1874, su primera candidatura presidencial fue lanzada en los Estados de Bolívar y Panamá al grito de "¡Núñez o la guerra!". En 1880 fue finalmente elegido, con resignación, por los radicales, uno de cuyos jefes explicaba la posición reticente del partido diciendo: "Para negociar con Núñez hay que pedirle fiador". Y en 1884 fue reelegido por los "independientes" liberales, como eran llamados los nuñistas, y ya con los votos de los conservadores. Ante lo cual estalló otra vez la guerra.

Empezó en Santander, con el levantamiento del gobierno liberal radical del Estado contra la intromisión electoral del gobierno central liberal independiente-conservador de Núñez; el cual para enfrentar la amenaza procedió a armar, al margen de la pequeña Guardia Nacional, un fuerte ejército "de reserva": con la particularidad de que puso generales conservadores a su mando. Con ello el conflicto se extendió al Cauca, a la costa, a Antioquia, al Tolima y a Cundinamarca: prácticamente a todo el país, y duró más de un año. Intervinieron incluso, a favor del gobierno, los buques de la escuadra norteamericana que custodiaban en el istmo la vía férrea de la Panama Railroad Company, que cañonearon la ciudad de Colón y finalmente supervigilaron en Cartagena la entrega de las derrotadas tropas liberales.

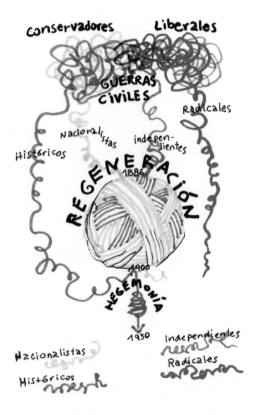

Diagrama explicativo de la política
liberal y conservadora
en la segunda mitad del siglo XIX

La guerra dejó diez mil muertos: la tercera parte de todas las bajas de las seis guerras civiles del siglo XIX posteriores a la Independencia. Al final de 1885, tras la batalla de La Humareda sobre el río Magdalena, que fue una pírrica victoria liberal en la que los insurrectos perdieron a muchos de sus jefes y también la guerra, el triunfo de las tropas del gobierno —ya masivamente conservadoras— era completo. En cuanto la noticia llegó a Bogotá los partidarios de Núñez salieron a celebrar a las calles. Comentó el poeta Diego Fallon: "Festejan el entierro del partido radical. Pero la familia no lo sabe". Y el presidente Núñez se asomó al balcón de palacio para pronunciar una frase que se hizo famosa: "¡La Constitución de 1863 ha dejado de existir!".

Fue tal vez la única ocasión en que el cauteloso Regenerador, político de gabinete y no de plaza, salió a gritar desde un balcón.

Refundar la república

De eso se trataba la regeneración prometida: de desmontar la Constitución votada veintitrés años antes por la Convención (homogéneamente liberal) de Rionegro, en cuya formulación había participado el ahora arrepentido Núñez. Desmontarla por liberal: "Una república debe ser autoritaria para evitar el desorden", decía ahora Núñez, a quien los liberales tachaban ahora de traidor. Habría que llamarlo más bien converso que traidor, aunque se trata de términos cuyo sentido cambia dependiendo del lado desde el que se miren: Núñez siempre había buscado el orden, y hubiera querido que su Partido Liberal, o al menos la parte nuñista, ya no llamada independiente sino nacionalista, pudiera ser verdaderamente un partido de gobierno, cuando en realidad lo que había sido siempre era un partido cuyo temperamento era de oposición: de crítica y de libertades, y por consiguiente de dispersión. Y tras aliarse ahora política y militarmente con los conservadores proclamaba, por convicción tanto como por conveniencia, que eso daba lo mismo: "Las sanas doctrinas liberales y conservadoras, que son en su fondo idénticas, quedarán en adelante, en vínculo indisoluble, sirviendo de pedestal a las instituciones de Colombia".

Del mismo modo se explica su cambio de posición con respecto a la Iglesia católica. Núñez se consideraba librepensador, y todavía en sus años de gobierno le escribía así a su embajador ante el Vaticano, después de restauradas las relaciones con la Santa Sede: "... en mi carácter de librepensador, que nunca declinaré Dios mediante...". Había sido bajo el gobierno liberal del general Mosquera el ministro firmante de la desamortización de los bienes de la Iglesia; pero años después, y en vista de la desconfianza que hacia él sentían los radicales, buscó acercarse a los conservadores con una frase sibilina: "Yo no soy decididamente anticatólico...", que dio inicio a su colaboración, y culminaría poniendo la religión en el centro de la nueva Constitución. Se había convencido —como en su tiempo lo había hecho el Libertador Simón Bolívar, librepensador como él— de que la religión católica era un poderoso elemento de estabilidad y de cohesión en el país, y en consecuencia era necesario no sólo transigir con ella, sino incluirla en el corazón de las instituciones. Estaba demasiado arraigada en el espíritu del pueblo colombiano como para pretender con algún éxito extirparla, como habían querido los radicales. Católico en lo religioso, autoritario en lo político, proteccionista en lo económico: Núñez, en suma, se había hecho conservador, o había descubierto que siempre lo había sido.

Por eso fue tan fácil su entendimiento con el jefe conservador Carlos Holguín, político eminentemente flexible y componedor, y de temperamento mucho más liberal que el autocrático de Núñez. Pero también supo entenderse con el testarudo y rígido ideólogo ultramontano Miguel Antonio Caro, conciencia moral y jurídica del conservatismo, que se definía a sí mismo diciendo: "Yo no soy conservador, sino un defensor decidido de la Iglesia católica".

Así que Núñez y los conservadores, ganada la guerra, procedieron a refundar la república. Empezando, como de costumbre, por cambiarle el nombre: ya no sería Estados Unidos de Colombia, sino República de Colombia a secas: sin peligrosos adjetivos calificativos.

Educación confesional

Primero hubo que pasar por un episodio de ñoñería mezclada de frivolidad, que en Colombia suele manifestarse en los momentos de mayor gravedad histórica. Para que Núñez y los conservadores pudieran refundar la república en paz se necesitaba que las señoras de los jefes conservadores suspendieran su guerra contra la señora de Núñez, doña Soledad Román, que no estaba casada con él por la Iglesia, sino solamente por lo civil. Con el agravante de que la primera esposa de Núñez no había muerto, y él era, en consecuencia, bígamo, y se hallaba en pecado mortal. Tras muchas vacilaciones y desmayos y visitas a los confesores y consultas con el arzobispo de Bogotá —un prelado de cabeza política que por su parte no dudó en ofrecerle su brazo a la mujer del presidente en un banquete—, todas ellas acabaron acudiendo a palacio a presentarle sus respetos a doña Soledad. El poder bien valía una bigamia. Y ya pudo proseguir su curso la historia republicana.

La Constitución del 86

Para la obra central del nuevo régimen, la redacción de una nueva Constitución sobre las líneas generales propuestas por Núñez, se convocó un Consejo de Delegatarios: dos por cada Estado, conservador el uno y el otro "nacionalista", o sea liberal nuñista antirradical. Eran nombrados por los jefes políticos de los Estados, nombrados estos a su vez por el presidente Núñez. Una vez concluida, la Constitución fue presentada para aprobación del "pueblo colombiano"; pero no de manera directa, sino representado por los alcaldes de todos los municipios del país, nombrados ellos también por Núñez: fue un milagro que de los 619 que había sólo la votaran afirmativamente 605. En la práctica había sido redactada íntegramente por Miguel Antonio Caro, atendiendo casi de forma exclusiva a las dos pasiones de su vida: la doctrina infalible de la Iglesia católica y la perfecta gramática de la lengua castellana. En lo primero había contado con el respaldo de Núñez, al parecer arrepentido del dubitativo agnosticismo de su juventud, que le había dado sulfurosa fama de filósofo: "La educación deberá tener por principio primero la divina enseñanza cristiana, por ser ella el *alma mater* de la civilización del mundo", decía el ahora presidente en su mensaje a los delegatarios. Y Caro traducía para el texto constitucional definitivo: "La religión católica apostólica y romana es la de la nación"; y, en consecuencia, "en las universidades y los colegios, en las escuelas y en los demás centros de enseñanza, la educación e instrucción pública, se organizará y dirigirá en conformidad con los dogmas y la moral de la religión católica".

Esta inclinación clerical de la Constitución de 1886 se vería reforzada el año siguiente con el Concordato firmado con la Santa Sede, negociado por Caro con su amigo de chocolate santafereño, con almojábanas, con pandeyucas, el arzobispo de Bogotá, monseñor Telésforo Paúl, para lo cual hubo que superar dos obstáculos de muy diversa índole. El primero, las exorbitantes reclamaciones económicas que hacía la Iglesia por la expropiación de sus bienes raíces veintitrés años antes; y el segundo, la situación personal del presidente, que por su parte exigía del Vaticano la anulación canónica de su primer matrimonio para que su unión civil con Soledad Román pudiera ser "elevada a la categoría de sacramento". La anulación no se logró; pero a manera de consolación Núñez recibió del papa la Orden Piana, hasta entonces reservada casi de manera exclusiva a las testas coronadas y a los santos.

Además de cuasiteocrática, la Constitución era vigorosamente centralista y resueltamente autoritaria, en diametral oposición a lo que había sido la anterior: laica, federalista y libertaria. A pesar de su proclamada "descentralización administrativa" concentraba la administración en la capital. Concedía amplísimas facultades al presidente de la república, que tenía la potestad de nombrar a los gobernadores y alcaldes del poder ejecutivo, y en el judicial a los jueces de la Corte Suprema y a los magistrados de los tribunales superiores. Su período era de seis años, con reelección inmediata e indefinida. El artículo 121 sobre la proclamación excepcional del estado de sitio —artículo bajo el cual iba a ser gobernado el país de modo casi ininterrumpido durante la mayor parte del siglo siguiente— le daba poderes prácticamente dictatoriales. Y el artículo transitorio señalado con la letra K, destinado a "prevenir y reprimir los abusos de la prensa", no tuvo nada de transitorio, sino que se aplicó con rigor para censurar la opinión libre durante el período entero de la Regeneración.

> La prensa —le escribía a uno de sus ministros el presidente Núñez, que había hecho toda su carrera política desde los periódicos— no es elemento de paz sino de guerra, como los clubs, las elecciones continuas y el parlamento independiente de la autoridad (es decir, enemigo del género humano).

Y así tanto el propio Núñez como sus sucesores o más bien sustitutos en la presidencia, Holguín y Caro, tan periodistas como él, previnieron y reprimieron los que consideraron excesos de la prensa de oposición con la cárcel y el destierro de sus redactores y directores durante los quince años siguientes. En un país abrumadoramente analfabeto, como era la Colombia de entonces, la política se hacía sin embargo a través de la prensa: al margen de los frecuentes cambios en el derecho de voto

—universal, censitario, reservado— sólo participaban en ella los que sabían leer, y la dirigían los que sabían escribir. Salvo, claro está, cuando sus artículos y sus editoriales llevaban a la guerra: entonces sí, por las levas forzosas de los ejércitos, participaba todo el pueblo.

"Hemos hecho una Constitución monárquica", comentó al cabo alguno de los delegatarios. Se quejó entonces Caro: "Pero electiva".

Y como guardián de las disposiciones constitucionales, la Fuerza Armada. Uno de los propósitos centrales de la Regeneración era el de lograr la paz en el país, constantemente alterada bajo la Constitución del 63 por los excesos del federalismo, propicios al desorden. Para ello se instituyó un fortalecido ejército nacional bajo mando único en sustitución del ordenamiento anterior, en el que los ejércitos de los Estados soberanos eran más poderosos y estaban mejor armados que el de la república; al cual por añadidura le estaba vedado intervenir en los choques entre Estados, que eran constantes, y más de una vez desembocaron en guerras generalizadas. En cuanto a la política económica el cambio fue igualmente drástico: tras el *laissez faire* y el librecambismo de los liberales radicales regresó el intervencionismo estatal. Y contra los bancos privados que habían empezado a florecer en Bogotá, Medellín y Cartagena, Núñez fortaleció el Banco Nacional que había creado en su presidencia del año 80, emisor de papel moneda de curso forzoso —con cuyas emisiones, dicho sea de paso, sumadas a las expropiaciones forzosas de los jefes liberales, se financiaron los costos de la guerra del 85—.

Desde sus embajadas en Europa le escribía Holguín a Caro, felicitándolo por la Constitución: era la que siempre había soñado el Partido Conservador, por lo menos desde 1843. Duraría más de un siglo. Pero para ello sería necesario primero que las muchas cinchas que la ataban hubieran tenido al cabo de pocos años un resultado inesperado, aunque previsible: el de una nueva guerra civil, la más tremenda de todas, que era justamente lo que tantas precauciones autoritarias pretendían evitar.

Núñez Rex

Al contrario de la Constitución del 63, que había sido redactada en buena medida para frenar la ambición de Tomás Cipriano de Mosquera, pese a haber sido posible gracias a su victoria militar, la del 86 fue hecha para satisfacer la ambición de Rafael Núñez. Si ya había sido presidente de 1880 a 1882, y reelegido de 1884 a 1886, ahora lo sería dos veces más, de 1886 a 1892, y del 92 al 96 (aunque murió en el 94): la presidencia vitalicia a la que aspiró en vano el Libertador Bolívar la obtuvo más de medio siglo después el Regenerador Núñez. Obtenido todo el poder, como lo venía buscando desde su primera juventud, cuando inició su carrera con un braguetazo con la cuñada del influyente presidente del Estado de Panamá,

Núñez lo encontró amargo. Sin firmar siquiera su anhelada Constitución decidió retirarse a su ciudad de Cartagena, dejando la firma en manos del designado y el gobierno en cabeza del vicepresidente, el liberal independiente Eliseo Payán. El cual a los pocos días se tomó el atrevimiento de aflojar los controles a la libertad de prensa, provocando el inmediato e indignado retorno del presidente titular, es decir, de Núñez. Quien tras hacer destituir a Payán por el Congreso lo hizo sustituir por un conservador sólido y verdadero, más de fiar que un liberal converso: Carlos Holguín, que ya ocupaba a la vez los ministerios de Gobierno, de Guerra y de Relaciones Exteriores.

Soledad Román
(moneda de 50 centavos)

La Regeneración, nacida de la tragedia de la guerra del 85, tuvo mucho de comedia de enredo. En lo ideológico ha sido tal vez la etapa más seria de la historia de Colombia, pero políticamente hablando fue un sainete. En buena parte a causa de las personalidades contrapuestas de sus dos grandes inspiradores y ejecutores, el liberal ultraconservador Rafael Núñez y el conservador ultracatólico Miguel Antonio Caro. El asunto fundamental de las relaciones con la Iglesia católica se columpiaba en el hilo bamboleante de los vaivenes sentimentales de Núñez y de sus cambiantes inclinaciones filosóficas: ora ateo, ora creyente; y el gobierno de la república dependía de sus achaques de salud y de sus caprichos climáticos. Núñez se iba y volvía, de la tierra fría a la tierra caliente; y volvía a irse y volvía a volver: era un dios lejano que lanzaba rayos y truenos por medio de su propia prensa, esa sí libre: el semanario cartagenero *El Porvenir*, donde escribía sus instrucciones de gobierno bajo la forma de artículos de opinión. Renunciaba al ejercicio del poder, pero hacía que en los billetes del Banco Nacional figurara su propia efigie patriarcal y barbuda y en las monedas de plata se acuñara el perfil imperioso de doña Soledad, su mujer; enviaba por telégrafo nombramientos de funcionarios diplomáticos y proyectos de ley; y, para evitar más sorpresas con sus suplentes, se hizo blindar con dos leyes que fueron llamadas, por antonomasia, *ad hoc*, dictadas en 1888: una que creaba para él una dignidad presidencial a perpetuidad, y otra por la cual se le permitía encargarse del poder cuando a bien lo tuviera y en dondequiera que estuviera mediante el simple procedimiento de declararlo así ante dos testigos.

Rafael Núñez
(billete de 20 centavos)

Fue Núñez un curioso personaje, a la vez ansioso de poder y ansioso de retiro, de vida pública y de vida privada, de honores y de silencios; hombre disoluto en lo íntimo, seductor de mujeres solteras, casadas y viudas, pero severo moralista en lo público. Rafael Núñez, ambiguo y sibilino, y a quien admiradores y detractores por igual llamaron la Esfinge, en términos de la política colombiana no fue ni liberal ni conservador, sino nuñista. Como treinta años antes Tomás Cipriano de Mosquera no había sido ni conservador ni liberal, sino mosquerista. Y, más atrás, Simón Bolívar...

Frente a Núñez, pero también a su lado, Miguel Antonio Caro. Filólogo, gramático, poeta latino en castellano y traductor al castellano de poetas latinos, hispanista furibundo, fogoso orador parlamentario, periodista combativo, político sinuoso, bogotano raizal y vocacional que jamás en su vida rebasó los términos geográficos de la sabana; y tampoco fácilmente catalogable en cuanto a la política colombiana: más socialista cristiano que conservador tradicionalista. De la improbable alianza de esos dos —aceitada, como ya se dijo, por el don de gentes de Holguín, que era amigo de Núñez y cuñado de Caro— surgió no sólo la Constitución del 86, que iba a durar un siglo, sino la llamada Hegemonía Conservadora, que iba a durar treinta años.

Pero antes, muertos Núñez y Holguín, quedó la Regeneración en las manos de Miguel Antonio Caro, quien como vicepresidente encargado le había cogido gusto al poder, pero no tenía ni el carisma mágico del primero ni la habilidad política del segundo. Y en sus manos se desbarató la Regeneración. El partido llamado Nacional fundado para manejarla, ese injerto de liberales nuñistas o independientes y conservadores desteñidos o pragmáticos, empezó por funcionar como partido único, pero se deshizo rápidamente. Los liberales participantes habían sido siempre considerados traidores por los jefes del grueso del liberalismo. Y en cuanto a los conservadores —rápidamente divididos entre "nacionalistas" partidarios del gobierno e "históricos" opuestos a él—, uno de sus jefes que había sido lo uno y lo otro los definía así: "Un histórico es un nacionalista sin sueldo; y un nacionalista es un histórico con sueldo". Y así el Partido Nacional acabó convertido en lo mismo que desde los albores de la república se había conocido como "partido de los partidarios del gobierno". El del clientelismo.

Si el gobierno más bien manguiancho de Holguín fue casi de calma chicha, el autocrático de Caro, que le sucedió, resultó agitadísimo: motines populares en el año 93, un complot de artesanos en el 94 y un conato de guerra civil en el 95, aplastado rápidamente por las armas del gobierno al mando del hasta entonces casi desconocido general Rafael Reyes. Lo cual puso a este, como había sido lo habitual durante casi todo el siglo, en la fila india de los presidenciables. Pero antes de que llegara su turno hubo un curioso enredo jurídico-político que desembocó en otra guerra, esa sí de grandes dimensiones: la guerra que se llamó de los Mil Días.

El enredo consistió en que Caro, que gobernaba en calidad de vicepresidente encargado por el ya difunto Núñez, no podía ser reelegido en el 96. Hubiera tenido que renunciar para no inhabilitarse; y aunque lo hizo, a los cinco días retomó el poder, sintiéndose traicionado por los primeros nombramientos que hizo su sucesor. Así que tuvo que inventar dos fantoches para los cargos de presidente y vicepresidente, a los que creyó que podría manejar a su antojo: el conservador nacionalista Manuel Antonio Sanclemente, anciano de ochenta y cuatro años, y el conservador histórico José Manuel Marroquín, que iba ya mediados los setenta. Y el estallido de la guerra vino porque los liberales, excluidos por Caro tanto del poder ejecutivo como del legislativo por estar en el Error y en el Pecado, como los herejes en la Edad Media, se levantaron para imponer por las armas las reformas que en vano pedía desde el Congreso el único representante liberal, Rafael Uribe Uribe.

La Guerra de los Mil Días

Fue la más larga y sangrienta de las guerras civiles. Desde 1899 hasta 1902 se combatió en casi todo el país, exceptuadas las regiones despobladas de la Amazonía y el departamento de Antioquia, casi homogéneamente conservador, en donde el alzamiento liberal fue aplastado en dos semanas. Se combatió en las montañas y en los ríos, en los dos mares, en las selvas del Chocó y en los desiertos de La Guajira. Los muertos fueron más de cien mil: más que en todas las guerras del siglo XIX sumadas, para una población total de unos cuatro millones de habitantes. Participaron en apoyo de los insurrectos, con armas y ocasionalmente con tropas, los países vecinos con gobiernos liberales: Venezuela (Cipriano Castro), el Ecuador (Eloy Alfaro) y Nicaragua (José Santos Zelaya). Y en apoyo del gobierno conservador intervinieron los Estados Unidos (Theodore Roosevelt), que en Panamá frustraron las acciones del ejército liberal con el pretexto de defender el ferrocarril y las instalaciones del futuro canal, entonces en construcción por una compañía francesa.

Manuel Antonio
Sanclemente

José Manuel
Marroquín

Mediada la guerra, el vicepresidente Marroquín dio un incruento golpe de Estado contra el senil Sanclemente y, de contera, contra Caro. Pero sus conservadores históricos —ahora con sueldo— tampoco pusieron fin a las hostilidades, sino que, por el contrario, las recrudecieron bajo un fanático ministro de Guerra, el general Arístides Fernández, que buscaba la aniquilación definitiva del Partido Liberal mediante el fusilamiento de todos los prisioneros de guerra. Y los liberales, desorganizados y dispersos, mal armados pese a la ayuda extranjera y casi incomunicados entre sí, acabaron por ser derrotados en lo que ya eran casi tres guerras separadas pero simultáneas, cobijadas las tres bajo la inoperante "dirección suprema" del anciano jefe liberal Gabriel Vargas Santos, a las que se puso fin en tres tratados de paz distintos: el de Chinácota en Santander con las fuerzas de Foción Soto, el de Neerlandia en el Magdalena con las de Rafael Uribe Uribe y el del

Wisconsin en Panamá con las de Benjamín Herrera. Este último, firmado a bordo de un acorazado de la escuadra norteamericana, pudo servir de paradójica advertencia: menos de un año después vendría el zarpazo de los Estados Unidos sobre Panamá para adueñarse del futuro canal interoceánico.

Batalla naval en
el río Magdalena

Al país, devastado por tres años de guerra civil, arruinado por la desaforada inflación provocada por las emisiones de moneda sin respaldo lanzadas por el gobierno para costear la guerra —los liberales se sostenían con el saqueo—, le faltaba todavía un tercer golpe para entrar con mal pie en el siglo XX. Ese golpe fue la separación de Panamá.

Se trataba del departamento —antes Estado— más remoto de Colombia, separado del resto del país por selvas infranqueables y conectado con él sólo por vía marítima con Cartagena y con Tumaco. Había sido el Estado de la federación con más Constituciones y más golpes de Estado locales y alzamientos armados, y era visto por los gobiernos centrales sólo como fuente de recursos aduaneros por los puertos de Panamá y Colón y por el ferrocarril interoceánico que los unía.

Este era construido y operado bajo concesión por una empresa norteamericana, la Panama Railroad Company, desde mediados del siglo, cuando el paso de mar a mar por el istmo se hizo popular a raíz del descubrimiento del oro de California —que acababa de ser anexada por los Estados Unidos tras su guerra con México—. Desde entonces fueron frecuentes los desembarcos de tropas norteamericanas en Panamá sobre el Pacífico o en Colón sobre el Atlántico con el pretexto de cuidar la línea férrea, que, en la práctica, fue la primera en unir la costa este con la costa oeste de los Estados Unidos.

Rafael Uribe Uribe
en la guerra

"I took Panama"

El istmo era además el lugar más adecuado para abrir una vía acuática entre el Atlántico y el Pacífico. Así lo habían soñado los españoles desde los primeros tiempos de la Conquista, en el siglo XVI; y a finales del XIX la empresa había sido por último iniciada por una compañía francesa, la Compagnie Universelle du Canal Interocéanique de Panama, que durante dos decenios adelantó las obras con grandes costos y dificultades y en medio de una inmensa mortandad de trabajadores a causa de la fiebre amarilla. La Compagnie terminó hundiéndose en una escandalosa bancarrota, y en ese momento el gobierno norteamericano entró en danza.

Al cabo de muchos ires y venires políticos, económicos y diplomáticos, logró en 1903 la firma de un Tratado con Colombia, el llamado Herrán-Hay, por el cual los derechos de la construcción del canal pasaban a los Estados Unidos. Pero tanto el Congreso norteamericano como el presidente Theodore Roosevelt exigían la concesión de la soberanía sobre la faja de territorio adyacente al Canal. Tras grandes discusiones en el Congreso colombiano, encabezadas por Miguel Antonio Caro, que de jefe del gobierno con su títere Sanclemente había pasado a ser jefe de la oposición, el tratado fue rechazado unánimemente —con una abstención por enfermedad: la del senador panameño José Domingo de Obaldía Gallegos, sobrino de la primera esposa de Rafael Núñez; quien a continuación, de modo incomprensible, fue nombrado gobernador del departamento por el presidente Marroquín—.

En previsión del rechazo colombiano al Tratado Herrán-Hay se había venido preparando en Panamá una sublevación, pagada por los Estados Unidos con la modesta suma de cien mil dólares, con el propósito de que el nuevo gobierno local se mostrara más dócil. Pero en Washington el presidente Roosevelt perdió la paciencia ante el remoloneo de "esas despreciables criaturas de Bogotá", y envió sus buques de guerra a respaldar a los insurrectos con sus cañones y sus infantes de marina. Al final, sin embargo, no fue necesaria la revolución: la separación se dio en forma de comedia y de farsa. El gobernador Obaldía cerró los ojos, el comandante militar de la plaza, general Huertas, se prestó por veinticinco mil dólares a poner presos a los jefes de las tropas enviadas por Bogotá para sofocar la sublevación inminente, y al cabo de tres días el gobierno norteamericano reconoció como soberana a la nueva república. Un ingeniero francés de la antigua y quebrada Compagnie Universelle, Philippe-Jean Bunau-Varilla, firmó en nombre del nuevo gobierno la entrega a perpetuidad de la zona del canal. El nuevo gobierno de Panamá recibió a cambio diez millones de dólares: cifra inmensa para el presupuesto de un departamento colombiano de la época.

Roosevelt resumió el episodio en una frase: "*I took Panama, and let the Congress debate*" ("Yo tomé Panamá, y que el Congreso discuta").

Theodore Roosevelt

Tres poetas

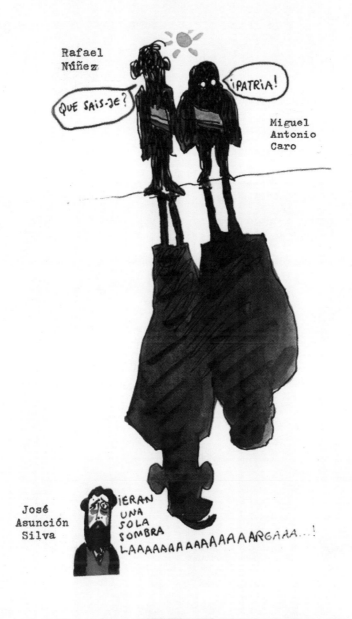

Los dos principales promotores políticos de la Regeneración política de finales del siglo, Rafael Núñez y Miguel Antonio Caro, no se consideraban a sí mismos políticos, sino poetas. "Soy poeta hasta la médula", escribía Núñez en una de las pausas de su incesante actividad política. Y como poetas ganaron fama los dos antes que en la política, en la cual ambos llegarían a la presidencia de la república. Núñez como autor de abstrusos poemas filosóficos colmados de signos de interrogación y de exclamación:

> ¡Oh confusión! ¡Oh caos! ¡Quién pudiera
> del sol de la verdad la lumbre austera
> y pura en este limbo hacer brillar!
> De lo cierto y lo incierto ¿quién un día,
> y del bien y del mal, conseguiría
> los límites fijar?

Y de versos de pasión amorosa casi escandalosos para la pacata sociedad de la época:

> Mis labios a los tuyos se juntaron;
> tu aliento con mi aliento se juntó...

Y Caro como traductor de poetas latinos y autor de odas y sonetos patrióticos —a la estatua de Bolívar, a la Patria—:

> ¡Patria!: te adoro en mi silencio mudo,
> y temo profanar tu nombre santo:
> por ti he gozado y padecido tanto
> cuanto lengua mortal decir no pudo...

Claro que también hay que achacarle a Caro ñoños versitos familiares como:

> ... y cuando crezcan sus hijos
> ella, de afanes prolijos,
> tendrá descanso y holgura,
> y entre el rezo y la lectura

muchos años vivirá.
¡Viva mi mamá!

Y a Núñez hay que reprocharle nada menos que el Himno Nacional de Colombia, con estrofas tan incomprensibles como:

La patria así se forma, Termópilas brotando,
constelación de cíclopes su noche iluminó;
la flor estremecida, mortal el viento hallando,
debajo los laureles seguridad buscó...

O tan cursis como la de la Virgen que ve morir a su novio en la batalla, pero no le importa:

La Virgen sus cabellos arranca en agonía
y de su amor viüda los cuelga de un ciprés;
lamenta su esperanza que cubre losa fría,
pero glorioso orgullo circunda su alba tez...

Era un poema de juventud, de acuerdo, y de circunstancias. Pero de él se sentía Núñez tan satisfecho en su triunfal madurez, que cuando le pusieron música y lo estrenaron en Cartagena en 1887 hizo repetir el estreno en Bogotá en el palacio de San Carlos, anunciándolo oficialmente como Himno Nacional.

El tercer vértice del triángulo político de la Regeneración, el también presidente Carlos Holguín, nunca escribió versos. Pero en cambio recitaba de memoria versos ajenos a la primera oportunidad: de Virgilio, de Calderón, de Argensola, de Núñez de Arce. Desde epopeyas hasta zarzuelas. Le decía así en una carta a su hijo de quince años:

Se me ha hecho siempre raro que un escritor tan concienzudo como Macaulay haya tenido el valor de pronunciarse sobre los mejores versos latinos, dando la preferencia a una égloga que principia: "Scepsibus in nostris, etc., etc.". Creo que en el mismo Virgilio, en Horacio, en Ovidio, y casi me atrevería a decir que hasta en Lucano, hay muchas otras en nada inferiores.

Pero lo más llamativo no es que los políticos profesionales quisieran ser poetas: esa es una vieja tradición colombiana. Sino que los poetas, por su parte, lo que en realidad quisieran fuera ser políticos profesionales. Lo vemos en el caso del más grande de la época, el lírico José Asunción Silva, el del delicado "Nocturno":

> ... Y tu sombra esbelta y ágil,
> y tu sombra fina y lánguida
> como en esa noche tibia de la muerta primavera,
> como en esa noche llena de perfumes, de
> murmullos y de música de alas...

Pues en su novela póstuma, *De sobremesa*, el mismísimo Silva revela su ambición secreta a través del diario íntimo de su *alter ego*, José Fernández, un dandi multimillonario que escribe atormentados versos románticos: su sueño consiste en dejar a un lado la lira de poeta para llegar a la presidencia de la república. O bien por las buenas, dice, o bien para:

> [...] tras una guerra en que sucumban unos cuantos miles de indios infelices asaltar el poder, espada en mano, y fundar una tiranía [...] una dictadura con su nueva Constitución suficientemente elástica para que permita prevenir las revueltas de forma republicana por supuesto, que son los nombres lo que les importa a los pueblos, con sus periodistas de la oposición presos cada quince días, sus destierros de los jefes contrarios, sus confiscaciones de los bienes enemigos y sus sesiones tempestuosas de las Cámaras disueltas a bayonetazos: todo el juego.

Es decir, para repetir la trayectoria de Rafael Núñez punto por punto: los poemas románticos, la presidencia "por las buenas" del año 80, y luego la guerra civil del 85 y la imposición del régimen autoritario de la Regeneración. Y después, prosigue Silva:

> [...] desprendido del poder que quedará en manos seguras [las de un Holguín, las de un Caro], retirado en una casa de campo rodeada de jardines y de bosques

de palmas desde donde se divise en lontananza el azul del mar y no lejos la cúpula de una antigua capilla [...] escribiré singulares estrofas envueltas en brumas de misticismo y pobladas de visiones apocalípticas que...

Etcétera.

¿Para qué seguir? Silva ahí parece el historiador Indalecio Liévano escribiendo la biografía de Núñez, de la cual tomo una cita del poeta Rubén Darío para describir al estadista cartagenero en su retiro de El Cabrero:

Es tan modesto como precioso. En la linda península está la casa blanca. Cerca de la casa, la ermita de techos rojos. Y tras las palmas verdes del cocotal cercano —vasto, bello, azul— el mar.

De ahí en adelante la historia siguió más bien en prosa. Hasta cerrar el siglo con la terrible guerra civil de los Mil Días y la desastrosa separación de Panamá bajo el gobierno de un poeta festivo, José Manuel Marroquín, el de los versitos de tema ortográfico:

Con ve van aluvión, mover, aleve
desvanecer, agravio y atavío,
maravedí, desvencijar, relieve,
aseverar, averno, desvarío...

Algunos libros
y fuentes consultados

Álvaro Holguín y Caro. *Carlos Holguín, una vida al servicio de la República.*

Álvaro Tirado Mejía. "El Estado y la política en el siglo xix", en Jaime Jaramillo Uribe (ed.), *Nueva Historia de Colombia.*

Antonio Pérez Aguirre. *25 años de historia colombiana, 1853 a 1878. Del centralismo a la federación.*

Carlos Uribe Celis. "¿Regeneración o catástrofe? (1886-1930)", en *Historia de Colombia: todo lo que hay que saber.*

David Bushnell. *Colombia, una nación a pesar de sí misma.*

Diana Ceballos Gómez. "Desde la formación de la República hasta el radicalismo liberal (1830-1886)", en *Historia de Colombia: todo lo que hay que saber.*

Gonzalo España. *La Guerra Civil de 1885. Núñez y la derrota del radicalismo.*

Indalecio Liévano Aguirre. *Rafael Núñez.*

Jaime Jaramillo Uribe. *El pensamiento colombiano en el siglo XIX.*

Joaquín Estrada Monsalve. *Núñez: el político y el hombre.*

Lázaro Mejía Arango. *Los radicales. Historia política del radicalismo del siglo XIX.*

Lucas Caballero. *Memorias de la Guerra de los Mil Días.*

Malcolm Deas. *Del poder y la gramática. Y otros ensayos sobre historia, política y literatura colombianas.*

Margarita Holguín y Caro. *Los Caros en Colombia.*

Nicolás del Castillo. *El primer Núñez.*

Y Google.

IX

LA

HEGEMONÍA
CONSERVADORA

———

**Los historiadores discrepan. Para Luis
Eduardo Nieto Arteta, los años de la Hegemonía
Conservadora que siguieron a la Guerra de
los Mil Días fueron una época de "retroceso
generalizado". David Bushnell, en cambio, los
define como "la nueva era de paz y café".**

Viene la paz con todos sus horrores.
Presidente José Manuel Marroquín

Gabinete ministerial
de la Hegemonía

Hubo de todo: empequeñecimiento y retroceso, paz y café, corrupción y progreso. Lo que no se había ensayado nunca, ni siquiera bajo el radicalismo: veinte años de paz; o, para decirlo con más exactitud, veinte años sin guerra. Y algo muy diciente: bajo la Hegemonía Conservadora se escribió por primera vez una Historia Oficial de Colombia: la de Henao y Arrubla, cuya influencia sobre la realidad duraría más de medio siglo. El manual de Historia Patria —pues así se llamaba, y era más patriótico que histórico— de José María Henao y Gerardo Arrubla, académicos conservadores y católicos, fue el resultado de un concurso con un solo concursante —o, si se quiere, dos: Henao y Arrubla—, cuyo jurado, homogéneamente conservador, lo hizo adoptar por ley como texto oficial de historia "para la enseñanza en las escuelas primarias de la República". Pero a pesar de todo no era una versión partidista sectaria, como habían sido hasta entonces, de un lado o del otro, las obras históricas publicadas a lo largo del siglo xix.

Esa historia oficial data de 1910, con motivo de la celebración del Centenario de la Independencia —es decir, de la declaración del 20 de julio en Santafé—. Pero el siglo xx había empezado ya en Colombia, aunque con el habitual retraso, en 1905 —y sin embargo también hay argumentos para sostener que sus inicios verdaderos sólo se darían en los años treinta—. Y había empezado con él la que habría de llamarse Hegemonía Conservadora.

Pero el gobierno inaugural de tal Hegemonía, el del general Rafael Reyes, vencedor de las últimas guerras del siglo anterior pero ausente del país durante la más reciente y terrible de los Mil Días, no fue ni conservador ni hegemónico. Fue progresista en lo económico y administrativo, y en lo político dio cabida a los liberales. Así que fue recibido como un bálsamo por el país destruido y desangrado por la larga guerra y arruinado por la inflación galopante causada por las emisiones de papel moneda usadas por el gobierno para financiar su parte de las hostilidades. El presidente Reyes había sido elegido por la abstención liberal y el fraude conservador: el famoso episodio pintoresco del registro de Padilla, remota provincia de La Guajira desde donde el cacique y general Juanito Iguarán mandaba los resultados electorales firmados en blanco para que los rellenaran a su acomodo sus jefes políticos de Cartagena. Pero Reyes se ganó el respaldo de los liberales, aplastados bajo los gobiernos de la Regeneración y derrotados en la guerra, con la disolución del Congreso homogéneamente conservador y la convocatoria de una Asamblea Nacional Constituyente que los incluía, aunque de manera minoritaria: con un tercio de los participantes. Sin elecciones: designados a dedo por Reyes, que pronto tomó resueltamente el camino de la dictadura personal. Una dictadura, sin embargo, bien acogida en los primeros tiempos, como ha sido tantas veces el caso en la historia de Colombia.

Reyes era admirador —hasta en el corte de los bigotes— del perpetuo dictador mexicano Porfirio Díaz, don Porfirio, y de su gobierno de ministros "científicos": es decir, tecnócratas dóciles al jefe escogidos entre la clase de los banqueros y los hombres de negocios. Venía de pasar en el México del porfiriato los años de la última guerra colombiana, con lo cual estaba limpio de los odios recientes, y traía el propósito de la modernidad, resumido en el lema de gobierno de don Porfirio: "Menos política y más administración". Se consideraba un adalid del progreso, que no era para él asunto político sino técnico: "Una poderosa locomotora volando sobre brillantes rieles". Su trayectoria hasta entonces no había sido la tradicional de los políticos colombianos. Era un hombre de empresa: el primero de su índole en la historia del país —tal vez habría que remontarse para encontrar un precedente hasta las épocas de algún virrey progresista—. Un emprendedor y un empresario: ni abogado de formación ni militar de profesión, salvo por su casi casual pero muy afortunada participación como general victorioso de las tropas conservadoras en las guerras civiles. Hombre práctico. En su juventud había sido aventurero explorador de las selvas del sur en busca de quina y caucho, y comerciante de ambas cosas, y alternativamente rico y quebrado, y rico otra vez; y sólo en su madurez había llegado a la política. Era, para usar una expresión de moda en la Europa de la época, "un profesor de energía".

Rafael Reyes mirándose
en el espejo de don
Porfirio Díaz

La Constituyente nombrada por él mismo lo proclamó a su vez presidente de la república, asignándole un período de diez años, cuando el implantado por la ambición de Rafael Núñez había sido solamente de seis (repetibles). A nadie le pareció excesivo. ¿No era acaso Rafael Reyes "el héroe inmortal de La Tribuna" y "el preclaro lidiador de Enciso", las batallas decisivas de las guerras de la Regeneración? De nuevo renacía en el país la posibilidad soñada por Bolívar de la presidencia vitalicia. Diez años. Veinte, tal vez, con la reelección.

El Quinquenio y la Unión Republicana

Lo más urgente era la quiebra. Para poner orden en las finanzas públicas, Reyes creó un Banco Central y procedió a reanudar el pago de los intereses de la deuda externa, abandonados durante la guerra. Se trataba de recuperar la "confianza inversionista" de los capitales extranjeros. De las lecciones de la guerra civil partidista el nuevo gobierno sacó la conclusión de que era necesario crear un ejército apolítico y moderno. Y del ejemplo mexicano copió la obsesión por la construcción de ferrocarriles y, más adecuada a las condiciones geográficas locales, la resurrección de la navegación por el río Magdalena. También se inspiró en el dictador mexicano en cuanto a la injerencia directa del Estado en la economía, rompiendo así con los principios ideológicos del liberalismo radical decimonónico y con el desinterés cuasiteológico de los conservadores de la Regeneración. Y también en cuanto a la amistad con los nuevos ricos: ya no los tradicionales dueños de la tierra sino los banqueros de los nuevos bancos, los agiotistas, los *profiteurs* de los negocios de la guerra. Años después diría de él el presidente Enrique Olaya Herrera: "Reyes no tenía ideas, sino retentiva. Pero le faltó dinero para copiar todo lo que había visto".

También copió de Porfirio Díaz la deriva dictatorial: el cierre de periódicos opositores, el destierro o la prisión de los adversarios políticos, la represión: penas de fusilamiento para los culpables de un frustrado atentado contra el presidente. Y el concomitante crecimiento de la adulación, y de la consiguiente corrupción de los amigos y los parientes. Cuando cayó Reyes, cumplidos sólo cinco años —el famoso Quinquenio— de los diez o tal vez veinte para los que había sido elegido por su Asamblea Nacional Constituyente, se pudo decir que no lo habían tumbado los enemigos, sino los lambones.

Rafael Reyes probando
el negro caviar del exilio

Pero en su caída y su exilio dorado no copió, sino que precedió en un par de años a don Porfirio: en 1909 se fue sin avisar, dejando una renuncia por escrito y cogiendo un barco rumbo a Francia mientras le preparaban una fiesta en Cartagena a la que no asistió. En París, con don Porfirio, compartirían nostalgias y lamentaciones sobre el desagradecimiento de sus pueblos respectivos. Escribe un biógrafo de Reyes:

> Tendido en la *chaise longue*, desde el solárium de su hotel en Lausanne, sobre el plácido lago Leman, el general Reyes [...] repasaba el deplorable espectáculo de la ingratitud que, detrás suyo, ofrecía el país.

Dicha ingratitud se manifestaba en la elección —por la Asamblea Constituyente dejada por el dictador— de Carlos E. Restrepo como presidente de la república para encabezar el gobierno pacífico y democrático de la Unión Republicana, tal vez el primero con esa doble característica en la historia de Colombia. Los había habido democráticos, pero violentos; o pacíficos, pero dictatoriales. El que sucedió al Quinquenio autocrático de Reyes fue un oasis de cuatro años —pues la

Asamblea había vuelto a reducir el período presidencial—
presidido por un sorprendente político que en su discurso de
posesión hizo una asombrosa triple advertencia:

> He sido conservador: pero en el puesto que se me ha
> señalado no puedo actuar como miembro de ninguna
> parcialidad política.

> Nací en Antioquia: pero como presidente de la Repúbli-
> ca no seré más que colombiano.

> Soy católico: pero como jefe civil del Estado no puedo
> erigirme en pontífice de ningún credo, y sólo seré el
> guardián de las creencias, cualesquiera que sean, de to-
> dos los colombianos.

A esos tres peros, que eran tres negativas, Carlos E. Restrepo les sumó dos noes: gobernó con los conservadores no rege-
neracionistas y con los liberales no reyistas. Con los hombres
de una nueva generación, llamada la generación del Centenario, más pacifista que belicosa, más liberal que conservadora y más atenta a la agitación del mundo exterior que a los
conflictos parroquiales del país. Estrictamente hablando, los
republicanos de Carlos E. Restrepo fueron verdaderos revolucionarios: pretendieron instaurar en Colombia la tolerancia,
por primera vez desde que los españoles vestidos de hierro
pusieron el pie en las playas del Caribe.

Por lo cual su administración —que quería ser "algodón
entre dos vidrios", tampón entre los dos partidos enemigos
ya tradicionales para impedir que estos retornaran a "los viejos y queridos odios" causantes de las continuas guerras— fue
calificada de inocua, de anodina: de "incolora". De insípida.
Pretendía hacer política sin ideas políticas, y ser "opción civilizada" frente a la barbarie liberal y conservadora. Restrepo, al
entregar institucional y pacíficamente el poder en 1914, cosa
sin muchos precedentes, lo explicó así:

> Si ningún partido ha encontrado en mí el fiel intérprete
> de sus odios, de sus amores o de sus intereses, es porque

he presidido un gobierno colombiano. Al ser presidente de cualquier facción me hubiera ganado el sufragio incondicional de medio país; pero el otro medio, y sobre todo mi conciencia, me hubieran negado el suyo.

Carlos E. Restrepo
vestido de gris

Si el gobierno republicano era insípido, la sal, sin embargo, venía de afuera: de Europa, donde por esos días estalló la que en un principio se llamó casi modestamente la Gran Guerra y después pasó a pretender el título de Guerra Mundial (la Primera). Y con ella aquí llegaban a la vez la ruina del comercio y del fisco, y las nuevas ideas socialistas. El general liberal de los Mil Días, Rafael Uribe Uribe, por entonces jefe indiscutido de su partido y su único representante en el Congreso, hablaba de que su colectividad debería remozarse bebiendo en las fuentes ideológicas del socialismo. Y aclaraba: de un socialismo de Estado: de arriba abajo, y no de abajo arriba como el que predicaban los revolucionarios europeos. Lo asesinaron a hachazos en octubre de 1914 dos artesanos sin trabajo en las gradas del Capitolio Nacional, un solemne edificio con pretensiones de Partenón de Atenas todavía sin terminar al cabo de sesenta años de iniciada su construcción, como ha sido siempre el caso de las obras públicas en Colombia, sean grandes o pequeñas. Nunca se supo por qué lo habían matado, ni quién lo había mandado matar: si el régimen conservador por liberal, si los liberales clásicos por socializante, o si los dos autores materiales del crimen, que siempre aseguraron haberlo hecho por su propia cuenta, por estar borrachos y por considerar a Uribe responsable del desempleo entre los artesanos de Bogotá.

Asesinos Galarza y Carvajal

En Colombia nunca han solido quedar en claro los magnicidios. Más bien se han prestado a chistes y chacotas. Del asesinato de Rafael Uribe Uribe sólo quedó una placa conmemorativa en las escaleras del Capitolio, una *Pietà* de bronce en el Parque Nacional de Bogotá y una absurda cuarteta burlona:

> Asesinos Galarza y Carvajal
> que matasteis a Uribe Rafael:
> si vosotros no hubiérais hecho tal
> aún estaría en el Senado él.

Pese a tropiezos como el asesinato de Uribe Uribe amainaban las luchas políticas entre los partidos tradicionales, incluso las provocadas por el fanatismo religioso alentado por los jerarcas de la Iglesia católica. Fue excepcional el caso de una asonada estudiantil que se presentó —y concluyó con muertos— en la Universidad de Antioquia porque el rector se negó a cumplir una ley de honores del Congreso que ordenaba poner en el paraninfo un retrato del periodista Fidel Cano, fundador del periódico *El Espectador.* ¿Cómo se iba a colgar el retrato de un liberal en un recinto presidido por el Corazón de Jesús?

Gabinete ministerial
de la Hegemonía, de paseo

Hubo que esperar el final de la fugaz Unión Republicana para que revivieran los que Carlos E. Restrepo había llamado "los viejos y queridos odios" entre los dos partidos, y empezara, ahora sí en serio, la hegemonía política del conservatismo.

La hegemonía propiamente dicha

Iban a ser dos décadas de gobiernos homogéneamente conservadores. Aunque desde muy pronto el partido en el poder volvió a dividirse, como era lo habitual y probablemente inevitable en los gobiernos de partido y en los partidos de gobierno. Dos décadas de administraciones naturalmente reaccionarias, no sólo por interés sino por convicción ideológica, si es que ambas cosas no son la misma; inspiradas y hasta cierto punto controladas por las jerarquías de la Iglesia católica y mantenidas por los fraudes electorales a los que les daba derecho su calidad de elegidas por la Divina Providencia. Los candidatos conservadores a la presidencia eran señalados con el dedo por el arzobispo de Bogotá, el mayestático monseñor Bernardo Herrera Restrepo, que ni siquiera se dignaba recibirlos para comunicarles su designación, sino que se la hacía saber por conducto de un monaguillo. Y los gobernadores y alcaldes conservadores a lo ancho del país eran respaldados por los curas de pueblo desde los púlpitos de las parroquias. Los cuales se apoyaban a su vez —como lo habían hecho para impulsar las guerras del siglo anterior, si no estrictamente guerras de religión sin duda guerras de Iglesia— en las encíclicas papales condenatorias del liberalismo laico y del pecado aún más nefando del socialismo ateo: los errores modernos, sucesores aún más perversos del luteranismo del siglo XVI o del arrianismo del siglo III o del… Para la poderosa y reaccionaria Iglesia colombiana todo lo moderno era erróneo: no sólo las ideas políticas y las doctrinas científicas, sino los inventos técnicos y mecánicos y las costumbres sociales: la radio, el cine, el baile, la ocurrencia impía de la educación femenina, aberración moral comparable al negocio de la prostitución.

Y sin embargo, a pesar de la influencia clerical, y tal vez por un milagro de la misma Divina Providencia, no sólo subsistieron sino que prosperaron los institutos de educación laica, desde la primaria hasta la universitaria, en coexistencia pacífica con colegios y universidades religiosos, que en sus niveles más altos —seminarios y universidades— eran regentados por los jesuitas.

Así, escogidos por el dedo infalible de monseñor Herrera Restrepo, ocuparon sucesivamente la presidencia José Vicente Concha y Marco Fidel Suárez: fogoso orador parlamentario el uno, y sentimentalmente, románticamente antinorteamericano; y castizo escritor el otro, gramático y teocrático, y pronorteamericano a ultranza: su lema de gobierno fue el de *"respice polum"*: mirar a la estrella polar que se levantaba al norte, futura reina del mundo, reciente vencedora en la guerra europea del 14 al 18 y ya dueña de las islas del Caribe y de la América Central y de las Filipinas al otro lado del mundo: los escombros del desmantelado Imperio español. Y enredados ambos, Concha y Suárez, en la ya envejecida y más que todo protocolaria disputa sobre la indemnización del gobierno de los Estados Unidos por la toma de Panamá, en donde el canal, ya exclusivamente norteamericano, acababa por fin de inaugurarse.

Gabinete ministerial
de la Hegemonía, visto de espaldas

Se negociaban tratados que iban y venían, rechazados por el Congreso de aquí o por el de allá. El gobierno norteamericano oscilaba entre la inclinación a pedir las excusas que los colombianos reclamaban —incluyendo en el tratado la expresión "*sincere regret*"— y el susto al expresidente Theodore Roosevelt, responsable del robo, que ante tal exigencia montaba en cólera patriótica: pedir excusas por el zarpazo imperialista era un "crimen contra los Estados Unidos" y un "ataque a su honor". El gobierno colombiano oscilaba por su lado entre la codicia y la indignación nacionalista, y el Congreso estaba agriamente dividido al respecto.

Hubo que esperar a que Roosevelt muriera en los Estados Unidos y a que en Colombia el presidente Suárez fuera expulsado de la presidencia por las violentas acusaciones de corrupción del entonces joven y ya virulento tribuno parlamentario

Laureano Gómez, futuro jefe del conservatismo. Y se aprobó así, mediante el pago a Colombia de veinticinco millones de dólares, el tratado Urrutia-Thomson que regularizaba las relaciones entre Colombia y los Estados Unidos, cuya inmediata consecuencia fue la llamada "danza de los millones": porque para la época, y para un pequeño país como era este, veinticinco millones eran muchos millones: el nunca hallado tesoro de El Dorado de las leyendas chibchas y españolas de los tiempos de Jiménez de Quesada.

Ese maná del cielo sirvió para adelantar unas cuantas grandes obras públicas inconclusas desde los días del radicalismo liberal, puertos, ferrocarriles y carreteras, bajo el gobierno de origen conservador pero de intención progresista del general Pedro Nel Ospina. Buena parte de los millones se perdió en vericuetos de intermediaciones y comisiones, robos y despilfarros, que enriquecieron a muchos allegados del gobierno, de uno y otro partido: los bailarines de la famosa "danza". Fueron los años llamados entonces de "la prosperidad a debe". Y de una corrupción como no se había visto —porque no había con qué— desde los años entonces ya remotos de los grandes empréstitos ingleses para las guerras de la Gran Colombia. Muchos ricos se hicieron ricos.

El general
Pedro Nel Ospina
en su cunita de bebé
presidencial

Pedro Nel Ospina fue el primer hijo de presidente en ocupar la presidencia. Había nacido en el palacio de San Carlos cuando su padre, Mariano Ospina Rodríguez, empezaba su mandato, inaugurando sin saberlo la tradición después llamada "delfinazgo" por alusión al título de los Delfines de Francia: la del tácito derecho hereditario al poder que después nos daría tantos López, tantos Ospinas, tantos Gómez, tantos Pastranas, tantos Santos repetidos. Ospina era también un próspero hombre de negocios, como Reyes; y usaba como él frondosos bigotes blancos, a la moda del para entonces ya desterrado y difunto caudillo mexicano Porfirio Díaz. Un hombre práctico, a quien le correspondió administrar uno de los más favorables momentos de la historia económica de Colombia, en el que subían los precios internacionales y crecían las exportaciones del café, ya convertidas en la primera fuente de divisas del país.

La diplomacia del dólar

Entonces vino la Misión Kemmerer. Fue la primera de las grandes misiones económicas y financieras enviadas por los gobiernos de los Estados Unidos a la América Latina, que reemplazaron en nombre del dólar las antiguas misiones evangelizadoras del Imperio español en nombre de la cruz, y con igual éxito: el total sometimiento. Tras la espada de España venía la cruz: después de la "diplomacia de la cañonera" de los Estados Unidos de la primera década del siglo, la "diplomacia del dólar" basada en el principio de que resultaba más barato comprar que invadir.

Así la misión del académico de la Universidad de Princeton, el profesor Edwin Kemmerer, bajó de norte a sur predicando su doctrina desde el Río Grande hasta el estrecho de Magallanes, fundando Bancos Centrales y creando Contralorías mientras vadeaba sin mancharse los zapatos las dictaduras respaldadas o impuestas por los Estados Unidos. Había empezado en las Filipinas, apenas estabilizada la guerra de conquista norteamericana después de la expulsión de España. Bajó después del México del general Venustiano Carranza (1917) a la Guatemala del dictador Manuel Estrada Cabrera (1919); al Ecuador de la Junta Militar (1926); al Chile del general Ibáñez, entonces todavía coronel (1925); a la Bolivia de Siles (1927); al Perú del general Sánchez Cerro (1931). Por Colombia pasó en 1923 traída, o recibida, por el gobierno del general Pedro Nel Ospina para fundar el Banco de la República y la Contraloría General. En Venezuela se topó con el sentido común del dictador Juan Vicente Gómez: "Me sale más cara", dijo, "la Contraloría que la corrupción" —de la cual, por lo demás, él mismo formaba muy importante parte—. La Misión Kemmerer proponía las reformas institucionales necesarias para garantizar la capacidad de pago de la deuda externa de los países latinoamericanos sin necesidad de recurrir al desembarco de los marines y, como consecuencia, restablecer la confianza inversionista de las empresas y los bancos norteamericanos.

Míster Kemmerer,
misionero del dólar

Del gobierno de Pedro Nel Ospina, hijo del otro Ospina que solicitó en vano la adopción de Colombia como colonia de los Estados Unidos, datan tanto la fama de "buen socio" que tiene este país como su renuncia a tener una política económica y una política internacional autónomas: la dependencia voluntaria, confirmada luego por todos los gobiernos.

Y mientras el dólar mandaba, por detrás de la paz política entre los partidos se incubaban los conflictos sociales generados por la aparición de una clase proletaria que empezaba a organizarse en sindicatos. Estallaban grandes huelgas, siempre declaradas ilegales y reprimidas como problemas de orden público (ver perfil al final del capítulo). Aparecieron el Partido Comunista y el Partido Socialista Revolucionario, y un efímero Partido Agrario Nacional, al tiempo que un ala izquierda del Partido Liberal se desgajó brevemente para fundar la Unión Nacional de Izquierda Revolucionaria (Unir) bajo el liderazgo de Jorge Eliécer Gaitán.

El propio Partido Liberal también conoció una renovación interna con la sustitución paulatina de sus viejos líderes, los generales de la Guerra de los Mil Días, por hombres de la generación del Centenario que ya no hablaban francés sino inglés. Alfonso López Pumarejo, un banquero quebrado pasado a la política, llamaba a sustituir los criterios históricos del partido por criterios económicos. En el Partido Conservador, Laureano Gómez empezaba a dinamitar las viejas estructuras desde una modernidad de corte fascista, como la que venía creciendo en Europa. De los Estados Unidos llegaba, con el retraso habitual del huso horario histórico, el "*red scare*", el miedo al "peligro rojo". Y también los efectos de la Gran Depresión de 1929, cuyos coletazos en Colombia quebraban bancos, hundían empresas y, con la interrupción súbita de los empréstitos norteamericanos, obligaban al abandono de las obras públicas. La Hegemonía Conservadora tocaba a su fin.

Lo que le dio el puntillazo final no fue sin embargo la amenaza exterior del partido rival, sino, como fue siempre lo habitual en la historia de los partidos colombianos, la división interna. Era cosa admitida que tales divisiones las resolviera en el Partido Conservador la autoridad eclesiástica, que bendecía o ungía al sector o al candidato de sus predilecciones. Pero había muerto el inflexible arzobispo de Bogotá, Bernardo Herrera Restrepo de Buendía y Montoya, que durante decenios había sido el aristocrático y santafereño árbitro absoluto de la política conservadora. Y su sucesor, monseñor Ismael Perdomo, curita provinciano de la remota población de Gigante, Huila, carecía de la prestancia social y de los arrestos políticos del arzobispo Herrera, y en consecuencia de la autoridad para zanjar entre las pretensiones de los dos candidatos conservadores que se presentaron a las elecciones presidenciales de 1930, el general de la guerra Alfredo Vásquez Cobo y el poeta modernista Guillermo Valencia. Un día se pronunciaba por el uno y otro día por el otro, desconcertando los sermones de sus agentes electorales, los curas de los pueblos. Hablando de las elecciones de ese entonces escribía el historiador Mario Latorre:

> Las elecciones no cuentan. Claro que se realizan, pero ya se sabe: las elecciones se ganan.

Arzobispo eligiendo presidente
con ayuda del Espíritu Santo

Pero no con los votos divididos entre dos candidatos a medio bendecir, ninguno de los cuales había recibido de manera clara el baculazo o golpe consagratorio del báculo archiepiscopal. Las elecciones de 1930 las perdió el Partido Conservador, y sus dolidos militantes empezaron a llamar a monseñor Perdomo "monseñor Perdimos". Pero aceptaron la derrota.

Así se hundió la Hegemonía Conservadora, que iba a durar para siempre.

Gabinete ministerial
de la Hegemonía
de vuelta del paseo

La vieja lucha por la tierra:

el blanco invadido y el indio invasor

El poeta Valencia
y el indio Lame

Pasadas las guerras que podríamos llamar ideológicas entre liberales y conservadores que ocuparon todo el siglo XIX —guerras por la religión católica o por la estructura de la nación, además de las rivalidades políticas por el poder—, el capitalismo incipiente trajo nuevos motivos de conflicto social. No ya entre pequeños artesanos y grandes comerciantes importadores, como en tiempos de los radicales, sino entre obreros y patronos de las nacientes industrias. Pero a falta de capitales nacionales, las empresas grandes que se crearon fueron por lo general norteamericanas, en dos grandes y nuevos sectores: el del petróleo, en manos de la Standard Oil Company de John D. Rockefeller, primer multimillonario del siglo XX, representada aquí por la Tropical Co., familiarmente llamada "la Troco"; y el de la producción extensiva de banano, dominado por la United Fruit Company: la "Yunaited", conocida en toda la cuenca del Caribe como "Mamita Yunai", a la que Pablo Neruda denunció en su *Canto General* por haber sembrado de feroces dictaduras "la dulce cintura de América", del Yucatán hacia abajo.

Esas dos grandes empresas fueron la encarnación del imperialismo norteamericano en América Latina, y promotoras ambas de no pocos golpes de Estado en la región, muchas veces acompañados por los correspondientes desembarcos de infantes de marina. El himno de guerra de los *marines* —"*From the Halls of Montezuma to the shores of Tripoli*": desde los palacios de Moctezuma en México hasta las playas de Trípoli en Libia luchamos por defender el derecho y la libertad...— ilustra bien el asunto. El general Smedley Butler, comandante de los *marines*, lo tradujo diciendo que los treinta y tres años de su exitosa carrera militar, en los que participó en invasiones a China y a Nicaragua, a Cuba y a las islas Filipinas, a Venezuela y a Haití, habían consistido en hacer a esos países "seguros" para la Standard Oil, la United Fruit y los banqueros de Wall Street.

En Colombia no fueron necesarios los desembarcos de tropas norteamericanas, salvo el que se había hecho en 1903 para rubricar la separación de Panamá. Pero una y otra empresa, la Troco y la Yunaited, fueron causa de las dos grandes huelgas de trabajadores que marcaron el nacimiento del movimiento obrero en el país, y, de paso, la fundación del efímero Partido Socialista Revolucionario y del más sólido y duradero

Partido Comunista: la huelga de los obreros petroleros en Barranca, en 1924, y la de los corteros de banano en Ciénaga, en 1928.

Famosa foto de John D. Rockefeller,
dueño de la Standard Oil Co.,
dándole un centavo a un niño pobre

Del paso de la Troco por el país también quedaron tremendos "daños colaterales": la destrucción final de los indios yariguíes en lo que había sido la Concesión Petrolera de Mares en el Magdalena Medio, y la de los barí o motilones en la Concesión Barco, en el Catatumbo; y uno estético: el edificio Andian, que fue el primero en destruir la armonía arquitectónica colonial de la Plaza de la Aduana en Cartagena. En cuanto a la Yunaited, la gran huelga de la Zona Bananera de Santa Marta, además de los varios cientos de muertos a bala de la represión militar —la famosa matanza de las bananeras denunciada en su momento en el Congreso por el insurgente dirigente liberal Jorge Eliécer Gaitán, y narrada muchos años más tarde por el gran escritor Gabriel García Márquez en un episodio de su novela *Cien años de soledad*—, tuvo la inesperada consecuencia de que con el escándalo político consiguiente contribuyó a la caída electoral del régimen conservador en 1930.

Hubo en esos años otro conflicto, novedoso por su elemento: el caucho, convertido en una necesidad de las industrias bélicas de Europa y los Estados Unidos. Pero de modalidad antiquísima: la esclavitud. Y también extranjero: lo protagonizó la angloperuana Casa Arana que en las selvas amazónicas del Putumayo esclavizó y casi exterminó a los indios huitotos para el trabajo de la explotación de los árboles de caucho, y fue denunciada ante el Parlamento inglés por el cónsul británico en Iquitos, Roger Casement, y descrita aquí, también años después, por José Eustasio Rivera en su novela *La vorágine*. En Colombia los horrores de la realidad sólo son conocidos a través de las obras de ficción.

A la vez que nacían los conflictos modernos de la economía resurgían los antiguos de la necesidad, que aunque se hubieran visto ocultados por las guerras políticas de las oligarquías nunca habían cesado: y en primer lugar el de la lucha por la tierra. En él se iban a enfrentar durante años dos personajes simbólicos: un gran poeta modernista, Guillermo Valencia, que era a la vez reaccionario hacendado feudal, y un miserable siervo de la gleba, el indio Quintín Lame, convertido en caudillo de la primera rebelión indígena habida en la América española desde los tiempos del inca Túpac Amaru en el Perú del siglo XVIII —o desde la modesta contribución del cacique de Chía, Ambrosio Pisco, al movimiento de los Comuneros en la Nueva Granada—.

Quintín Lame era un indio de padre paez y madre guambiana, tradicionales peones terrajeros analfabetos de una hacienda caucana. Según cuenta en su libro *Los pensamientos del indio que se educó dentro de las selvas colombianas*, aprendió a leer y escribir por su cuenta: eso no se usaba entre los indios siervos del Cauca. Y con ello empezó a preguntarse, y a preguntar, por qué tenían los indios que pagarles en días de trabajo a los hacendados blancos el servicio de terraje por el derecho de cultivar sus propias tierras. Un abogado de Popayán, tradicional nido de abogados en este país, le dio a leer un ejemplar del Código Civil. Nunca lo hiciera: el indio aprendió Derecho.

Ahí empezó su combate por su gente. Al principio con actas y memoriales: tan leguleyo el indio paez del siglo XX como un conquistador español del XVI. Lo fundamentaba no sólo en el derecho natural, que en su opinión mostraba que la tierra es de quien la ha ocupado y trabajado siempre, sino también en las antiguas Leyes de Indias de la Corona de España —"sólo los indios somos los verdaderos dueños de esta tierra en Colombia, porque toda América es baldía"—; y lo reforzaba con un decreto de Bolívar de 1820 que ordenaba "devolver a los naturales, como propietarios legítimos, todas las tierras que formaban los resguardos según títulos, cualquiera que sea el que aleguen los actuales tenedores". Decreto ignorado por los hacendados y por las autoridades durante todo ese siglo, aunque confirmado por una ley de la república en la cual Quintín Lame basaba sus alegatos: la ley 89 de 1890.

Una ley progresista para la época. Un siglo más tarde —en 1994— la Corte Constitucional la declaró, *a posteriori*, "abiertamente inconstitucional en su integridad [porque] desconoce la dignidad de los pueblos indígenas al atribuirles el calificativo de salvajes". Pero el caso es que, indigna o no en su lenguaje, en la realidad de su tiempo la ley reconocía el derecho de los indígenas al autogobierno (los cabildos) y garantizaba la intangibilidad de sus resguardos, que de acuerdo con ella no se podían parcelar ni vender. Tal ley no se cumplía —como durante siglos no se habían cumplido las Leyes de Indias—; pero en su combate legalista y leguleyo, que llevó hasta el Congreso de la República habiendo sido elegido por los cabildos Defensor General de los Indios del Cauca, el indio Quintín Lame exigía que se cumpliera.

Sin ningún éxito.

Pasó entonces a los actos. En 1914, bajo su conducción, muchos miles de indios de Tierradentro y de Inzá, de las montañas del Cauca y del Valle, de las selvas del Huila y de los llanos del Tolima, se levantaron en armas —las que había: machetes, lanzas, azadones, alguna escopeta de fisto robada a algún mayordomo de finca o a algún patrón— y asaltaron haciendas y pueblos. Eran tomas violentas pero fugaces, antes de que llegara el ejército a correrlos con armas de verdad, con bayonetas y fusiles y las modernas ametralladoras heredadas de las guerras europeas. Quintín Lame llamaba a su pueblo secularmente oprimido a la creación, en las casi inaccesibles cordilleras caucanas, de una "República Chiquita" independiente de la república "grande" de los hacendados blancos. Lo cual, por supuesto, provocó la reacción represiva y violenta de los propietarios y de las autoridades militares. La encabezó un poeta de Popayán: Guillermo Valencia. Poeta modernista y con rachas de progresismo social en la forma, pero político ultraconservador y gobernante represivo en el fondo: una contradictoria mezcla bastante habitual en este país —en este continente— de políticos poetas y de poetas políticos.

Escribía Valencia sonoros versos endecasílabos en su gran poema social "Anarkos", criticando "la codicia sin fin de los señores" y condoliéndose con elocuencia de la suerte de los trabajadores; los de las minas de carbón, por ejemplo, que conocía por sus lecturas inglesas y francesas, pues no las había en el Cauca:

> ... los mineros: acosada estirpe
> que sobre recio pedernal se agota,
> destrozada la faz, el alma rota,
> sin un caudillo que su mal extirpe...

Pero a la vez no toleraba que apareciera un caudillo que pretendiera extirpar el mal de los acosados peones de hacienda igualmente agotados sobre el surco. Valencia no poseía minas de carbón: su suegro tenía haciendas.

> ¡Loor a los valientes campeones
> que vertieron sus lágrimas
> entre los socavones!

... cantaba el poeta Guillermo Valencia, tan lírico como épico. Sí: pero para el valiente campeón de carne y hueso que tenía delante vertiendo lágrimas, el indio rebelde Quintín Lame, el hacendado caucano Guillermo Valencia, Jefe Político y Militar y Gobernador del Cauca, Ministro de Guerra, casi perpetuo Senador de la República y eterno aunque frustrado aspirante a la presidencia —el sueño, ya se ha visto, de todos los poetas de Colombia—, sólo usaba el lenguaje burocrático de la condena jurídica y de la represión policial y militar.

Firmas de Guillermo Valencia y de Quintín Lame

Derrotado siempre, condenado varias veces al cepo de ignominia de los antiguos y todavía vigentes castigos feudales de
la Colonia, y llevado a la cárcel otras más —por semanas, por
meses o por años—, al cabo del tiempo el rebelde Quintín
Lame renunció a las armas para dedicarse a la organización
pacífica de la protesta indígena en el Tolima y en el Huila, ob-
teniendo por fin el reconocimiento oficial del gran resguardo
de Ortega y Chaparral a principios de la década del treinta.
Su vida representa, como en escorzo, lo que ha sido la historia
de esto que hoy es Colombia desde los tiempos de la Conquista en el siglo XVI: el choque entre la violencia y la ley. Desde
ambos lados. Decía su epitafio en el cementerio de indios del
resguardo tolimense de Ortega y Chaparral:

> Aquí yace Quintín Lame, el indio que dedicó su vida a
> luchar contra la justicia.

Pero alguien quiso corregir la inscripción de la tumba in-
tercalando una sílaba: "contra la IN justicia". Más que una corrección fue un complemento. Pues la vida del indio Quintín
Lame fue una lucha contra las dos cosas: en su primera mitad,
contra la justicia institucional, la establecida justicia de los
blancos conquistadores que privaba a los indios del derecho

a la tierra. La segunda, contra la injusticia; pero no la jurídica sino la inmanente: contra la inequidad.

En el sepulcro del poeta Valencia, en el vasto caserón colonial que fue de su familia en Popayán, hoy convertido en museo, figuran en la lápida sólo las fechas de su nacimiento y de su muerte.

(Muchos años después, en 1984, apareció en el Cauca una guerrilla indígena llamada Grupo Armado Quintín Lame. Pero esto pertenece a otro capítulo de esta historia).

Tumba de Quintín Lame

Algunos libros
y fuentes consultados

Carlos Uribe Celis, "¿Regeneración o catástrofe? (1886-1930)", en *Historia de Colombia: todo lo que hay que saber.*

David Bushnell. *Colombia, una nación a pesar de sí misma.*

Eduardo Lemaitre. *Rafael Reyes.*

Enrique Santos Molano. "La misión Kemmerer", en revista *Credencial Historia,* núm. 184.

Germán Colmenares. "Ospina y Abadía: la política en el decenio de los veinte", en Jaime Jaramillo Uribe (ed.), *Nueva Historia de Colombia.*

Humberto Vélez Ramírez. "Rafael Reyes: quinquenio, régimen político y capitalismo (1904-1909)", en Jaime Jaramillo Uribe (ed.), *Nueva Historia de Colombia.*

Jorge Orlando Melo. "De Carlos E. Restrepo a Marco Fidel Suárez: Republicanismo y gobiernos conservadores", en Jaime Jaramillo Uribe (ed.), *Nueva Historia de Colombia.*

Juan Antonio Pardo Ospina. "Ospina Pedro Nel: segundo presidente Ospina", en *Tres presidentes de Colombia y semblanzas de personajes de la familia Ospina*.

Luis Martínez Delgado. *Jorge Holguín o el político*.

Luis Guillermo Vasco Uribe. "Quintín Lame: resistencia y liberación", en revista *Tabula Rasa*, núm. 9.

Marco Palacios. *Entre la legitimidad y la violencia: Colombia 1875-1994*.

Pedro Juan Navarro. *El parlamento en pijama*.

Y míster Google.

X

LA

REPÚBLICA

LIBERAL

Para empezar, Olaya y López no se podían ver. Luego se detestaban López y Santos. A continuación Lleras abominaba de Turbay y de Gaitán, que se execraban el uno al otro. Y todos odiaban a sus antecesores, los generales de las guerras civiles. En eso consistieron los dieciséis años de lo que se llamó la República Liberal, entre 1930 y 1946.

No encuentro en la historia nacional el ejemplo de un período de gobierno que no se haya constituido en una oligarquía.
Alfonso López Pumarejo

Jefes liberales dándose cuenta
de que no caben todos en el canapé republicano
(De pie: G. Turbay, D. Echandía, A. Lleras, J. E. Gaitán.
Sentados: E. Olaya, A. López y E. Santos)

L a crisis del año 29 en la bolsa de Nueva York dio comienzo a la Gran Depresión económica en el mundo entero. En Europa reinaba un enorme desorden: surgían los fascismos en Italia y Alemania, mientras que en España caía la monarquía y se proclamaba la república. En los Estados Unidos el demócrata Franklin Roosevelt era elegido presidente e iniciaba la política económica del *New Deal.* En toda América Latina florecían las dictaduras militares —salvo en México, donde imperaba la dictadura civil del Partido Revolucionario Institucional, PRI—. Pero en Colombia todo parecía inconmovible. Cuenta un historiador: "Todo era conservador: el Congreso, la Corte Suprema, el Consejo de Estado, el Ejército, la Policía, la burocracia". Por eso cuando en la Convención Liberal de 1929 Alfonso López Pumarejo advirtió a su partido que debía prepararse para asumir el poder, nadie lo creyó posible.

Alfonso López Pumarejo
El burgués revolucionario

Seguro de sí mismo, el conservatismo se dividió entre dos candidatos: un general y un poeta. Y los liberales decidieron tentar suerte con el nombre del político boyacense Enrique Olaya Herrera, que despertó un gigantesco respaldo popular completamente inesperado, pues llevaba casi diez años ausente del país: nada menos que como embajador en Washington de los sucesivos gobiernos conservadores. Olaya desembarcó en Barranquilla y se vino río Magdalena arriba echando discursos diluviales y dando vivas al gran Partido Liberal en cada puerto y en cada plaza de pueblo hasta llegar a Bogotá. Y arrasó en las elecciones. Bajo la modorra de la Hegemonía un crucial dato demográfico había cambiado: en treinta años se había casi duplicado la población del país, y la proporción entre la rural y la urbana se había transformado radicalmente. Lo cual, empujado por la crisis económica que disparó el desempleo en las nacientes industrias citadinas y en las obras públicas financiadas a debe con empréstitos extranjeros, desembocó en un vuelco electoral: los conservadores perdieron votos en el campo y los liberales los ganaron en las ciudades. Y tal vez por primera vez en la historia de la república tuvieron estos las mayorías electorales legítimas, sin necesidad de recurrir al fraude como en la época del Olimpo Radical.

Alfonso López   Darío Echandía   Olaya Herrera

Alberto Lleras   Gabriel Turbay

Galería de sombreros de la República Liberal

Aún más sorprendente fue la reacción del Partido Conservador en el poder: lo entregó mansamente, en la transición más pacífica y menos accidentada que se había visto en los últimos cien años —sin conato de guerra civil ni tentativa de golpe de Estado—, desde los tiempos del general Santander.

Pero a poco andar empezó la violencia partidista en los pueblos de los Santanderes, al tiempo que en las ciudades crecía la agitación social, alentada por el desempleo e incluso el hambre urbana provocados por la Gran Depresión. El ministro de Hacienda —el conservador Esteban Jaramillo— lo resumiría más tarde: "Rugía la revolución social, que en otros países no pudo conjurarse". (Porque el gobierno de Olaya, aunque teóricamente liberal, tenía participación de los conservadores: respondía a la fórmula de colaboración tantas veces repetida desde el presidente Mallarino a mediados del siglo XIX, esta vez bajo el nombre de Concentración Nacional). Y a conjurar esa revolución social en Colombia contribuyó en mucho la irrupción inesperada de una guerra fronteriza con un país vecino, también la primera en un siglo, que paradójicamente trajo estabilidad interna. Tropas del ejército peruano invadieron Leticia, sobre el río Amazonas, y en las fronteras selváticas murieron unos pocos soldados peruanos y colombianos; pero en Colombia se unieron en una misma exaltación nacionalista los partidos y las clases sociales. Hasta Laureano Gómez, el nuevo y belicoso caudillo conservador, implacable crítico del gobierno de Olaya —del que venía de ser embajador en Alemania—, se unió al coro patriótico: "¡Paz! ¡Paz en lo interior!", clamó en el Senado. "¡Y guerra! ¡Guerra en la frontera contra el enemigo felón!".

Poco más tarde, cuando se hizo la paz en la frontera, Gómez denunciaría violentamente al gobierno por haberla hecho, y volvería a desatarse la guerra en lo interior. Porque los éxitos locales e internacionales de Olaya habían abierto el camino para el gobierno de Partido Liberal homogéneo, un gobierno resueltamente "de partido", que a continuación iba a encabezar Alfonso López Pumarejo: el ambicioso gobierno de la Revolución en Marcha.

¿La revolución?

Alfonso López Pumarejo fue un improbable líder revolucionario: era "un burgués progresista", como lo llamaría cuarenta años más tarde su hijo el también presidente Alfonso López Michelsen. Nieto de uno de los jefes de los artesanos de Bogotá durante la dictadura de Melo a mediados del siglo XIX, hijo de un exportador de café y banquero que a principios del XX llegó a ser uno de los colombianos más ricos de su tiempo, y banquero quebrado él mismo y hombre de negocios que se dio a la política cuando le fracasaron los negocios, como a todo el mundo en esos días de la Gran Depresión. Su gobierno, hecho de jóvenes liberales de izquierda, llegó en 1934 proponiendo reformas radicales basadas en la intervención resuelta del Estado, no sólo en lo político sino en lo económico y social. El propio presidente anunció en su discurso de posesión cambios impresionantes:

El deber del hombre de Estado es efectuar por medios
pacíficos y constitucionales todo lo que haría una revolución por medios violentos.

López Pumarejo modelo 34

Pero su Partido Liberal, salvo unas minoritarias vanguar-
dias entusiastas de jóvenes intelectuales, periodistas, estudiantes y dirigentes sindicales, no estaba preparado para eso: seguía
siendo mayoritariamente un partido caciquil de gamonales,
abogados y terratenientes, como en los tiempos de Murillo
Toro o del general Santander. Por eso López mismo, mediada
su administración, tuvo que anunciar una "pausa" en las reformas. Pues pese a tener un Congreso homogéneamente liberal —el jefe conservador Laureano Gómez había ordenado
la abstención electoral de su partido— este estaba hecho de
liberales de muy distintos matices, "desde Manchester hasta el
Frente Popular": y eran más los de Manchester.

Así que las reformas anunciadas casi no pasaron del papel a la realidad de los hechos. Una reforma constitucional
que aspiraba a "quebrarle las vértebras" a la Constitución teo-
crática y cuasimonárquica de 1886, pero que no pasó de ser,
diría el propio López, "un compromiso entre la cautela y la
audacia"; una reforma agraria que por enésima vez —desde
el presidente de la Real Audiencia Venero de Leyva en el siglo
xvi— proponía redistribuir la tierra, y tampoco esta vez lo
consiguió: su famosa ley 200 de 1936, sin llegar a aplicarse,
se volvió "un criadero de demandas", y a los pocos años fue
revertida por la no menos famosa ley 100 de 1944, bajo el segundo gobierno del mismo López Pumarejo; una reforma tri-

butaria que por primera vez puso a los ricos a pagar impuesto de renta y patrimonio, como suma a los que ya pagaban los pobres: la alcabala sobre los "vicios populares" del tabaco y el aguardiente; una reforma laboral que consagraba el derecho a la huelga; una reforma de la educación universitaria.

Y finalmente la que encendió la más viva oposición del Partido Conservador, en el que los momificados notables de la Hegemonía habían sido desplazados por la jefatura única e imperiosa del senador Laureano Gómez: la reforma del Concordato con el Vaticano para protocolizar la separación de la Iglesia y el Estado. A la Santa Sede y al papa Pío XII les pareció muy bien. A los conservadores colombianos no.

Laureano Gómez induciendo
en tentación al papa Pío XII

La oposición y la pausa

Por livianas al principio y casi sólo cosméticas que resultaran al final las reformas políticas y sociales impulsadas por la llamada Revolución en Marcha, el caso es que irritaron profundamente a los grandes propietarios del campo y a los industriales de las ciudades, enfurecieron al clero que veía recortados sus privilegios y su influencia, e indignaron por principio a los conservadores; y al mismo tiempo decepcionaron a los sectores populares y obreros, que esperaban mucho más de sus promesas. Por lo tanto la oposición al gobierno de López Pumarejo vino simultáneamente de tres vertientes: la derecha burguesa liberal, que se organizó en la Apen (Asociación Patriótica Económica Nacional) para defender la propiedad privada amenazada por la reforma agraria prometida: una especie de Mano Negra *avant la lettre*; la izquierda socialista, que el joven político Jorge Eliécer Gaitán quiso aglutinar en la Unir (Unión Nacional Izquierdista Revolucionaria); y el Partido Conservador. Las dos primeras fuerzas tuvieron corta vida institucional, y se diluyeron pronto de nuevo en los dos partidos tradicionales. Pero el conservatismo, unificado bajo la mano de hierro y la "disciplina para perros" de Laureano Gómez, inspirado en las doctrinas totalitarias del fascismo italiano y el nazismo alemán, y luego en el modelo hispánico del nacionalcatolicismo franquista, se endureció cada vez más a medida que el impulso reformista del gobierno se agotaba. Para 1938 la pausa en las reformas decretada por López se convirtió en programa de gobierno de su sucesor Eduardo Santos, cabeza de los liberales moderados.

Santos　　　　**Gómez**

Santos, un exitoso periodista dueño del diario *El Tiempo*, casi accidentalmente llevado a la presidencia en sustitución de Olaya Herrera —que murió siendo el candidato designado del liberalismo—, pretendía hacer un gobierno, como era su talante, moderado y pacifista: republicano y liberal, en el sentido de lo que había sido veinte años antes la Unión

Republicana, a cuyo servicio había puesto entonces su recién fundado periódico *El Tiempo*. Cuando tomó posesión en 1938 tenía ante los ojos el fracaso de la república española, que según su criterio se había hundido en la guerra civil por la incapacidad de los liberales españoles para entenderse con su izquierda no comunista y su derecha no fascista, siguiendo un equilibrado curso medio. Santos quería un gobierno tranquilo, moderadamente progresista, sin alharacas revolucionarias, de concordia con todos: un gobierno que sin estridencias, de manera paulatina, contribuyera a llevar al país a la tolerancia civilizada: lo mismo que en sus tiempos había pretendido la difunta Unión Republicana.

No le iba a permitir a Eduardo Santos darse ese lujo la oposición conservadora, que arreció su agresividad desde el primer día. Con motivo de un tiroteo en el pueblo de Gachetá que dejó varios muertos en las elecciones parlamentarias del año 39, el fogoso y elocuente Laureano Gómez acusó a Santos de haberse puesto a gobernar "sentado en un charco de sangre" conservadora. La Convención del partido bajo su dirección decretó: "Debemos armarnos por todos los medios posibles". Y en el Senado Gómez anunció cuál iba a ser su programa opositor: recurrir a "la acción directa y el atentado personal" con el objeto de "hacer invivible la república" hasta que el poder volviera a las únicas manos legítimas que debían ejercerlo: las del conservatismo. Con ese propósito fundó su periódico *El Siglo* en Bogotá, al que le hacía eco la prensa conservadora de provincias: *La Patria* de Manizales, *El Colombiano* de Medellín, *Claridad* de Popayán. Y los curas desde los púlpitos en todos los pueblos del país.

La intrusión del mundo

Para complicar las cosas estalló la Segunda Guerra Mundial, y a través de los periódicos liberales y conservadores la compleja política del mundo se coló de sopetón en la provinciana política colombiana: el fascismo, el nazismo hitleriano, el comunismo soviético; y se coló también a través de la geopolítica por causa de la cercanía del estratégico Canal de Panamá.

Franklin Delano
Roosevelt
y la política
del Buen Vecino

Pero el presidente norteamericano Franklin Roosevelt inventó la política del "Buen Vecino" para pastorear las repúblicas americanas contra la posible tentación germanófila, cuyo influyente representante en Colombia era Laureano Gómez, jefe casi indiscutido del Partido Conservador: sus únicos competidores eran los llamados "Leopardos", más fascistas que nazis. Para Gómez, fervoroso antiyanqui como lo era casi toda su generación por cuenta del zarpazo imperial del primer Roosevelt, era preferible que el canal estuviera en manos alemanas o japonesas (del llamado Eje Berlín-Roma-Tokio) a que lo siguieran administrando los Estados Unidos. En cambio Eduardo Santos, que también había sido antiyanqui virulento, creyó en las buenas intenciones de Roosevelt, o por lo menos las tomó en serio. Y aunque guardó una neutralidad verbal en la Gran Guerra, en la práctica tomó partido por los Aliados, siguiendo el camino marcado por los Estados Unidos: al cual desde entonces —y como desde mucho antes: desde Suárez, desde Ospina Rodríguez, desde Santander— ha estado uncida Colombia.

Por sobre la cabeza del presidente Santos y de su gobierno liberal, el adversario al que apuntaba Gómez era López, de quien se sabía que sería inevitablemente el sucesor de Santos, y a quien Gómez acusaba de ser comunista. Le confiaba al embajador de Roosevelt que para evitar el retorno de López al poder, quien según él pondría a Colombia bajo el imperio del comunismo bolchevique, los conservadores estaban decididos a emprender una guerra civil, y esperaban contar para ello con la ayuda norteamericana. El embajador le aseguró —sin sonrojarse— que su gobierno nunca intervenía en asuntos internos de países soberanos. Laureano respondió diciendo que entonces buscarían las armas "en donde las había encontrado Franco" para ganar su guerra en España, es decir, en la Alemania nazi. Todavía no habían entrado los Estados Unidos en el conflicto mundial, y todavía creía Gómez, como muchos en el mundo, que el vencedor sería Alemania.

López sí, López no

Llegó pues en el 42, como era previsible, el segundo gobierno de López, al grito de "¡López sí!" y al grito de "¡López no!". Pero no trajo el bolchevismo que vaticinaba el caudillo conservador, y ni siquiera la profundización de las reformas sociales que esperaban confusamente las masas liberales que habían respaldado la Revolución en Marcha. López, se dijo entonces, había cambiado de amigos: ahora eran los ricos de los clubes sociales, los terratenientes de la sabana de Bogotá, los latifundistas de los Llanos, los banqueros y los exportadores de café. Más que cambiarlos, había vuelto a los amigos de su juventud. Y había dejado a un lado a los entusiastas intelectuales jóvenes de su primer gobierno, que por otra parte ya no eran tan jóvenes y se habían vuelto más políticos que intelectuales. Él mismo había hecho un diagnóstico algunos años antes: "No encuentro en la historia nacional el ejemplo de un período de gobierno que no se haya constituido como una oligarquía, olvidando sus obligaciones para con sus electores".

En lo militar, la guerra finalmente declarada a Alemania, en seguimiento de los Estados Unidos, fue apenas un detalle. O dos: un submarino alemán hundió un buque mercante colombiano, y un destructor colombiano hundió un submarino alemán. Pero sí tuvo de rebote, en lo político local, la consecuencia de un sonoro escándalo financiero sobre los bienes incautados a los nazis que enredó al hijo del presidente, Alfonso López Michelsen, a quien llamaban —como en los tiempos remotos en que hacía negocios el hijo del presidente Marroquín— "el Hijo del Ejecutivo". No son nuevas casi nunca las cosas que suceden en Colombia.

Y ahí fue también Laureano Gómez quien llevó la batuta, mezclando acusaciones y denuncias por asuntos de toda clase: los negocios del hijo de López, el turbio asesinato de un boxeador llamado Mamatoco, la construcción de unas casetas de guardia en una finca del presidente. Acusado de haber sido el inspirador de una intentona de golpe militar que por dos días tuvo al presidente López preso en Pasto en julio de 1944, Gómez tuvo que refugiarse en el Brasil. Sería el primero de sus varios exilios.

López Pumarejo modelo 44

Un hombre y un pueblo

Pero desde el otro extremo del arcoíris político estaba también Gaitán: un parlamentario izquierdista venido de las clases medias bogotanas que había iniciado su carrera con las denuncias contra la United Fruit Company por la Matanza de las Bananeras a finales de los años veinte. Ante su creciente fuerza política, era visto por sus críticos del conservatismo o de los sectores más derechistas del liberalismo como un simple demagogo agitador de masas, con retazos de socialismo jauresiano e ínfulas de caudillo mussoliniano (había estudiado en Italia en los años del auge del fascismo). Un orador torrencial a quien amaban las masas populares —que en las fotografías y películas de la época se ven como mares de sombreros negros— cuando peroraba: "¡Yo no soy un hombre: yo soy un pueblo!". Un serio pensador socialista —como lo había mostrado en su tesis universitaria sobre las ideas socialistas en Colombia—, y un político ambicioso. Y tan odiado como adorado.

Desde los fracasos electorales de su movimiento Unir de los años treinta, Gaitán se había reincorporado al Partido Liberal y había venido desescalonando su radicalismo izquierdista. No predicaba ya la lucha de clases, del proletariado contra la burguesía; sino sólo la más vaga aunque más amplia lucha del pueblo contra las oligarquías, por igual conservadoras y liberales. Sin dejar por ello de colaborar con los gobiernos liberales, que lo hicieron alcalde de Bogotá en el año 36 con el primer gobierno de López, ministro de Educación de Santos en el 40, ministro de Trabajo del presidente interino Darío Echandía en 1944. Al regreso de López para su segundo gobierno, Gaitán escogió la oposición radical: "¡Por la restauración moral de la república, contra las oligarquías, a la carga!".

Jorge Eliécer Gaitán

Faltando un año para terminar su período, López renunció a la presidencia. Lo sustituyó su ministro de Gobierno, Alberto Lleras. Y a la vista de las elecciones del año 46, el Partido Liberal —como era lo habitual en los partidos en el poder— se dividió entre dos candidatos: el de su ala derecha, Gabriel Turbay, respaldado por los grandes diarios, *El Tiempo* y *El Espectador*; por el director del partido, Eduardo Santos, y por el aparato entero del partido. Y Jorge Eliécer Gaitán, por los sectores populares y los sindicatos. El retirado pero muy influyente expresidente López no se pronunció por ninguno de los dos: o más bien lo hizo, sibilinamente, en contra de ambos. Y la campaña electoral se dio del mismo modo: en contra. Contra "el turco Turbay", que era nacido de padres libaneses y tenía narices de turco: un extranjero; y contra "el negro Gaitán", que era de modesto origen social y tenía cara de indio: un pobre.

El Partido Conservador había anunciado su abstención, como venía haciéndolo desde el año 34 para todas las elecciones presidenciales con el argumento del previsible fraude que iban a cometer los liberales; pero en las últimas semanas Laureano Gómez designó como candidato a Mariano Ospina Pérez, de la estirpe presidencial de los Ospina: un pacífico y solemne hombre de negocios de Medellín, rico dirigente cafetero y empresarial, y que no despertaba más odios que el que le guardaba el propio Laureano, quien sin embargo esperaba manejarlo cuando llegara el caso.

Ganó Ospina frente a la división liberal. Como dieciséis años antes había ganado Olaya frente a la división conservadora. Y así terminó, melancólicamente, la pujante República Liberal que iba a cambiar la historia de Colombia. Como había escrito el poeta angloamericano T. S. Eliot hablando de otra cosa completamente distinta: terminó "*not with a bang but a whimper*". No con un estallido, sino con un sollozo.

Entre Turbay a su derecha y Gaitán a su izquierda
López no vota por ninguno

El monstruo y el doctor

El Monstruo Laureano   El Doctor Santos

Dentro de la República Liberal la estrella más brillante fue Alfonso López Pumarejo, en lo bueno y en lo malo: el presidente de la Revolución en Marcha entre 1934 y 1938, y siete años más tarde, en 1945, el presidente de la caída del Partido Liberal. Pero los dos arbotantes que apuntalaron esa etapa histórica, pies de amigo o de enemigo, adversarios los dos entre sí y adversarios también de López, fueron Eduardo Santos y Laureano Gómez.

O, mejor, los fenómenos políticos que encarnaron esos dos personajes, liberal el uno y conservador el otro. Para el primero, el diario *El Tiempo*: el poder ideológico más grande y de más larga duración —desde principios de los años veinte hasta finales de los noventa— que ha habido en Colombia, excepción hecha del de la Iglesia católica. Un poder que brotaba de la prosa del periodista Eduardo Santos, que era a la vez dueño de su periódico. Para el segundo, Gómez, la oposición: la oposición como sistema y como esencia de la actividad política, en su calidad de jefe omnímodo del Partido Conservador, también durante ese mismo largo período. También fue Laureano Gómez buen escritor y avezado periodista, y dueño del periódico *El Siglo*, y también fue orador notable Eduardo Santos. Pero cabe resumirlos diciendo que este fue la pluma, y el otro, la lengua.

Las carreras paralelas y enfrentadas de los dos anteceden y exceden el ámbito de este capítulo sobre la República Liberal. Aún hoy, en el año 2017, décadas después de muertos, sus talantes respectivos siguen rigiendo la política colombiana. Son las dos maneras de ser que la determinan: la paz y la guerra.

En 1913 el joven funcionario ministerial Eduardo Santos, recién llegado de París, le compró el modesto y quebrado periódico *El Tiempo* a su cuñado, se sentó a escribir los editoriales, puso a encabezar la redacción a su hermano Enrique (Calibán), un periodista que venía de Tunja con fama sulfurosa y taquillera de liberal recién excomulgado, y le confió la gerencia a un eficaz empresario tolimense llamado Fabio Restrepo. Con ellos organizó un equipo de colaboradores de talento, literarios, políticos y gráficos, como el gran caricaturista Ricardo Rendón, el más afilado satirista que ha tenido la prensa nacional. Y en unos pocos años lo convirtió en el diario más influyente y de mayor circulación del país: un país en el que los medios de prensa eran hojas efímeras que no solían durar más de una campaña electoral o una guerra civil.

El secreto consistía, tal vez, en que el propio Eduardo Santos no sólo creía en su periódico sino también en la visión que su periódico pintaba del país en sus titulares y sus editoriales: un país parecido a sus leyes. Santos era un santanderista convencido, que actuaba públicamente como si en la realidad se cumplieran las normas establecidas en los códigos. De ahí que tuviera que exiliarse a menudo.

Después de sostener activamente la Unión Republicana de Carlos E. Restrepo, por tolerante y pacifista, Santos puso su periódico de modo definitivo al servicio del Partido Liberal en los años veinte, en plena Hegemonía Conservadora. Y *El Tiempo* fue el principal vehículo que llevó a la presidencia en 1930 al candidato del liberalismo Enrique Olaya Herrera, al cabo de medio siglo de gobiernos conservadores.

Ricardo Rendón
El caricaturista

En ese momento empezó, en términos burocráticos, la carrera política de Eduardo Santos: senador, gobernador, ministro, presidente de la república, jefe del Partido Liberal. Y a partir de ahí se consolidó para las décadas siguientes el poder de opinión de su periódico. Una opinión que había sido cambiante: "Voluble y ondeante", decían sus enemigos —y un sobrino nieto suyo, presidente como él, explicaría muchos años más tarde que sólo los idiotas no cambian de opinión—. Cambiante: por ejemplo, *El Tiempo* de los años veinte había

sido un periódico resueltamente antiyanqui y antiimperialista
en materia de política internacional: no sólo por la herida
todavía fresca del robo de Panamá a Colombia, sino por las in-
tromisiones armadas norteamericanas en Nicaragua, en Santo Domingo, en Haití, en México. Su director y propietario
Eduardo Santos fustigaba en sus editoriales al embajador de
los gobiernos conservadores de Colombia en Washington, el
liberal Olaya Herrera, por su mansa aprobación del derecho
autootorgado de Washington a intervenir en las repúblicas
latinoamericanas al socaire de la Doctrina Monroe. Pero poco
después no vacilaría en ungir a Olaya como su candidato a la
presidencia. Y unos años más tarde, con Santos en la presidencia y la Segunda Guerra Mundial en ciernes, el periódico
se volvería inconmoviblemente pronorteamericano.

Por convicción antifascista, desde luego —como lo demostró en su defensa de la República española frente a la sublevación del ejército de Franco apoyado por Mussolini y Hitler—;
y también por anticomunista suspicaz frente al crecimiento
de las izquierdas tanto en Europa —los Frentes Populares—
como en América Latina —el cardenismo en México, el Apra
peruano—, y en la propia Colombia el ascenso de Jorge Eliécer Gaitán dentro del Partido Liberal. Estabilizándose finalmente en lo que uno de sus futuros directores, otro sobrino
nieto del doctor Santos, llamaría "extremo centro".

Montado en *El Tiempo* como en un caballo, Santos llegó
a la presidencia de la república (1938-1942); pero su periódico hizo mucho más: impuso uno tras otro, desde Olaya, a
todos los presidentes liberales hasta el año 46 —aunque no
pudo detener el arrollador crecimiento de Gaitán—. Se enfrentó a continuación a las dictaduras conservadoras hasta el
57 —la de Mariano Ospina Pérez, la de Laureano Gómez, la
de Roberto Urdaneta Arbeláez, incluida la militar del general
Gustavo Rojas Pinilla—, y respaldó luego todos los gobiernos
del bipartidista Frente Nacional hasta el punto de ser considerado una especie de diario oficial del régimen. Aunque en
todos esos años había sufrido persecuciones feroces que no
consiguieron mermar su poder: lo amordazaron con la censura de prensa Ospina y Gómez; lo hizo incendiar Urdaneta en
1952; en 1955 lo cerró Rojas Pinilla, que lo llamó "un estado
dentro del Estado", y le recordó, clausurándolo *manu militari*
durante año y medio, que "el jefe del Estado no está en la

redacción de un periódico sino en Palacio". Donde, sin embargo, él mismo no duró mucho: y tras su derrocamiento y el gobierno transitorio de una breve Junta Militar, el general fue sucedido en Palacio por un editorialista de *El Tiempo*, Alberto Lleras Camargo. Y cuando doce años más tarde Rojas ganó las elecciones presidenciales, se las birló en una noche de toque de queda un antiguo director de *El Tiempo*, el para entonces presidente Carlos Lleras Restrepo.

Otro presidente liberal, Alfonso López Michelsen, que nunca fue su amigo, diría a la muerte de Santos que durante medio siglo había sido el hombre más poderoso del país. Y, de paso, el más rico, dado que su periódico fue siempre una empresa enormemente rentable.

Con la carrera rectilínea, apolínea, del liberal Eduardo Santos, con su sombrerito y sus anteojos redondos y su bigotito de payaso del cine mudo —los caricaturistas de los años treinta lo representaban igual a Charlie Chaplin, el cómico Charlot que caminaba con los pies hacia afuera—, contrasta la carrera turbulenta, dionisíaca, del conservador Laureano Gómez: el "hombre tempestad", con su encarnadura robusta de toro bramador, sus pies hacia adentro, sus ojos verdes y su educación jesuítica. Si el uno representaba la búsqueda de la concordia, el otro encarnaba el fomento de la discordia. Periodista también, como todos los políticos de la época: pero decididamente más político profesional que periodista, aunque también fundara y dirigiera periódicos. Parlamentario desde que tuvo edad para serlo, ministro cada vez que lo nombraron, embajador de uno y otro y otro gobierno. Jefe único del Partido Conservador. Finalmente, presidente de la república (1950-1953). Y, desde el principio, autodesignado fiscal supremo de la moral pública y guardián de la doctrina católica, que defendió —inclusive en discrepancia con las autoridades eclesiásticas— con la violencia arrolladora de su oratoria. Con la lengua.

Una oratoria hecha de vituperaciones, de injurias y calumnias, de ataques personales, de denuncias de corrupción ciertas y falsas, de amenazas, de insultos, de acusaciones, de hipérboles y de adjetivos. De tratar a sus contradictores, liberales o conservadores y ocasionalmente incluso a algún obispo de su santa religión, de mentirosos y sofistas, de traidores, de perjuros, de prevaricadores, de herejes, de asesinos. Diría en el Congreso el ministro Darío Echandía:

Ese es el eterno truco, la palabrería del senador Gómez: juzgar los sentimientos íntimos que les atribuye a los demás, y no sus actos.

Sentimientos íntimos, intenciones secretas y protervas, propósitos criminales: nadie salía bien librado de las sospechas del desconfiado y suspicaz Laureano Gómez.

Todo eso acompañado de frecuentes llamados a la violencia para conseguir su objetivo: la restauración de su partido en el poder. En 1936, para oponerse a las reformas de López Pumarejo, incitó a los conservadores a "constituir fuerzas de choque debidamente armadas", a imagen de las "camisas pardas" hitlerianas que había conocido cuando era embajador en Alemania: las siniestras SA, *Sturmabteilung*, "secciones de asalto" del Partido Nazi. En 1942, contra la futura reelección de López: "Llegaremos hasta la acción intrépida y el atentado personal, y haremos invivible la república". Atentados personales que en su juventud no pasaban de ser simplemente verbales —y con ellos destruyó moral y fisiológicamente al presidente Marco Fidel Suárez—, pero que más adelante, desde la cima del poder, se hicieron sangrientamente prácticos a través de la policía política (la "popol"), del detectivismo (el SIC, Servicio de Inteligencia Colombiano), de los llamados "chulavitas" y de los llamados "pájaros", las bandas de asesinos asociadas a la policía que mataban e incendiaban en nombre del Partido Conservador.

Tengo fama de matón —dijo Laureano Gómez en una entrevista periodística—, de hombre impulsivo y violento. Yo soy el hombre más tranquilo; la mente más serena; el espíritu más calmado.

Pero lo cierto es que toda su vida fue dejando a su paso una estela de destrucción. Desde su sulfurosa juventud parlamentaria, cuando atacó ferozmente a los gobiernos según él degenerados y corrompidos de su propio partido, al final de la Hegemonía, los de Suárez y Abadía. Contra los liberales que vinieron después: Olaya, López, Santos, López, Lleras. Contra el gobierno conservador de Mariano Ospina Pérez, que él mismo había impulsado para derrocar a los liberales. Contra el gobierno militar de Rojas Pinilla que lo derrocó a él. Y finalmente contra los gobiernos bipartidistas surgidos de los acuerdos del Frente Nacional que él mismo había firmado, a los cuales trató de hacer la vida imposible con sus exigencias y sus rabietas divisionistas, hasta su muerte en 1965.

**Los dos duraron
toda la vida**

A Eduardo Santos lo llamaron siempre con respetuosa distancia, amigos y enemigos, "el Doctor Santos". A Laureano Gómez los suyos, con admiración temerosa o con odio, "el Monstruo". Y aunque los dos fueron por un período presidentes de la república, su verdadero poderío lo tuvieron ambos desde la oposición, toda la vida. Durante la dictadura de Rojas Pinilla, cuando por distintas razones estaban uno y otro en el exilio, la política en Colombia se movía según los telegramas que enviaban Gómez desde su hotel en Barcelona y Santos desde su hotel en París.

(Y desde el suyo en Nueva York, López).

Algunos libros
y fuentes consultados

Alfonso López Pumarejo. *Obras selectas.*

Álvaro Tirado Mejía. "López Pumarejo, la Revolución en Marcha", en Jaime Jaramillo Uribe (ed.), *Nueva Historia de Colombia.*

Antonio Cruz Cárdenas. *Grandes oradores colombianos.*

Carlos Lleras Restrepo. *Borradores para una historia de la República Liberal.*

Daniel Pécaut. *Orden y violencia: Colombia 1930-1953.*

David Bushnell. *Colombia, una nación a pesar de sí misma.*

David Bushnell. *Eduardo Santos y la política del Buen Vecino, 1938-1942.*

Gerardo Molina. *Las ideas liberales en Colombia, 1915-1934.*

Germán Arciniegas. "Aspectos de Olaya Herrera y su gobierno", en Jaime Jaramillo Uribe (ed.), *Nueva Historia de Colombia*.

Germán Arciniegas. "Eduardo Santos", en Jaime Jaramillo Uribe (ed.), *Nueva Historia de Colombia*.

Gustavo Humberto Rodríguez. "Segunda administración de López Pumarejo. Primer gobierno de Lleras Camargo", en Jaime Jaramillo Uribe (ed.), *Nueva Historia de Colombia*.

Mario Latorre Rueda. "1930-1934. Olaya Herrera: un nuevo régimen", en Jaime Jaramillo Uribe (ed.), *Nueva Historia de Colombia*.

Vernon Lee Fluharty. *La danza de los millones: régimen militar y revolución social en Colombia (1930-1956)*.

Y Google.

XI

LA

VIOLENCIA

**La llamada Violencia, con mayúscula, que
dominó la historia de Colombia entre el año 46 y
el 58 —y se prolongó luego hasta hoy en sucesivos
golpes de sangre—, fue en realidad una suma
de muchas y variadas violencias con minúscula:
políticas, sociales, económicas y religiosas.
Las unificó a todas el hecho de que fueron
impulsadas por los gobiernos de la época.**

En Colombia hay un exceso de población rural.
Diagnóstico atribuido a Lauchlin Currie, "misionero económico"
enviado por el Banco Mundial en 1949

Tras la renuncia del presidente López Pumarejo en 1945, y bajo la presidencia transitoria y glacial de Alberto Lleras Camargo, se celebraron las últimas elecciones pacíficas. Dividido el Partido Liberal entre las candidaturas de Gabriel Turbay —el Turco Turbay para sus adversarios— y Jorge Eliécer Gaitán —para los suyos, el Negro Gaitán—, las ganó el conservador Mariano Ospina Pérez: "La oligarquía de carne y hueso", lo ha llamado un historiador. Un plutócrata antioqueño, empresario, constructor y dirigente cafetero, sobrino y nieto de dos presidentes de la república, y en apariencia hombre pacífico y moderado. Así lo mostró nombrando un gabinete bipartidista "de Unión Nacional" y promulgando un programa de tinte económico: "Convertir al país en una gran empresa". Uno de sus ministros lo describió festivamente como destinado a instaurar "el ideal de la vida cara".

Pero ocurrió lo contrario: pronto la vida empezó a no valer nada, por cuenta de la violencia oficial desatada en los pueblos por los alcaldes conservadores. Los primeros brotes se dieron en los Santanderes, cuna habitual de nuestras guerras civiles. Gaitán, para entonces jefe único del liberalismo, decretó su retiro del gobierno de Unidad Nacional, al tiempo que las elecciones parlamentarias confirmaban las mayorías liberales —aunque por dentro el partido seguía roto—. Ante lo cual, bajo un conservatismo nuevamente hegemónico, pero que se sabía minoritario, la violencia no hizo sino crecer: era la receta para mantener el poder, esta vez otra vez, si era posible, de nuevo para siempre.

Mariano Ospina Pérez:
la oligarquía de carne y hueso

"Cuando la Política"

La época de la Violencia, esa Violencia con mayúscula, que en algunas regiones de Colombia se llamó más elocuentemente la época de "Cuando la Política", tenía, por supuesto, raíces políticas. En lo más inmediato, se trataba de una estrategia electoral para que el minoritario Partido Conservador no perdiera el poder que había recuperado gracias a la división liberal. Y a eso contribuía el tradicional y atávico enfrentamiento ideológico y sentimental entre conservadores y liberales, entre godos y cachiporros, entre azules y rojos: dos banderías que en el país nunca fueron materia de libre elección personal, sino que se transmitían hereditariamente con el fanatismo de los dogmas religiosos: los viejos y queridos odios. También tenía pretextos religiosos propiamente dichos, atizados por el jefe conservador Laureano Gómez desde la firma del Concordato con la Santa Sede, y reforzados por la incitación de los obispos y curas más sectarios a una cruzada antiatea, antimasónica, anticomunista, revueltos los tres "antis" en un solo paquete de antiliberalismo: no sólo el liberalismo filosófico condenado por Roma, sino en primer lugar el liberalismo electoral de los pueblos y los campos colombianos. Y causas económicas: las luchas agrarias de los años veinte, los cambios sociales de los treinta con la industrialización y la aparición de un proletariado urbano y de una nueva "ideología foránea" —como lo han sido todas—: el comunismo.

Míster Currie:
Las tablas de la ley

La Violencia tuvo incluso, si no raíces, sí justificaciones en la teoría económica académica: el desarrollo. El gobierno de Ospina Pérez recibió los consejos de una misión enviada por el Banco Mundial bajo la dirección del economista canadiense Lauchlin Currie, quien se definía a sí mismo como "un misionero económico", que como Kemmerer veinte años antes —en el gobierno del otro Ospina— y como Hirshman diez después —cuando la Alianza para el Progreso—, venía a predicar la verdadera fe: el desarrollismo —que desde entonces ha imperado bajo todos los gobiernos, salvo el de Carlos Lleras Restrepo—. La prédica del misionero Currie era hostil a toda idea de reforma agraria, y aun al agro en sí mismo, tenido por arcaico. Una política económica exitosa no debía buscar mejorar la situación de los campesinos, y ni siquiera intentar educarlos, sino enviarlos a las ciudades: urbanizarlos y proletarizarlos en las fábricas de la Revolución Industrial.

Y, en efecto, los resultados más inmediatos de la Violencia fueron el desplazamiento forzado y la urbanización informal, dado que las ciudades eran más seguras, o menos peligrosas que los campos, y crecieron en consecuencia. Como creció también, en efecto, la producción industrial, ayudada porque la mecánica del desplazamiento campesino mantenía bajos los salarios urbanos. Se dieron entonces muchas huelgas: pero todas resultaron derrotadas y concluyeron con la expulsión de sus dirigentes y el debilitamiento de los sindicatos. La Confederación de Trabajadores de Colombia, la CTC, liberal lopista —y comunista— fue desplazada por la fuerza por la Unión de Trabajadores de Colombia, UTC, conservadora —y jesuítica—. Por añadidura, los buenos resultados económicos de esos años se vieron impulsados por el *boom* internacional de la posguerra mundial y por los altos precios internacionales del café.

Pero arreciaba la violencia de la lucha política, cada vez más organizada desde arriba pero también con cada vez mayor variedad de participantes espontáneos desde abajo. Gamonales de pueblo, terratenientes, pequeños propietarios, mayordomos de haciendas de latifundistas ausentistas, peones jornaleros reunidos en pandilla, comerciantes, transportadores. Y, cada vez más, la policía. O mejor, las policías, que en la época no estaban unificadas nacionalmente, sino que eran municipales y departamentales y por eso dependían de las ferozmente politizadas autoridades locales, o de sí mismas. Si bien a escala de veredas y municipios los liberales empezaron a montar también una violencia de resistencia, a escala del país el Partido Liberal oficial se esforzaba todavía por preservar o recuperar la paz. Gaitán, ya para entonces su jefe incontrovertido, encabezó en la tarde del 7 de febrero de 1948 en Bogotá una multitudinaria Marcha del Silencio de decenas de miles de manifestantes para pedirle al presidente Ospina "paz y piedad para la patria".

Jorge Eliécer Gaitán:
¡Yo no soy un hombre: yo soy un pueblo!

Habló Gaitán, "bajo un silencio clamoroso", en una breve "oración por la paz" cortada por largos y elocuentes y solemnes silencios, para advertirle al gobierno que esa aparente pasividad del Partido Liberal no era indicio de amedrentamiento: "Estas masas que así se reprimen también obedecerían la voz de mando que les dijera: ejerced la legítima defensa". Y terminó diciendo: "Malaventurados los que en el gobierno ocultan tras la bondad de las palabras la impiedad para los hombres de su pueblo, porque ellos serán señalados con el dedo de la ignominia en las páginas de la Historia".

La respuesta vino dos meses más tarde, el 9 de abril de 1948: mataron a Gaitán.

Y a continuación el mismo pueblo liberal disciplinado de la Marcha del Silencio estalló en un apocalipsis de destrucción que en la historia latinoamericana se conoce con el nombre de El Bogotazo y en la de Colombia con el de Nueve de Abril. Había dicho Gaitán: "A mí no me matan, porque si me matan no queda piedra sobre piedra".

Réplicas telúricas

Tras el terremoto popular del 9 de abril del 48 vinieron unos meses de la fingida tranquilidad del miedo. Con los jefes liberales que en la tarde de la sublevación y el caos habían ido a visitarlo en palacio bajo las balas y entre los incendios, el presidente Ospina improvisó nuevamente un gobierno de Unidad Nacional, mientras Laureano Gómez, el jefe de su partido, que en vano había pedido el traspaso del poder a una Junta Militar, se iba indignado del país —a la España de Franco—. En la Bogotá medio quemada restablecieron el orden las tropas del ejército venidas de Boyacá, pero en provincia los que fueron llamados nueveabrileños empezaron a levantar la autodefensa liberal vaticinada por Gaitán: en los Santanderes, en los Llanos Orientales, en Cundinamarca y en el sur del Tolima, en las regiones cafeteras del Viejo Caldas, en Boyacá y Casanare, en el Meta. Exceptuada la costa Atlántica y el despoblado Chocó, la violencia liberal-conservadora, oficial y civil, empezó a extenderse por todo el territorio del país. Si en el año 47 había causado catorce mil asesinatos, en el 48 las víctimas mortales llegaron a cuarenta y tres mil, con el correlativo éxodo de varios cientos de miles de personas de unos pueblos homogéneamente sectarios a otros, o a las grandes ciudades heterogéneas y anónimas, que se agrandaron aún más.

Pero tampoco en las ciudades duró mucho la tregua entre las élites políticas. En el propio recinto de la Cámara se enfrentaron a balazos parlamentarios liberales y conservadores, con el resultado de varios heridos y dos muertos. Rota de nuevo la recién remendada Unidad Nacional, los liberales pretendieron llevar a juicio político al presidente Ospina, y este replicó cerrando el Congreso y decretando el estado de sitio. Las demás instituciones —Corte Suprema, Consejo de Estado, Tribunal Electoral— fueron purgadas de magistrados liberales y convertidas en hegemónicamente conservadoras. De manera simultánea, la fundación de la Organización de Estados Americanos (OEA) en la Conferencia Panamericana del mes de abril había consagrado el anticomunismo como doctrina política y militar oficial de todos los países americanos, llevados de cabestro por los Estados Unidos. Y en Colombia el jefe único del Partido Conservador, Laureano Gómez, a su regreso de España había identificado al comunismo con el liberalismo en su famosa teoría del basilisco: un aterrador monstruo mitológico, una multiforme quimera compuesta de fragmentos de varias bestias malignas y terribles. Según él, el basilisco colombiano, que era el Partido Liberal, "camina con pies de confusión y de ingenuidad, con piernas de atropello y de violencia, con un inmenso estómago oligárquico, con pecho de ira, con brazos masónicos y con una pequeña, diminuta cabeza comunista, pero que es la cabeza". Por lo cual era necesario aplastar no sólo a la cabeza sino a todos los demás miembros.

El Parlamento en sesión plenaria

Tal como se estaba haciendo.

De todo el aparato administrativo del Estado, principal empleador de la nación, fueron echados a la calle los funcionarios liberales a todos los niveles, como queriendo ilustrar la vieja frase sardónica del político conservador decimonónico y gramático latino Miguel Antonio Caro: "¡Que tiemblen los porteros!". Fueron expulsados todos los agentes de policía de filiación liberal —el 9 de abril muchos policías habían repartido armas entre los amotinados del Bogotazo y se habían sumado a ellos—, y pronto se unificaron los cuerpos departamentales de la policía y fueron puestos a órdenes del Ministerio de Guerra. Se crearon las policías informales y paralelas —los chulavitas boyacenses, así llamados por el pueblo de su primer origen sobre el cañón del río Chicamocha; los pájaros del Valle del Cauca, que llegaban a matar y se iban como volando— al servicio, no del Estado, sino del Partido Conservador. Se purgó a la oficialidad liberal del ejército, del que por su composición teóricamente apolítica pero en la realidad bipartidista, como toda institución en el país, Gaitán había dicho que en esa "hora de tinieblas de la patria" era el único baluarte "contra la furia" de la política. Y se incrementó su pie de fuerza, de once mil a quince mil hombres. Más adelante vendría el momento de usarlo.

Declaró entonces el presidente (conservador) de la Asociación Nacional de Industriales (Andi): "La situación colombiana es hoy en día la mejor que se haya jamás conocido". Una declaración que prefigura la pronunciada cuarenta años más tarde, en los años noventa, por otro presidente de la Andi: "La economía va bien, pero el país va mal". Desde los albores del siglo XVI da la impresión de que la historia de Colombia ha sido la repetición de la repetidera. O, para decirlo con giro más elegante, un eterno retorno.

A medida que se acercaban las elecciones presidenciales de 1950, con el Congreso clausurado y bajo estado de sitio todo el territorio, se endureció la represión contra el liberalismo. De entonces data la frase de un ministro según la cual el gobierno conservador defendería su control del poder "a sangre y fuego".

Y así lo hizo.

A la requisición y destrucción de cédulas de votantes liberales en los campos se sumó la campaña de prensa de Laureano Gómez en su periódico *El Siglo* denunciando que los liberales acumulaban "un millón ochocientas mil cédulas falsas" para hacer fraude electoral. Creció también la violencia: el registrador nacional, un liberal, renunció a su cargo anunciando que las elecciones serían "una farsa sangrienta". Un detalle: en Bogotá la policía disolvió a tiros una manifestación del candidato liberal a la presidencia, Darío Echandía, matando a varios de sus acompañantes, entre ellos su hermano: fue un último episodio de agresión que llevó a los liberales a decretar la abstención electoral, alegando "falta de garantías". Así que las elecciones se celebraron con el caudillo conservador Laureano Gómez como único candidato.

Laureano Gómez
Candidato único

Las ganó. Obtuvo un millón cien mil votos: casi el doble de los de su copartidario Mariano Ospina cuatro años antes, y casi tantos como la suma de los tres candidatos de entonces. El millón ochocientas mil presuntas cédulas falsas de los liberales, y las setecientas cincuenta mil verdaderas de sus votantes de cuatro años atrás, no aparecieron en las urnas.

La guerra civil no declarada

Bajo el gobierno de Laureano Gómez no es ya el conservatismo el que se instala, ni siquiera en su más extrema variedad ultramontana: sino el fascismo. Un fascismo cristiano, un nacionalcatolicismo respaldado por la Iglesia a la manera del impuesto en España por el régimen franquista, pero que no reposaba como allá en el ejército vencedor de una guerra civil abierta sino en las policías paralelas, irregulares y secretas de la "guerra civil no declarada", como se llamó desde entonces a la creciente Violencia: la popol (policía política), el detectivismo —del SIC, Servicio de Inteligencia Colombiano, antecesor del DAS—, y los chulavitas y los pájaros, que le servían al régimen de fuerzas de intimidación y control rural. Hasta los primeros años cuarenta, mediada la Guerra Mundial, Gómez había sido simpatizante del nazismo alemán, que había visto crecer durante sus años de embajador de Colombia en Berlín a principios de los treinta; pero con la derrota de Hitler, y apoyado en su propio fanatismo anticomunista, no le fue difícil reconciliarse con el victorioso nuevo imperio norteamericano, hasta el punto de empeñarse en participar en la guerra de Corea: el primer gran conflicto militar de la Guerra Fría entre los Estados Unidos y el bloque comunista de la Unión Soviética y la China, todavía solidarias. Colombia fue entonces el único país de la mansa América Latina que contribuyó en el conflicto de la remota península asiática con un batallón de soldados y una fragata. En defensa, como se dijo entonces, de la democracia.

Eso, en lo internacional: por poca democracia que fuera entonces la representada por el régimen dictatorial de Corea del Sur. En lo interno el propósito del gobierno de Laureano Gómez no era tampoco democrático: era la instauración de una autocrática república hispánica cristiana modelada sobre la "Política de Dios y Gobierno de Cristo" propuesta por Quevedo en el siglo XVII y, más contemporáneamente, sobre el nacionalcatolicismo de la Falange española y el Estado Novo del dictador portugués Oliveira Salazar. Para eso se convocó una Asamblea Nacional Constituyente, Anac, que debía refundar las instituciones políticas de Colombia.

Nada es novedoso en Colombia.

Entre tanto, y mientras la violencia continuaba creciendo en todo el país —cincuenta mil asesinados políticos en el año 50—, el gobierno de Laureano Gómez tomaba decisiones prácticas mediante decretos de estado de sitio y ante una Anac convocada y a medio nombrar sobre bases sectoriales: representantes de la Andi, la Asociación Bancaria, Fenalco, la Federación de Cafeteros, la Iglesia y los sindicatos (católicos); y al margen del sufragio universal, considerado por el presidente "la madre de todas las calamidades". Pero tal Constituyente no había sido reunida todavía, y duraría más de tres años sin serlo. Decisiones prácticas para abolir las libertades políticas de prensa, reunión y manifestación, instaurar la censura y propiciar la instalación desde arriba de "un Orden Social Cristiano". De ahí el proyecto de "recristianización de la enseñanza" mediante la expulsión de los maestros y maestras liberales "de pésimas costumbres" para limpiar el "desgreño moral" de los años de la República Liberal con sus perversiones: educación mixta, enseñanza sexual y deportes femeninos "en obedecimiento de los planes masónicos".

Dentro de la tragedia creciente de la violencia ya desatada en todo el país no faltaba algo de sainete. Al cabo de año y medio Laureano Gómez tuvo que retirarse por razones de salud. Dejó encargado de la presidencia al que había sido su ministro de Guerra, Roberto Urdaneta Arbeláez, mientras empezaba ya a agitarse el habitual juego nacional de la sucesión presidencial entre el expresidente Ospina, ya nostálgico del poder; el ambicioso jefe criptofascista Gilberto Alzate, que en su juventud había organizado comandos de "camisas negras" en su ciudad de Manizales, y el propio Urdaneta, que tenía fama de hombre moderado y pacifista, amigo de todo el mundo: tanto de conservadores como de liberales.

Sin embargo, contra lo esperado, bajo su mando se recrudeció la persecución sectaria, que empezó a afectar no sólo las ciudades sino dentro de estas las más altas filas de las oligarquías: el 6 de septiembre de 1952 fueron incendiados en Bogotá los diarios liberales *El Tiempo*, del expresidente Eduardo Santos, y *El Espectador*, de los descendientes de don Fidel Cano, y se les prendió fuego también a las casas del expresidente Alfonso López y del jefe del Partido Liberal, Carlos

Lleras Restrepo. Santos, López y Lleras salieron para el exilio a París, México y Nueva York —el otro Lleras, Alberto, estaba en Washington como secretario general de la OEA—. En los campos la lucha alcanzó niveles frenéticos de barbarie: se inventaron métodos atroces e inéditos de degollamiento —el "corte de franela", el "corte de corbata", el "de mica"—, y se hicieron frecuentes los asesinatos de familias enteras, de niños y hasta de fetos en el vientre de las madres, bajo la consigna de "no dejar ni pa' semilla" del adversario político. Campeaba sin estorbos en Boyacá y los Santanderes la policía chulavita, y en el Valle los pájaros conservadores, pero empezaron a organizarse guerrillas liberales en los Llanos Orientales, en el sur del Tolima, en Cundinamarca, en la región del Sumapaz en las goteras de la capital. A principios de 1953 las guerrillas de los Llanos sumaban quince mil hombres. Y el ejército entró en danza.

Las guerrillas del Llano

El golpe de sainete

Vino entonces un episodio de comedia de enredo. El retirado presidente Laureano Gómez, a quien se creía agonizante, recuperó repentinamente la salud el 13 de junio de 1953 para ir a palacio a exigirle al presidente encargado Roberto Urdaneta la destitución fulminante del comandante en jefe de las Fuerzas Armadas, el general Gustavo Rojas Pinilla. Urdaneta quiso contemporizar con los golpistas, ante lo cual Gómez reasumió la presidencia, destituyendo al encargado e improvisando un decreto con un ministro de Guerra nombrado *ad hoc* que destituyó también al general Rojas. Y se fue para su casa. Urdaneta se sentó a almorzar. El general Rojas llegó a palacio y le anunció a Urdaneta que tomaba el poder en nombre de las Fuerzas Armadas. Y le ofreció de nuevo, a título personal, la presidencia. Urdaneta la declinó, alegando que para poder aceptarla se requeriría la renuncia formal y protocolaria de Gómez. Rojas entonces, desconcertado en la maraña jurídica, la asumió para sí mismo. Fueron llamados a palacio los jefes conservadores Ospina y Alzate para que dieran su bendición política al golpe de cuartel. Se buscó al depuesto presidente Gómez, que se hallaba en casa de un amigo horneando pandeyucas para el chocolate, y bajo escolta militar se lo envió al aeropuerto de Techo, rumbo al exilio. Según Rojas, se le dio un sueldo de tres mil dólares: "Ningún embajador ganaba esa vaina".

En Bogotá lloviznaba, como siempre. Un último y único laureanista leal acompañó con su paraguas hasta la escalerilla del avión al hombre que había sido durante veinte años el jefe indiscutido y temido del Partido Conservador colombiano.

Los conservadores de Ospina y Alzate rodearon de inmediato al general golpista para que no se les escapara. El depuesto presidente encargado Urdaneta fue condecorado por Rojas con la Cruz de Boyacá, la más alta de las condecoraciones colombianas. La misma presea le fue otorgada al cardenal primado Crisanto Luque, arzobispo de Bogotá, quien bendijo el golpe a pesar de su estrecha amistad con el derrocado presidente Laureano Gómez. También la recibió de manos de Rojas la Virgen de Chiquinquirá, en su calidad de Patrona y Reina de Colombia. Los liberales aplaudieron aliviados el cuartelazo, calificándolo de "golpe de opinión". La prensa unánime, salvo *El Siglo*, saludó al general llamándolo "el segundo Libertador" y comparándolo no sólo con Bolívar sino también con Jesucristo, y Rojas prometió que gobernaría en nombre de los dos. La Asamblea Nacional Constituyente convocada tres años antes para apuntalar el gobierno de Gómez se inauguró por fin dos días después del golpe, presidida por Ospina, para proclamar la legitimidad de la presidencia de Rojas para el año faltante de la de Gómez.

El General Jefe Supremo

El general Rojas Pinilla anunció en su proclama inaugural: "¡Paz, Justicia y Libertad! ¡No más sangre, no más depredaciones en nombre de ningún partido!". Decretó una amnistía. Las guerrillas liberales entregaron las armas en los Llanos, el Tolima, Santander, Antioquia —algunos de sus jefes serían asesinados poco después—. Los exiliados políticos volvieron al país. Pero detrás de su aparente suprapartidismo el general

presidente era un militar ultraconservador, que como comandante de la Tercera Brigada del ejército había apadrinado la
violencia oficial y la de los pájaros en el Valle, y un fanático anticomunista de la Guerra Fría. Instaló un gabinete de ministros
exclusivamente conservadores, tanto ospinistas como laurea-
nistas conversos, con algunos militares: más que una dictadura
militar, la suya fue en los primeros tiempos una continuación
de las dictaduras conservadoras de los siete años anteriores.

Pero poco a poco se fue también convirtiendo en una dictadura más personal y al tradicional estilo latinoamericano, fo-
mentando el culto a la personalidad del presidente a través de
la Oficina de Información y Propaganda del Estado (Odipe)
creada bajo el gobierno de Urdaneta: Rojas empezó a usar el
título de Jefe Supremo. Y en una dictadura también más militar, nombrando gobernadores y alcaldes militares en medio
país, decidiendo enormes gastos en armamento y moderniza-
ción de las Fuerzas Armadas y logrando de los Estados Unidos
notables incrementos en la ayuda militar con el pretexto de la
lucha anticomunista de la Guerra Fría. Ya en América Latina
se había iniciado una cruzada anticomunista, inaugurada en
Guatemala con el derrocamiento del gobierno izquierdista de
Jacobo Árbenz por la CIA y la United Fruit, y encabezada por
una alianza de dictadores militares: Rojas Pinilla en Colombia,
Pérez Jiménez en Venezuela, Rafael Leonidas Trujillo en la República Dominicana, Anastasio Somoza en Nicaragua, Alfredo
Stroessner en el Paraguay, Fulgencio Batista en Cuba.

La de Rojas se transformó también en una dictadura cada
vez más dura. Sin que cesara la violencia rural pese a la entrega
de las guerrillas, se fortaleció la censura de prensa ejercida por
oficiales del ejército, que en lo referido a la radio —y a la recién inaugurada televisión— se extendía hasta la prohibición
de "músicas foráneas", como el bolero cubano, la ranchera
mexicana y el tango argentino —el pasodoble español no—.
El Diario Oficial y el *Diario de Colombia*, dirigido por el yerno
de Rojas, se convirtieron en los portavoces del gobierno, y a
mediados del año 55 fueron clausurados los periódicos liberales *El Espectador* y *El Tiempo* —*El Siglo*, laureanista conservador,
había sido cerrado desde el 53—.

El 8 y 9 de junio del 54 unas manifestaciones estudiantiles fueron disueltas a tiros por la policía y el ejército, con el

resultado de varios muertos, por los cuales el gobierno acusó al comunismo internacional, cuyo partido en Colombia fue a continuación declarado fuera de la ley por la Asamblea Constituyente reunida para ese efecto y para el de proclamar a Rojas presidente para el período 54-58. A imitación de Mussolini y Hitler en la Europa de los años treinta, Rojas exigió a la oficialidad de las Fuerzas Armadas un solemne juramento de lealtad a su persona como General Jefe Supremo, y a su nuevo movimiento político llamado Tercera Fuerza, partido por encima de los partidos. Y empezó a hablar de la formación de un ominoso "binomio Pueblo-Fuerzas Armadas" destinado a gobernar para siempre.

Se fue acumulando el descontento, que el gobierno atribuía a las intrigas de las oligarquías. La situación de la economía era sin duda la mejor en décadas, debida entre otros factores a una bonanza cafetera sin precedentes, y se hacían grandes obras públicas. Pero también crecía la corrupción oficial, centrada en la familia presidencial que se enriquecía a ojos vistas dando alas a su impopularidad. Una tarde de enero de 1956, en la Plaza de Toros de Bogotá, el público abucheó la presencia en el palco de la hija del dictador y en cambio aplaudió la aparición de Alberto Lleras, que a su regreso de la OEA en Washington se había convertido en el jefe informal de la resistencia civil; y al domingo siguiente cientos de agentes de civil de la policía secreta apalearon al público en represalias, dejando una docena de muertos y un centenar de heridos. Asombrosamente, la corrida de toros no se interrumpió. Meses más tarde, en agosto, estallaron accidentalmente en las calles de Cali cuarenta camiones militares cargados de dinamita y munición, que causaron mil quinientos muertos y más de dos mil heridos: el presidente Rojas responsabilizó de la catástrofe a los expresidentes liberales López, Santos y Lleras, a quienes llamó "guerrilleros intelectuales".

Así, paulatinamente, los insatisfechos fueron organizándose en un Frente Civil de oposición al gobierno militar. Sólo Ospina le mantenía su apoyo, pues estaba seguro de sucederlo en la presidencia. Laureano, desde su exilio en España, era un resuelto opositor al "usurpador" que lo había desterrado, pero aún era más grande su horror por el basilisco liberal y por su viejo rival conservador: a finales del año 55 todavía les escribía a sus partidarios: "Si deben escoger entre Rojas y cualquier otro militar, escojan a Rojas; si deben escoger entre Rojas y Ospina, escojan a Rojas; si deben escoger entre un conservador y un liberal, escojan al conservador". Y sin embargo acabó cediendo él también, como lo hizo Eduardo Santos a pesar de su odio personal por Gómez. A instancias del expresidente Alfonso López, Alberto Lleras y Laureano Gómez se entrevistaron en Benidorm, en la costa española, para redactar los pactos bipartidistas del Frente Civil. Por ellos, los conservadores renunciaban a la violencia, y los liberales a imponer sus mayorías electorales: habría paridad liberal-conservadora en los tres poderes del Estado y alternación en la presidencia durante los dieciséis años siguientes, de 1958 a 1974. Sólo faltaba por convencer Ospina. Fue cosa hecha cuando, en mayo del 57, la Anac se reunió nuevamente, reforzada con constituyentes de bolsillo del general, y proclamó a este presidente para el período 58-62. Ospina, entonces, se sumó al Frente Civil antirrojista.

Romance de verano
en las playas del Mediterráneo

Rojas se quedó solo. Hasta en las propias Fuerzas Armadas apareció la fronda. Incluso el cardenal Crisanto Luque escribió una carta pastoral condenando los excesos de la dictadura.

Tras una sucesión de banquetes y homenajes en grandes hoteles y clubes sociales, el Frente Civil llamó a un paro general
en el que participaron los industriales, los comerciantes y los
banqueros, el clero, los clubes sociales, los estudiantes universitarios y de bachillerato, los maestros. Rojas resumió, con razón: "Las oligarquías económicas en criminal maridaje con las
oligarquías políticas", y sacó en vano los tanques a la calle.
Sus generales le hicieron ver que la situación no tenía salida:
el Frente Civil se había abierto para darles cabida también a
ellos, cambiando su nombre por el de Frente Nacional.

El Frente Nacional

El 10 de mayo de 1957 Rojas dejó el poder en manos de
una Junta Militar de cuatro generales y un almirante, entre
quienes repartió ceremoniosamente las prendas de su uniforme militar: el quepis, los pantalones, la guerrera; y, como Laureano Gómez cuatro años antes, se fue al exilio en la España
franquista.

También a él le entregaron un cheque de quince mil dólares, "en calidad de anticipo de su sueldo de tres mil dólares
mensuales como expresidente de la República". Esa vaina, había dicho él mismo, no la ganaba ningún embajador.

¡Mataron a Gaitán!

Cadáver del asesinado
(Fotografía: Sady González)

Cadáver del asesino
(Fotografía: Sady González)

A la una de la tarde del 9 de abril de 1948 reventaron tres tiros de revólver en pleno centro de Bogotá, en la carrera Séptima esquina de la Avenida Jiménez. Corrió la voz: "¡Mataron a Gaitán!". Y se incendió Colombia.

Jorge Eliécer Gaitán había hecho algo sin precedentes en la historia colombiana: descubrir el pueblo como fuerza política. "¡Yo no soy un hombre: yo soy un pueblo!", clamaba en sus discursos ante multitudes también sin precedentes. Un éxito de elocuencia de masas que debió en mucho, sin duda, a sus años de estadía en Italia, a donde fue a estudiar Derecho Penal bajo la dirección del profesor socialista Enrico Ferri y terminó aprendiendo oratoria política bajo la influencia del demagogo fascista Benito Mussolini.

Habiendo hecho el descubrimiento del pueblo —con sus corolarios: "¡El hambre no es liberal ni conservadora!"; y con sus hipérboles: "¡El pueblo es superior a sus dirigentes!"; y con su conclusión: "¡Contra las oligarquías, a la carga!"— galvanizó a las muchedumbres por fuera y por encima de las fronteras de los dos partidos tradicionales. Sin embargo su Unir (Unión Nacional Izquierdista Revolucionaria) no duró (ver capítulo x), y tuvo que encauzar su carrera política bajo el nombre, pero no bajo el alero, del Partido Liberal, cuya jefatura asumió tras su división y consiguiente derrota en las elecciones presidenciales de 1946.

Las elecciones las ganó el candidato conservador Mariano Ospina Pérez: pero las mayorías electorales seguían siendo del Partido Liberal, y así se demostró en las parlamentarias. Con lo cual el gobierno dio inicio en muchas regiones del país a la violencia sectaria para amedrentar a los votantes del partido contrario, estrategia que muy pronto se le salió de las manos. Gaitán, ya como jefe único del liberalismo, fue el encargado de organizar la resistencia civil y en los primeros tiempos pacífica, que llegó a su clímax el 7 de febrero de 1948 con una imponente Manifestación del Silencio que llenó a rebosar la Plaza de Bolívar. Allí Gaitán, sin vivas ni gritos de las decenas de miles de manifestantes reunidos, dueño tanto de la palabra como de los silencios, pronunció una breve y sobria "oración por la paz" en la que le pedía al presidente "paz y piedad para la patria".

Gaitán hablaba con el pueblo y hablaba como el pueblo: por lo primero le temían las clases dominantes, a las que denunciaba bajo el nombre de oligarquías; y lo segundo se lo reprochaban ellas como un indicio de mala educación. Era la voz del pueblo, al cual halagaba con su demagogia y pretendía conducir con su voz y sus ideas a un profundo cambio político y social: el mismo al que había apuntado sin conseguirlo la Revolución en Marcha de López en sus comienzos.

Por eso había que matarlo.

Y por eso a nadie ha convencido nunca la tesis oficial de que quien lo mató fue un desequilibrado pobre y sin empleo llamado Juan Roa Sierra que quería con ese asesinato impresionar a su novia, y que nadie le pagó por hacerlo. Ni siquiera aquella novia, al menos con un beso, pues el hombre fue matado de inmediato a su vez, en la calle, a patadas, por la turba enfurecida.

El pueblo, que se había identificado sentimentalmente con su caudillo, procedió a intentar vengarlo en un estallido de rabia colectiva y ciega. Tras linchar a su asesino y arrastrar su cadáver desnudo pero con dos corbatas —nadie describió sus colores: habría sido justicia poética que hubieran sido una azul y una roja— por las calles hasta el palacio presidencial de La Carrera, el pueblo bogotano, el lumpen venido de los barrios al grito herido de "¡mataron a Gaitán!", empezó a prenderles fuego a edificios relacionados con quienes podían haber sido los inspiradores del crimen. Edificios del gobierno: los ministerios, el palacio de San Carlos dispuesto para recibir la Conferencia Panamericana. De los curas: incendiaron el palacio arzobispal y varias iglesias. De los godos: incendiaron el periódico *El Siglo* y la quinta de Laureano Gómez en Fontibón.

Bogotá, 10 de abril de 1948

Incendiaron también, sin motivo aparente, los tranvías del transporte urbano de servicio público.

Era la sublevación del país nacional contra el país político que tantas veces había descrito en sus discursos el líder asesinado. Políticos gaitanistas se tomaron una emisora de radio para llamar al pueblo a armarse e instar a la creación de juntas populares en nombre de una más o menos imaginaria Junta Central Revolucionaria. Pero el gaitanismo no era un partido organizado que tuviera jefes, sino un único Jefe, y quedó descabezado con su muerte. La insurrección fue espontánea y completamente anárquica: una orgía de violencia sin objetivos precisos, salvo el desfogue de la cólera; y, a continuación, la borrachera. Las chusmas —en los clubes de las oligarquías se hablaba de "la chusma gaitanista"— asaltaron las ferreterías en busca de machetes y herramientas, y las licoreras en busca de licor. Muchos policías se sumaron a la revuelta y repartieron armas. Se abrieron las cárceles y escaparon los presos. Aparecieron francotiradores en las azoteas de los edificios. Se multiplicaron los incendios y los saqueos. Y se soltó sobre la ciudad amotinada un tremendo aguacero.

Los notables del Partido Liberal fueron a palacio entre las balas a conferenciar con el presidente conservador Mariano Ospina Pérez para proponerle, entre cortesías mutuas y zalemas, la reanudación de la rota Unión Nacional. Pidieron también su renuncia, y Ospina se negó con la famosa frase: "Más vale un presidente muerto que un presidente fugitivo". Desde el Ministerio de Guerra Laureano Gómez, el jefe del Partido Conservador, telefoneaba sin tregua a Ospina para exigirle que entregara el poder a una Junta Militar, y que entre tanto tomara como rehenes a sus visitantes liberales. Al caer la noche empezó a llegar desde Tunja la tropa enviada en camiones por el gobernador de Boyacá, y restableció el orden a balazos. Al cabo de dos días de caos con la gente borracha bajo la lluvia, y habiéndose puesto de acuerdo los dirigentes liberales con los conservadores para sofocar la asonada antes de que tomara proporciones revolucionarias, todo se acabó con dos o tres mil muertos arrojados a fosas comunes en los traspatios del Cementerio Central. Nunca se supo si en vida habían sido liberales o conservadores.

Así fue lo que la prensa internacional llamó El Bogotazo. Pero el asesinato de Gaitán no tuvo repercusiones solamente en Bogotá, sino que provocó algaradas y disturbios en otras ciudades y pueblos del país: en Cali, en Medellín, en Ibagué, en el centro petrolero de Barrancabermeja. En el pueblo de Armero los amotinados lincharon a un sacerdote a quien se acusaba de incitar a la violencia contra los liberales, y de ser por consiguiente responsable del asesinato de su jefe. (Setenta años más tarde la Iglesia decidió beatificar al clérigo asesinado, elevándolo a la condición de mártir de la fe). Hubo también en todas partes muchos presos, liberales ellos sí.

En todo el país el conato de revolución se ahogó en alcohol. Salvo en Barranca, donde los revolucionarios incautaron y destruyeron el primer día todo el licor de las tiendas de la población. Para cerrar la tragedia con una nota de macabro humor involuntario, el gobierno expidió un decreto prohibiendo el expendio de licor a menores de edad.

Se acusó del asesinato de Jorge Eliécer Gaitán y de la sublevación popular y los desmanes consiguientes al sospechoso habitual: los comunistas. El primero en hacerlo fue el presidente Ospina Pérez, que decidió además romper relaciones diplomáticas con la Unión Soviética por haberlos instigado. Luego le hizo eco el general George Marshall, secretario de Estado de los Estados Unidos y jefe de la delegación norteamericana venida a Bogotá para la IX Conferencia Panamericana. La Conferencia unánime aprobó una moción para "condenar la acción del comunismo internacional". Una pastoral colectiva del episcopado proclamó solemnemente que los responsables habían sido "el ateísmo y la barbarie comunistas". Y fue Laureano Gómez quien resumió meses después la acusación con pomposa retórica, preguntando:

> ¿Qué otra cosa fue [el 9 de abril] en concepto de los hombres imparciales del país y en opinión del universo entero si no un furioso brote comunista largamente planeado desde lejanas capitales marxistas y para cuya ejecución vinieron al país revolucionarios extranjeros de universal nombradía?

Los comunistas por su parte respondieron acusando tanto del asesinato de Gaitán como del levantamiento consiguiente "al imperialismo y a las oligarquías". Con menor vaguedad, se ha culpado también a la entonces recién creada CIA, Agencia Central de Inteligencia del gobierno norteamericano. Gloria Gaitán, la hija del caudillo, ha confirmado algunos detalles de la versión de un exagente de la Agencia, detenido e interrogado en Cuba doce años después del fatídico 9 de abril del 48, según la cual la CIA intentó primero sobornar a Gaitán para que cesara en su tarea de agitador de masas y saliera del país; y al no conseguirlo lo había hecho asesinar por mano de Roa Sierra. Los documentos e informes clasificados de la CIA sobre El Bogotazo son, curiosamente, los únicos de esa época cuya reserva no fue levantada cuando se cumplieron cincuenta años de los hechos, como ha sido lo habitual. De modo que no han podido ser consultados por los historiadores.

La IX Conferencia Panamericana se reanudó en Bogotá cuatro días más tarde, sin su presidente, el canciller Laureano Gómez, que había preferido salir del país rumbo a España. El general Marshall, de quien se esperaba que anunciara una versión para América Latina de su Plan Marshall de asistencia económica que estaba ayudando a rescatar a Europa de las ruinas de la Guerra Mundial, vino a plantear otra cosa, para la cual el 9 de abril le sirvió de inmejorable ilustración: propuso una alianza de todos los países del continente para "la represión de movimientos subversivos de origen foráneo". Es decir, con nombre propio, del comunismo, dentro de la recién inaugurada Doctrina Truman de la "Contención" (*Containment*) del comunismo en cualquier parte del mundo: una ampliación a escala del planeta de la centenaria Doctrina Monroe que predicaba la intervención estadounidense en todas las Américas.

Así se creó la Organización de Estados Americanos, OEA. Había empezado en el mundo la Guerra Fría. Y en Colombia, la Violencia.

Algunos libros y fuentes consultados

Germán Guzmán Campos, Orlando Fals Borda y Eduardo Umaña Luna. *La violencia en Colombia.*

James D. Henderson. *Cuando Colombia se desangró: una historia de la Violencia en metrópoli y provincia.*

Mario Arrubla Yepes. "Síntesis de historia política contemporánea", en *Colombia hoy.*

Paul H. Oquist. *Violencia, conflicto y política en Colombia.*

Silvia Galvis y Alberto Donadío. *El Jefe Supremo: Rojas Pinilla en La Violencia y en el poder.*

Y míster Google.

XII

EL INTERMINABLE FRENTE NACIONAL

Pactado para durar doce años y prolongado luego a dieciséis, con sus "puentes" y sus "posdatas", el Frente Nacional acabó durando más de treinta. Más que la Patria Boba, más que la Gran Colombia, más que el Radicalismo, que la Regeneración, que la Hegemonía Conservadora, que la República Liberal, que las dictaduras civiles y militares. Hasta la Constitución de 1991.

Úrsula confirmó su impresión de que el tiempo estaba dando vueltas en redondo.
Gabriel García Márquez
Cien años de soledad

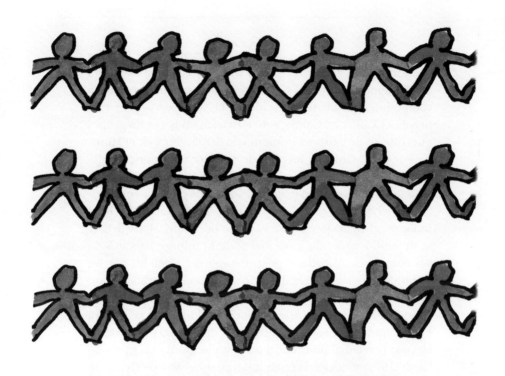

La fila india del Frente Nacional

Y en ese lapso la población del país se duplicó: el Frente Nacional se desarrolló a la sombra de la incontrolada explosión demográfica.

El 1 de diciembre de 1957, por una abrumadora mayoría del noventa y cinco por ciento, más de cuatro millones de ciudadanos —por primera vez votaron las mujeres— votaron "sí" en el plebiscito sobre los pactos de los partidos que crearon el Frente Nacional.

Doscientos mil muertos y un millón de desplazados del campo. Pero, salvo ellos, nadie salió perdiendo de esos años horrendos: ningún jefe. Fueron pactos de olvido y de silencio, de reparto pacífico del poder, por los cuales recuperaron cada cual el suyo, tanto los dirigentes liberales como los conservadores, recientemente enfrentados y mutuamente derrotados en la Violencia: el Estado quedó paritaria y milimétricamente distribuido, con exclusión de todo quien no fuera conservador o liberal. O militar. Para los militares se reservó tácitamente el ministerio de Guerra, rebautizado de Defensa —en imitación al de los Estados Unidos—. De esa exclusión de "lo demás" surgiría la violencia venidera: pues ya la guerra campesina se había recrudecido en el Sumapaz y en el Tolima, en el Valle y en Caldas, y no tardarían en nacer los grupos guerrilleros de extrema izquierda en Santander y en el Huila.

Por los desafueros del período anterior en un primer momento sólo fue castigado el general Rojas Pinilla, tan aplaudido antes. Tras un breve exilio volvió al país para ser condenado por el Senado en un juicio por enriquecimiento ilícito e indignidad en el ejercicio de su cargo presidencial. De lo cual se defendió acusando a sus jueces de lo mismo: habían sido sus cómplices. Así que al poco tiempo fue absuelto por un Tribunal Superior que le devolvió sus derechos políticos, con lo cual procedió a fundar un nuevo partido nacionalpopulista al que bautizó Anapo (Alianza Nacional Popular): la Tercera Fuerza que había soñado durante su gobierno; y su arrastre electoral creció al punto de ganar las elecciones presidenciales de 1970: una victoria que le arrebató el fraude frentenacionalista —con nuevas consecuencias de violencia—, como se verá más adelante.

La nueva violencia

No todo el mundo estuvo de acuerdo con esa solución pactada a la Violencia bipartidista, que castraba ideológicamente a ambos partidos. Alfonso López Michelsen, hijo del expresidente liberal López Pumarejo, hizo una pertinente advertencia al fundar un partido de oposición, el Movimiento Revolucionario Liberal: "Si el Frente Nacional es una hegemonía tan excluyente como lo fueron los partidos en el pasado inmediato, no existe para mí una duda de que con el tiempo acabará este nuevo partido, coalición de viejas clases políticas, del capitalismo y de la Iglesia, por constituir una camarilla odiosa, atrincherada detrás de disposiciones constitucionales irreformables", escribió López Michelsen. Tal vez no imaginaba que él mismo sería el primero en proponer, doce años más tarde, la prolongación indefinida de esa hegemonía odiosa.

Pero en un principio la componenda del Frente Nacional trajo la paz política, o algo muy parecido: cesó el choque asesino entre liberales y conservadores, que púdicamente había sido llamado "guerra civil no declarada", y el ejército se hizo sin protestar a un lado. El primer gobierno del nuevo régimen, el del liberal Alberto Lleras Camargo —impuesto su nombre por el retornado y algo escarmentado expresidente conservador Laureano Gómez—, apaciguó las aguas como se cuenta que lo hacía el Orfeo de la mitología, con el único poder melífico e hipnótico de la palabra. Discurso tras discurso pareció como si no hubiera pasado nada.

El presidente Alberto Lleras,
gobernando

Y por otra parte Lleras continuó la integración de Colombia a rastras de la estela del imperio norteamericano. Si primero Laureano Gómez y luego el general Rojas lo habían hecho resueltamente en el terreno de lo militar, Lleras lo llevó también a lo educativo, dentro de la política de la Alianza para el Progreso inventada por el gobierno de John F. Kennedy. Se inauguraba así por los Estados Unidos —y en cierto modo era un regreso a la "buena vecindad" de Franklin Roosevelt— una etapa de seducción hacia América Latina, que sustituía a la de imposición caracterizada por el apoyo a las dictaduras. En vez del garrote de la fuerza bruta, la zanahoria del desarrollo económico. Para lograrlo era necesario darle un vuelco completo a la educación, que se confió a la asesoría del profesor Rudolph P. Atcon, consultor del Fondo Monetario Internacional. Así el Plan Atcon de educación superior cambió el modelo medieval y escolástico hispánico, reinstaurado por Laureano Gómez, por el modelo norteamericano: privatización no católica de la educación, y obligación para la universidad pública de buscar la financiación de empresas contratistas o de ricos filántropos —o del alza de matrículas—. Carreras cortas y técnicas, supresión paulatina de las humanidades, que empezaron a desaparecer. Se trataba de borrar su estudio, y en particular el de la Historia, señalado como responsable de la violencia política y social. Y de propiciar en cambio el estudio de las Ingenierías y la Administración de Empresas, madres del progreso.

Míster Atcon,
otro profeta gringo

Aunque paradójicamente, o en reacción natural de desafío, en la Universidad Nacional se fundó la facultad de Sociología. Y se dio una izquierdización del profesorado y del estudiantado, provocada políticamente por la influencia de la Revolución cubana de 1959 y sociológicamente por la más que duplicación del número de estudiantes matriculados, que abrió las puertas de la educación superior a nuevas clases sociales. Lo cual marcó, más que cerró, el divorcio creciente de intereses entre las clases medias y las privilegiadas clases dominantes, denunciado unas décadas antes por Jorge Eliécer Gaitán. Y rompiendo con el silencio y la desmemoria acordados por las dirigencias políticas se publicó, en medio de un gran escándalo, el libro testimonial *La violencia en Colombia*, de monseñor Germán Guzmán, Eduardo Umaña Luna y Orlando Fals Borda. En ese mismo año de 1962, en el Salón de Artistas Colombianos, fue premiado el igualmente escandaloso cuadro pintado por Alejandro Obregón, *Violencia*: una macabra constatación de lo terrible que no acusaba a nadie.

Pero bajo el gobierno de Alberto Lleras no sólo disminuyó la violencia, sino que incluso se intentó atacar sus causas profundas, proponiendo una nueva, y como todas fallida, apenas esbozada reforma agraria. Pero subsistían tanto el bandolerismo, remanente de la Violencia —bandidos famosos fueron Efraín González por el lado conservador, Chispas por el liberal— como las autodefensas campesinas, ya influenciadas por el Partido Comunista. Y a la amnistía para estas últimas se oponían los conservadores unánimes. En el Congreso Álvaro Gómez, el hijo y heredero político de Laureano, denunciaba la existencia de "cinco repúblicas independientes" que escapaban al control del Estado. Hubiera podido mencionar otras cien: nunca, desde la instauración formal de la Colonia española en el siglo XVI hasta el día de hoy en 2017, las autoridades de este país han sido capaces de dominar su territorio.

A esas cinco, sin embargo, el gobierno siguiente del Frente Nacional, en el turno del conservador Guillermo León Valencia, las bombardearía con ayuda técnica norteamericana en la más grande operación bélica hasta entonces emprendida en el país. Con el único resultado práctico de que las tales "repúblicas" se esparcieron por toda Colombia. De inofensivos focos de resistencia agraria que habían sido, se convirtieron en guerrillas revolucionarias: las Farc, Fuerzas Armadas Revolucionarias de Colombia, autodefensas campesinas comandadas por Manuel Marulanda y apadrinadas por el Partido Comunista, en el sur del Tolima y en el Meta. El ELN, Ejército de Liberación Nacional, fundado por estudiantes y curas con ansia de proletarización y campesinización inspirados por el "foquismo revolucionario" de la Revolución cubana, en Santander. A esa guerrilla se fue, y murió en su primer combate, el cura Camilo Torres, que había sido capellán de la Universidad Nacional y confesor de las señoras de la oligarquía bogotana. Camilo fue el primer ejemplo, al que seguirían muchos, de cura guerrillero de los tiempos de la Teología de la Liberación desatada en América Latina por el Concilio Vaticano II convocado en Roma por el papa Juan XXIII entre 1962 y 1965.

El presidente Guillermo León Valencia
sembrando la paz

Apareció también el EPL, Ejército Popular de Liberación, de inclinación prochina y doctrina maoísta de guerra popular prolongada, en Urabá y el Bajo Cauca antioqueño.

Frente a ese hervor de revuelta social y armada, que no sólo agitaba a Colombia sino a todos los países latinoamericanos, los Estados Unidos impusieron en todo el continente la Doctrina de Seguridad Nacional, a cargo de militares locales entrenados en su Escuela de las Américas de la Zona del Canal de Panamá. Se trataba de combatir al "enemigo interno" en cada país, al que se acusaba de ser en realidad externo: de estar inspirado por "ideologías foráneas", como lo han sido aquí todas las ideologías del cristianismo en adelante, y financiado por "el oro de Moscú" dentro del gran juego planetario de la Guerra Fría entre Oriente y Occidente, entre el comunismo y el capitalismo, entre la Unión Soviética y los Estados Unidos. Y para facilitar la aplicación de esa doctrina, en Colombia se siguió gobernando de modo permanente bajo estado de sitio: bajo el artículo 121 de la Constitución que suspendía derechos y libertades ciudadanos. Con el argumento de la turbación del orden público, el estado de excepción rigió durante casi la totalidad del Frente Nacional y más allá, hasta la nueva Constitución de 1991, como en los tiempos ya remotos de la Regeneración y la Hegemonía Conservadora. También había sido así bajo las dictaduras de Ospina, Gómez y Rojas Pinilla. La venerable Constitución de 1886, tan alabada por su larga duración, duró tanto porque de ella sólo fueron aplicadas durante un siglo las disposiciones de excepción.

El cura Camilo Torres
desde las montañas de Colombia

Entre tanto, elección tras elección —pues en Colombia siempre ha habido elecciones, llueva o truene, maten a la gente o no—, crecía la abstención de los votantes y se multiplicaban las divisiones internas de los partidos de la alianza, y florecía la oposición: el MRL de López Michelsen venido de la añoranza de las reformas liberales de la vieja Revolución en Marcha, y la Anapo de Rojas Pinilla alimentada por la nostalgia de los precios baratos de los alimentos durante su gobierno militar: lo que la prensa oficialista liberal y conservadora llamaba "la dialéctica de la papa y la yuca". Y estallaban huelgas y paros cívicos, y había una incesante agitación estudiantil fomentada por una miríada de grupúsculos izquierdistas, unos violentos y otros no. Y proseguía el trasvase de población del campo a la ciudad, y la explosión demográfica: la tasa de natalidad era entonces en Colombia una de las más altas del planeta.

Las reformas interruptas

Bajo el gobierno de Carlos Lleras Restrepo (turno liberal, 1966-1970), se intentó algo que en su momento pareció casi revolucionario: darle un sesgo nacionalista a la política económica del país. Por un lado, Lleras Restrepo relanzó con más vigor la reforma agraria intentada sin ganas por Lleras Camargo, y eso despertó la resistencia cerrada de los terratenientes; un gobierno bipartidista como era necesariamente el suyo no tenía la independencia política necesaria para imponer nada más radical. La consecuencia fue que la reforma no se hizo, pero quedaron las ganas en lo que sí llegó a hacerse, que fue la organización —en la Anuc, Asociación Nacional de Usuarios Campesinos— de los campesinos sin tierra, cada vez más radicalizados. Por otra parte el presidente era partidario de seguir el camino de la Cepal (Comisión Económica para América Latina), que promovía iniciativas de desarrollo no dependiente mediante industrialización local, sustitución de importaciones y promoción de exportaciones: una vuelta al proteccionismo decimonónico.

Lleras Restrepo ha sido el único gobernante de Colombia que en los últimos dos siglos se ha atrevido a discrepar de las recomendaciones o exigencias de los Estados Unidos y de los organismos internacionales, rechazando las del Fondo Monetario Internacional llamadas "planes de ajuste": liberación de importaciones, eliminación del control de cambios, supresión de subsidios a la agricultura y la industria, devaluación de la moneda. Con el resultado, en lo inmediato, de alzas —en alimentos, transporte, servicios— y la consiguiente protesta social. Por lo demás, las modestas reformas de su gobierno no podían satisfacer los anhelos de las nuevas generaciones de estudiantes universitarios radicalizados, que a todo lo largo mantuvieron una permanente agitación.

El autoritario presidente la reprimió por la fuerza, enviando el ejército a la Universidad Nacional. Eran en todo el mundo años de protesta juvenil, fomentada en los países ricos por la prosperidad y el hastío y en los pobres por la escasez y la televisión. Las protestas contra la guerra de Vietnam, las manifestaciones del antiimperialismo, el revolucionario Che Guevara muerto en la selva boliviana y proclamado Guerrillero Heroico, la fiesta de mayo del 68 en París y las luchas estudiantiles europeas, la "contracultura" de los *hippies* de California con su *flower power* y su afición por las drogas. Los cuales tuvieron, para Colombia, un efecto inesperado: la bonanza marimbera producida por el masivo consumo de marihuana; y con esa bonanza de origen ilegal —pues al tiempo con el consumo masivo de drogas el gobierno de los Estados Unidos decretó su prohibición—, el consiguiente creci-

Otro profeta
más predicando
la verdadera fe

miento de la corrupción: de la economía, de la moral, de la justicia.

En 1967 se publicó una gran novela: *Cien años de soledad*, de Gabriel García Márquez, que entre otras muchas cosas es un fresco apretado de la historia republicana de Colombia. Observa la vieja Úrsula, uno de sus personajes centrales, que el tiempo no hace otra cosa que dar vueltas en redondo.

Todas las iniciativas de reformas impulsadas por la política intervencionista de Lleras Restrepo serían reversadas en el siguiente gobierno, cuando le tocó el turno al conservador Misael Pastrana, ungido por ser el ahijado político del viejo expresidente Ospina Pérez, que le tenía cariño, y beneficiario del más rotundo fraude electoral del siglo xx. Bajo el gobierno de Pastrana, la tentativa llerista de reforma agraria fue frenada en seco y con violencia por el susto de los ricos en el llamado Pacto de Chicoral, firmado entre los terratenientes y el gobierno. Y las políticas de independencia económica propuestas por la Cepal fueron ahogadas no tanto por las convicciones o la falta de ellas del presidente y su gobierno como por el rigor renovado de los Estados Unidos del presidente Richard Nixon y su secretario de Estado, Henry Kissinger, que en el entorno continental estaban imponiendo dictaduras militares que a su vez imponían políticas económicas de corte neoliberal: privatizaciones, apertura al extranjero, desreglamentaciones de la industria y la banca, recortes del intervencionismo estatal.

El presidente Carlos Lleras
depositando en la urna
1.625.025 votos

Del fraude aquel, que consistió en que las elecciones presidenciales de 1970 las ganó el candidato opositor —aunque conservador, como lo exigía el turno— Gustavo Rojas Pinilla, pero el gobierno de Lleras Restrepo le atribuyó la victoria a Pastrana, el escogido por el oficialismo frentenacionalista, surgió una nueva frustración popular; y con ella un nuevo grupo guerrillero de tendencia indefinible, el M-19, que tomó su nombre de la fecha del fraude: Movimiento 19 de abril. A la vez populista de derechas y vagamente socialdemócrata. Pero con armas.

Ahí hubiera debido terminar en principio el Frente Nacional, de acuerdo con los ya viejos pactos. Con una especie de traca final de fuegos artificiales: en 1974 la campaña electoral de los tres "delfines", herederos políticos de sus padres, en que se trataba de escoger presidente entre el hijo del expresidente liberal Alfonso López Pumarejo, el hijo del expresidente conservador Laureano Gómez y la hija del expresidente militar Gustavo Rojas Pinilla. Ganó el primero: el antiguo denunciante de la alternación en la presidencia y de la paridad en los poderes públicos. Pero en el 68, con su firma de ministro, se había hecho una reforma constitucional para fortalecer las facultades económicas del ejecutivo a cambio de premiar a los parlamentarios con "auxilios" y alzas de sueldos, y de negociar con los conservadores la prolongación hasta el 78 del "espíritu de gobierno compartido" y de la "participación equitativa y adecuada" del segundo partido. Así que López Michelsen procedió a gobernar con el programa de su adversario conservador, Álvaro Gómez Hurtado, y con sus ministros: el "desarrollismo económico", precursor del neoliberalismo, y los herederos del laureanismo. (A la excandidata hija del general Rojas, María Eugenia Rojas, también le dio un alto puesto).

Y su gobierno terminó habiendo frustrado una vez más todas las esperanzas de cambio que habían despertado sus prédicas de candidato opositor del MRL —y hasta el recuerdo de la República Liberal de los años treinta—, melancólica y trágicamente: con los muchos muertos del gran paro cívico de 1977, bajo estado de sitio, y dando paso al gobierno militarista de Julio César Turbay y su represivo estatuto de seguridad. Entonces empezó lo que un historiador llama "el segundo ciclo exterminador": la guerra contrainsurgente.

La narcocracia

Así que no es que hubiera cesado por entonces la tradicional politiquería, ni que hubiera menguado la violencia de las guerrillas, ni su multiplicación: por el contrario. Pero ya para entonces Colombia había entrado de lleno bajo el nuevo imperio de las drogas prohibidas.

Durante el gobierno de López el Banco de la República había abierto una sección especial, llamada "la ventanilla siniestra", para recibir y limpiar las divisas recibidas por el gran contrabando de marihuana y el todavía incipiente de cocaína, que ya sumaban mil seiscientos millones de dólares al año: un tercio del total de las exportaciones del país. Había decaído la "bonanza marimbera" a causa de las fumigaciones de la hierba de la Sierra Nevada con el defoliante paraquat sobrante de la guerra de Vietnam, y sobre todo por el auge paralelo de las plantaciones en los Estados Unidos, clandestinas pero toleradas, de la marihuana "sinsemilla" californiana, que desplazó del mercado a la importada de Colombia. Pero en cambio aquí se había empezado a sembrar coca en gran escala —con semillas traídas y mejoradas de Perú y Bolivia—, y a producir cocaína en cada día más numerosas cocinas artesanales que las autoridades gubernamentales llamaban "laboratorios" cuando las destruían.

Se exportaba la cocaína siguiendo las viejas rutas del contrabando de la marihuana: barcos y aviones que cargaban toneladas de la droga, millares de "mulas" individuales que viajaban en vuelos comerciales llevando un par de kilos en el estómago o en las entrañas del cadáver de un bebé, o en frutas, o en remesas de arequipe, o en piezas desmontadas de maquinaria: pues asombrosamente se empezó a exportar maquinaria *made in Colombia* a los Estados Unidos. Los cargamentos salían de puertos y pistas de aterrizaje considerados secretos, pero en realidad conocidos de sobra por las autoridades, que empezaban a ser masivamente sobornadas por el narcotráfico y pocos años más tarde empezarían a ser nombradas o elegidas por él. Se fundaron los carteles: el de Medellín y el de Cali, y el del norte del Valle, fueron los más célebres y poderosos; pero los hubo —los hay— también en otras veinte regiones, desde

Leticia en las selvas amazónicas hasta Riohacha en los desiertos guajiros. Y los narcos, también llamados púdicamente "la clase emergente", empezaron a comprar todo el país: tierras, cosas y personas, camionetas blindadas, ametralladoras, islas, puertos, aeropuertos, carreteras, instituciones en bloque, universidades, batallones del ejército, jueces y militares, futbolistas, congresistas, arzobispos, equipos de fútbol, ejércitos de sicarios, caballos finos y vacas premiadas y reinas de belleza, clínicas, hoteles, haciendas ganaderas, barrios enteros, zoológicos, cadenas de droguerías, bancos, clubes sociales, medio Congreso, un presidente de la república o dos. Se hicieron más ricos y más fuertes que el mismo Estado. Pocos años después podría anunciar en Bogotá un agente de la DEA (Drug Enforcement Administration de los Estados Unidos) que Colombia se había convertido "en una narcocracia". Tal vez también él estaba comprado por la mafia del narcotráfico, como posiblemente lo está la propia DEA.

El presidente Alfonso López Michelsen
sonriendo imperceptiblemente

Decía el presidente López Michelsen cuando iba de retirada, comentando la campaña electoral para sucederlo, que al ver en los balcones a los jefes políticos de brazo con los capos de la droga él se limitaba a "sonreír imperceptiblemente".

Ya los entonces llamados "dineros calientes" de los mafiosos financiaban las campañas electorales. Hasta el punto —anecdótico pero revelador— de que el candidato presidencial Julio César Turbay, que resultó elegido presidente en

1978, solicitó del embajador norteamericano en Bogotá una especie de certificado de buena conducta en cuanto al narcotráfico —y lo obtuvo—.

El presidente Julio César Turbay
acomodándose
en el solio de Bolívar

Su preocupación principal fue sin embargo el control del orden público, que lo llevó a dictar con el apoyo de los gremios económicos, de los partidos y de la Iglesia, aunque no de una parte de la prensa, el durísimo estatuto de seguridad que daba a las Fuerzas Armadas rienda suelta para la represión de la subversión. Hubo desapariciones de sospechosos, torturas de detenidos en las caballerizas del ejército en Usaquén, juicios militares para civiles. Represión dirigida fundamentalmente contra el M-19, la emergente guerrilla urbana y de las clases medias inspirada en modelos como los Tupamaros uruguayos y los Montoneros argentinos que en esos años luchaban contra las dictaduras militares del Cono Sur. Sus acciones de "propaganda armada" eran espectaculares y por lo general incruentas: el robo de la espada de Bolívar de su urna de cristal en un museo; el robo, por un túnel, de cinco mil armas del arsenal militar del Cantón Norte, en plena capital; el secuestro de gerentes de empresas para presionar arreglos de huelgas;

la toma de la embajada de la República Dominicana con dos docenas de embajadores dentro —incluidos el de los Estados Unidos y el nuncio del Vaticano—, que duró dos meses. Tales actos, mezclados con frecuentes secuestros de periodistas para enviar a través de ellos mensajes publicitarios, le dieron al M-19 un aura de popularidad que nunca había tenido ningún grupo guerrillero.

La urna de la espada de Bolívar

Pero su enfrentamiento con la mafia iba a llevarlo al borde de la ruina: el secuestro que creyeron extorsivo de la hermana de unos ricos narcotraficantes produjo la formación en 1981 del siniestro grupo MAS, Muerte a Secuestradores, por parte del Cartel de Medellín de Pablo Escobar, origen del paramilitarismo en el país.

La paz y la guerra

Con Belisario Betancur, presidente de 1982 a 1986, vino por fin un principio de lucha gubernamental contra el narcotráfico, entendido no ya como un inofensivo fenómeno folclórico ni como un conveniente aliado electoral, sino como una amenaza para el Estado. Cambió también la política frente a los grupos subversivos. Amenazas de extradición a los Estados Unidos para los capos de la droga, y ofertas de diálogo para las guerrillas, a partir del reconocimiento de que la subversión, además de las "razones subjetivas" de sus actores, tenía "razones objetivas": la inequidad reinante, el eterno problema de la tierra, etcétera. Los capos respondieron a la amenaza de extradición desatando una oleada de asesinatos, entre ellos el del ministro de Justicia. Y las aperturas de paz no convencieron a los militares, que no habían sido consultados e hicieron lo posible por sabotearlas.

Incendio del Palacio de Justicia
6 de noviembre de 1985

Se llegó sin embargo a acuerdos de tregua con las Farc y el M-19 en 1984. Pero este último grupo se sintió agredido por el hostigamiento del ejército y decidió dar un asalto al Palacio de Justicia en el centro de Bogotá, el 6 de noviembre de 1985, para juzgar como "traidor" al presidente Betancur, tomando como rehenes a los magistrados de la Corte Suprema. No se repitió esta vez la solución pacífica que había tenido años antes el caso de la embajada dominicana. En la inmediata contratoma del ejército fue incendiado el palacio y murieron casi todos los magistrados secuestrados y todos los asaltantes, en una larga y terrible batalla en la que participaron tanques y helicópteros y que fue transmitida en directo por la televisión. El episodio que todavía hoy, más de un cuarto de siglo después, no ha sido aclarado del todo, tuvo como principal consecuencia que se interrumpieron las conversaciones de paz, y con ello fracasó la única tentativa seria —hasta el año 2010— de solucionar el conflicto por vías pacíficas, y no mediante la victoria militar. Pero a partir de entonces nunca cesaron del todo las conversaciones entre los enemigos, y todos los gobiernos sucesivos tuvieron en nómina un comisionado o una comisión de paz.

El presidente Virgilio Barco inauguró en 1986 un gobierno homogéneamente liberal: el primer experimento de gobierno de partido en varias décadas, en el esquema de gobierno y oposición pacífica. Liberales —Barco lo era— y conservadores estaban ya tan plenamente amalgamados que no se notó la diferencia, y los matices de la política partidista quedaban desvanecidos tras los verdaderos problemas: la guerrilla y el narcotráfico. Con un nuevo protagonista: el paramilitarismo, surgido de la colaboración entre narcotraficantes con sus ejércitos privados de sicarios; terratenientes, con sus escoltas, amenazados por el secuestro de las guerrillas, y militares "descorregidos", como los había llamado un procurador general.

Pese a todo, el enemigo principal no eran las guerrillas sino el narcotráfico. Encabezados por Pablo Escobar, los narcotraficantes tomaron el nombre de guerra de los Extraditables y emprendieron una campaña terrorista de asesinatos, de carros bomba, de secuestros de altos personajes o de sus hijos, de sobornos y de amedrentamientos. Mataron policías, militares, jueces, ministros, directores de periódicos, candidatos presidenciales, en una muy confusa y enredada guerra en la que las alianzas cambiaban con frecuencia: los militares se aliaban con los narcos, los narcos con la guerrilla, y como tentáculos del MAS aparecieron ciento cincuenta grupos paramilitares —la cifra es de un ministro de la época— dedicado al exterminio de varios miles de militantes del partido Unión Patriótica surgido de la tregua entre el gobierno y las Farc, tarea en la que contaban con la complicidad de los servicios secretos del Estado (el DAS). Para no identificarlos, el presidente Barco los identificaba a todos bajo el apelativo de "fuerzas oscuras".

El secuestro del jefe conservador Álvaro Gómez por el M-19 en 1988 llevó a la reanudación de las conversaciones con ese grupo, y finalmente a su entrega de armas. Y, por último, a la convocatoria de una Asamblea Constituyente, ya propuesta y pospuesta varias veces en el curso de los veinte años anteriores.

Para las elecciones de 1990 fue asesinado el candidato liberal y seguro ganador de la contienda, Luis Carlos Galán. Y de rebote resultó elegido presidente su jefe de debate, el relativamente desconocido César Gaviria, quien escapó a un atentado contra un avión en el que no viajó, y sobrevivió a otros dos candidatos presidenciales asesinados: Carlos Pizarro del M-19 y Bernardo Jaramillo de la Unión Patriótica. Nunca llegó a aclararse por completo la participación del DAS en todos esos crímenes.

El presidente Virgilio Barco
respondiendo a quienes le reprochan
que ante las matanzas no diga ni mú

Hubo marchas estudiantiles, como tantas otras veces en la historia de Colombia desde la Independencia. Y gracias a la antijurídica pirueta política llamada "la séptima papeleta" fue posible, por fin, convocar una Asamblea Constituyente en la que participaran todos. No la Constituyente de un partido político victorioso en una guerra civil, como las varias que se reunieron en el siglo XIX; ni la de una alianza excluyente de los dos viejos partidos, como la fijada por el plebiscito de 1958 del cual nació el interminable Frente Nacional. Sino una abierta a todas las vertientes políticas e ideológicas por primera vez en la historia colombiana.

Los dos demonios

"Violencia" de Alejandro Obregón

Los dos personajes más influyentes de la historia colombiana en la segunda mitad del siglo XX fueron un delincuente político y un delincuente común. Un guerrillero comunista y un mafioso que llegó a ser el sexto hombre más rico del mundo. Entre los dos algunas veces, y otras cada cual por su lado, pusieron y quitaron presidentes de la república, inclinaron hacia uno u otro rumbo la economía nacional, transformaron de cabo a rabo las costumbres y las leyes del país. Del mafioso viene la frase que describe el método por el cual se corrompió definitivamente en Colombia la justicia: "Plata o plomo", es decir, soborno o asesinato. Del guerrillero, la ilustración de cómo se corrompió, o se siguió corrompiendo, la política: "Combinación de todas las formas de lucha".

El guerrillero fue Pedro Antonio Marín, un modesto campesino que se hizo vendedor ambulante de quesos en los pueblos del Quindío y del norte del Valle, y, empujado por la violencia antiliberal desatada por el gobierno, a los veinte años se echó a la guerra con unos cuantos primos y vecinos, cambió su nombre por el de Manuel Marulanda Vélez, tomado del de un dirigente sindical a quien mataron a patadas los policías del gobierno, y empezó a ser llamado Tirofijo por su buena puntería cazando pavas de monte. Y fundó una guerrilla, las Farc, Fuerzas Armadas Revolucionarias de Colombia, que se volvería la más larga y poderosa de las varias que surgieron bajo los gobiernos del Frente Nacional, y mantendría al ejército de Colombia en jaque durante cincuenta años (lo que supera con creces este capítulo XII, que sólo llega hasta 1991).

Y el mafioso se llamó Pablo Escobar Gaviria, un modesto jalador de carros y robador de lápidas en los cementerios de Antioquia que se volvió contrabandista de cocaína al amparo de la prohibición norteamericana. Y fundó y encabezó el llamado Cartel de Medellín: una organización criminal que llegó a controlar la producción y el tráfico de dos tercios de la droga prohibida necesitada por el voraz mercado de los Estados Unidos.

Pablo Escobar no inventó ni el consumo de drogas ni el delito del narcotráfico. El consumo masivo lo inventó la sociedad de los Estados Unidos a través de la guerra de Vietnam y de la contracultura de los *hippies* de los años sesenta, a través del ejemplo de los músicos pop y de los banqueros de Wall Street. Y el delito, es decir, la prohibición, lo inventaron los gobiernos de los Estados Unidos, y su persecución se la impusieron a los demás países del mundo. Con lo cual quedó creado el negocio, el más rentable del mundo, suma de la adicción de masas y de la prohibición generalizada. Lo que llevó a que el cultivo de la planta de coca, tradicional en las culturas andinas desde los tiempos precolombinos, se trasladara geográficamente de Bolivia y el Perú a Colombia, más cercana al principal mercado —el de los Estados Unidos—, y donde se contaba con los años de experiencia del contrabando de la marihuana con igual rumbo.

Esa experiencia la tenía Pablo Escobar, que a fines de los años setenta era un joven contrabandista de marihuana hacia los Estados Unidos. En compañía de otros expertos —los hermanos Ochoa, Rodríguez Gacha, Carlos Lehder— consiguió pronto el control de las rutas a través del Caribe, de los puertos y de los aeródromos clandestinos en Colombia, y llegó a manejar las tres cuartas partes del rentable negocio. En busca de darle respetabilidad a su creciente fortuna, llegados los ochenta incursionó en la filantropía y la política. Así consiguió el respaldo del arzobispado de Medellín, gracias a las llamadas "narcolimosnas", y el de los habitantes de las comunas populares de la ciudad, en donde regalaba canchas de fútbol para los niños: un doble respaldo que, sumado a su dinero, le valió para hacerse elegir en 1982 representante al Congreso. Pero su prontuario criminal fue destapado por el diario *El Espectador,* que pagaría caras las consecuencias: su director Guillermo Cano murió asesinado por orden de Escobar en 1986 y las instalaciones del periódico fueron voladas por carros bomba en 1989; y con ello empezó lo que iba a convertirse en una guerra total de diez años entre el Estado colombiano y un ciudadano particular.

Y la guerra la perdió el Estado, al cabo de mucha sangre derramada y muchas peripecias jurídicas y políticas, y de varios millares de muertos: policías, jueces, ministros, militares, candidatos presidenciales, además de narcotraficantes competidores de carteles de la droga rivales. En el camino hubo asesinatos, secuestros, sobornos, delaciones, negociaciones al más alto nivel, rupturas, extradiciones, treguas, carros bomba, atentados contra cuarteles y contra aviones de pasajeros en vuelo, fingidos "sometimientos a la justicia", alianzas y rupturas con diversos grupos guerrilleros, con diversos grupos paramilitares, con diversos carteles nacionales o internacionales de la droga, efímeras modificaciones a la justicia y al sistema penitenciario, una reforma constitucional. Es cierto que en diciembre de 1993 Pablo Escobar acabó acorralado y acribillado a balazos en un tejado de su ciudad de Medellín, con una pistola sin disparar en la mano y habiendo visto diezmado su ejército privado de tres mil sicarios tras una década entera de enfrentamientos. Pero para llegar allá fue necesaria una alianza asombrosa de todos sus enemigos, que eran a la vez enemigos entre sí, o hubieran debido serlo: el ejército y la policía de Colombia, los narcotraficantes del Cartel del Valle perjudicados por su rival de Medellín, la Delta Force del ejército norteamericano, los narcoparamilitares que habían sido aliados del capo mafioso y después víctimas de su extorsión, la DEA antinarcóticos de los Estados Unidos, y unos cuantos delincuentes comunes autodenominados Pepes: Perseguidos por Pablo Escobar. Hay media docena de versiones sobre a cuál de estos grupos pertenecía el hombre que en el tejado le dio el tiro mortal.

A los funerales de Escobar asistieron muchos miles de gentes de los barrios populares de Medellín, que hasta después de su muerte lo siguieron adorando como a un héroe popular nacionalista: un "Robin Hood paisa" que robaba a los ricos para favorecer a los pobres. Muchos años después su tumba sigue recibiendo peregrinos y ofrendas de flores, como la de algún santo.

En cuanto a su negocio, el narcotráfico, siguió más boyante que nunca: lo heredaron, hasta cierto punto limpios de sangre, sus rivales enemigos de los Carteles de Cali y del norte del Valle, varios minicarteles independientes agrupados bajo los paramilitares y las bandas criminales llamadas por las autoridades "bacrim" —o sea, pleonásticamente, bandas criminales—, y los carteles de la droga de México. Veinticinco años más tarde, Colombia produce y exporta más cocaína, y la violencia que el negocio alimenta simplemente ha cambiado de protagonistas. En cuanto a la corrupción generada por él, hoy copa a todo lo ancho la sociedad colombiana.

Por todo lo cual, y pese a que Pablo Escobar terminó muerto a tiros, puede decirse que su guerra la perdió el Estado. Y él la ganó después de muerto, como el Cid Campeador de la leyenda castellana.

También perdió el Estado la guerra del guerrillero Tirofijo, de otra manera. Aunque tampoco en su caso la ganó Tirofijo, Manuel Marulanda, que murió por el camino: no a tiros, sino de vejez. Y pudo llegar indemne a la vejez a causa de los tiros: porque como treinta años antes le había dicho al escritor Arturo Alape, autor de varias de sus biografías, "alzarse en armas era la única manera de sobrevivir". Unas cuantas veces, cada cinco o diez años, las autoridades militares anunciaron su muerte, a veces en combate, a veces por enfermedad, una vez por un inverosímil ataque de hormigas asesinas. Pero entre tanto aquella autodefensa campesina que había empezado con un grupo de campesinos armados de cincuenta escopetas —los hombres que le quedaron de la lucha entre sus "comunes", o comunistas, y los liberales "limpios" de las guerrillas liberales, a la sombra de la Guerra Fría y de la Doctrina de Seguridad Nacional dictada por el Pentágono— se había convertido en un conflicto "de baja intensidad", para usar la terminología bélica norteamericana. Pero de creciente amplitud:

en el curso del cual, paulatinamente, la presencia guerrillera de las Farc fue aumentando hasta inficionar casi la totalidad del territorio.

De los varios grupos guerrilleros que surgieron en Colombia y en América Latina al amparo de la Guerra Fría y con la inspiración del triunfo de la Revolución cubana, el de más larga duración fue el comandado por Manuel Marulanda: las Farc, nacido a mediados de los años cincuenta y oficialmente bautizado en 1964. También el más poderoso. A partir de las pocas docenas de familias que huyeron en el 64 de los bombardeos del ejército en Marquetalia, a los pies del nevado del Huila, para trasmontar la cordillera y refugiarse en El Pato y Riochiquito, las Farc crecieron hasta convertirse en una organización con más de un centenar de frentes regados por todo el país, que llegaron a pasar de la guerra de guerrillas dispersas a la guerra de posiciones, infligiéndoles a las Fuerzas Armadas oficiales graves derrotas militares, incluida la toma de cuarteles y de capitales de departamento.

Eso duró medio siglo. Al cabo de casi treinta años —a partir del reconocimiento en 1982 por parte del presidente Belisario Betancur de que las guerrillas no eran extirpables en el plano militar, en el cual se había llegado a una especie de empate con las Fuerzas Armadas de la república—, el bandolero Tirofijo cambió de estatus: fue elevado al de patriarca político rural con quien era inevitable convivir: don Manuel. El gobierno pactó con él una larga tregua durante la que los más conspicuos representantes del "establecimiento" fueron a rendirle visita en su remoto campamento guerrillero de Casa Verde, en el derramadero hacia los Llanos de la cordillera Oriental. Allá viajaron, en helicóptero o a lomo de mula, periodistas, ministros, parlamentarios, expresidentes de la república, reinas de belleza. Todos se tomaron fotos con Tirofijo. Y esta relación con el viejo guerrillero se mantuvo a pesar de la reanudación de las hostilidades con su gente en guerra declarada, y no vino a romperse abiertamente sino años más tarde, en 1991, con el bombardeo ordenado por el presidente Gaviria al cuartel de Marulanda en Casa Verde. Pero se reconstruyó cordial y discretamente durante el gobierno siguiente de Ernesto Samper, y de modo abierto por su sucesor, Andrés Pastrana, que viajó en persona a entrevistarse con el jefe bandolero, guerrillero, bandolero y nuevamente guerrillero cuando una vez más se decidió la ruptura. Diría Tirofijo: "El presidente Pastrana venía en su helicóptero, echaba dos chistes, y se iba".

Antes de irse, sin embargo, les había concedido a las Farc de Tirofijo una zona de despeje militar de cuarenta y dos mil kilómetros cuadrados: el tamaño de Suiza. Y en su cuartel, llamado Casa Roja en sustitución de la Verde destruida por Gaviria, Marulanda siguió recibiendo como un papa y durante casi cuatro años incesantes visitas: del presidente Pastrana, de sus altos comisionados, de sus ministros, de congresistas norteamericanos, del presidente de la Bolsa de Nueva York, de periodistas nacionales y extranjeros, de empresarios y, naturalmente, de las cámaras de la televisión nacional y extranjeras. Sin que por ello cesaran las Farc sus acciones militares, sus extorsiones, sus secuestros, sus ataques contra pueblos y voladuras de oleoductos y de torres eléctricas en todo el territorio no comprendido por la zona de despeje.

Y así, unos cuantos años y años más. Manuel Marulanda, como fue su nombre de guerra comunista, o Tirofijo, como lo llamaron sus admiradores y sus enemigos, o Pedro Antonio Marín, como había sido su nombre de bautismo, no llegó a ver el fin de su guerra. Tras librarla durante más de medio siglo murió en marzo de 2008 en su Casa Roja, cumplidos los setenta y ocho años, de muerte natural.

Algunos libros
y fuentes consultados

Alfonso López Pumarejo. *Obras selectas.*

Álvaro Tirado Mejía. "López Pumarejo, la Revolución en Marcha", en Jaime Jaramillo Uribe (ed.), *Nueva Historia de Colombia.*

Antonio Cruz Cárdenas. *Grandes oradores colombianos.*

Carlos Lleras Restrepo. *Borradores para una historia de la República Liberal.*

Daniel Pécaut. *Orden y violencia: Colombia 1930-1953.*

David Bushnell. *Colombia, una nación a pesar de sí misma.*

David Bushnell. *Eduardo Santos y la política del Buen Vecino, 1938-1942.*

Gerardo Molina. *Las ideas liberales en Colombia, 1915-1934.*

Germán Arciniegas. "Aspectos de Olaya Herrera y su go-bierno", en Jaime Jaramillo Uribe (ed.), *Nueva Historia de Colombia.*

Germán Arciniegas. "Eduardo Santos", en Jaime Jaramillo Uribe (ed.), *Nueva Historia de Colombia.*

Mario Latorre Rueda. "1930-1934. Olaya Herrera: un nue-vo régimen", en Jaime Jaramillo Uribe (ed.), *Nueva Histo-ria de Colombia.*

Gustavo Humberto Rodríguez. "Segunda administración de López Pumarejo. Primer gobierno de Lleras Camargo", en Jaime Jaramillo Uribe (ed.), *Nueva Historia de Colombia.*

Vernon Lee Fluharty. *La danza de los millones: régimen militar y revolución social en Colombia (1930-1956).*

Y, como de costumbre, Google.

XIII

LOS JINETES DEL APOCALIPSIS

A partir de 1990 el neoliberalismo ha
dominado la vida económica de Colombia, y en
consecuencia la política, bajo todos los sucesivos
gobiernos. En compañía de otras cinco fuerzas
catastróficas que también podrían considerarse
naturales y abstractas, como los jinetes del
Apocalipsis: el narcotráfico, el paramilitarismo,
la insurgencia, el clientelismo y la corrupción.

Si soy responsable, no me doy cuenta.
Alfonso López Michelsen

Un jinete del Apocalipsis

En el entierro del asesinado candidato presidencial Luis Carlos Galán, su hijo adolescente le pidió inesperadamente a su jefe de debate, el exministro César Gaviria, que "recogiera las banderas de su padre". Y Gaviria fue elegido presidente. La bandera de Galán había sido la de la lucha contra la corrupción, en particular dentro del Partido Liberal; pero su sucesor escogió otra: la apertura económica. Que en realidad constituía en toda América Latina el sometimiento al llamado Consenso de Washington: un consenso firmado en Washington entre el Banco Mundial, el Fondo Monetario Internacional y el Departamento del Tesoro de los Estados Unidos para imponer a estos países las doctrinas neoliberales de reducción del Estado, desregulación de los negocios, privatización a ultranza y entrega sin control de la economía —y de la vida social en general— a las fuerzas del mercado, ciegas pero sabias.

Las recetas no eran novedosas: eran las mismas aplicadas en los Estados Unidos por el presidente Ronald Reagan y en

Inglaterra por su compañera de baile, la primera ministra Margaret Thatcher, y copiadas después en toda Europa. En la propia Colombia, ya quince años antes, el presidente López Michelsen había soñado con algo así: con "la sabiduría económica de las dictaduras del Cono Sur", como la denominó en los días de los Chicago Boys del general Augusto Pinochet en Chile. Es decir, de los jóvenes economistas privatizadores educados en la Universidad de Chicago bajo la rígida égida neoliberal de Milton Friedman. Y con la guía de esa sabiduría se fue gobernando a Colombia, a tropezones, con frecuentes crisis financieras y recesiones económicas, apagones de la luz y catástrofes naturales anunciadas y previsibles —inundaciones de los inviernos, sequías de los veranos—, pero no tenidas en cuenta: como había sucedido años antes, cuando al anuncio de los vulcanólogos sobre la inminente erupción del volcán Nevado del Ruiz las autoridades del Tolima habían respondido declarando a esos científicos personas no gratas por lesionar la imagen del departamento. La imagen: obsesión de las autoridades de Colombia.

El neoliberalismo fue la ruta económica. El narcotráfico sirvió de faro moral. Y con él, la corrupción de la justicia, de la política, del deporte, de todo lo imaginable: de las ferias ganaderas, de los equipos de fútbol, de los concursos de belleza. Sostenido todo ello por el dinero "caliente" filtrado y lavado por todos los medios posibles, por el propio Banco de la República, y por la política misma. Como se advirtió más atrás, Colombia empezó a convertirse en una narcocracia.

Esto vino acompañado por la exacerbación de otra vieja característica nacional: el clientelismo como fórmula de gobierno y como único modo de acceder a los beneficios del Estado: educación, infraestructura, empleo. Burocratización creciente del Estado, con la consolidación de una clase política profesional mantenida por la proliferación de los puestos públicos. Y mezcla de las dos cosas: el enriquecimiento ilícito como fuente de consideración política. Al tiempo que se difuminaban los viejos partidos tradicionales brotaron numerosos partidos de garaje, como universidades de garaje: democratización de la corrupción. Todos los políticos empezaron a ser juzgados y condenados por algo —cohecho, enriquecimiento ilícito, asesinato— sin que eso truncara sus carreras. Docenas de partidos: no sólo la multiplicidad habitual de los de izquierda, comunistas, trotskistas, maoístas, prosoviéticos, prochinos, procubanos, incluso pro la Albania de Enver Hoxha y pro la Corea del Norte de Kim II-sung; sino otros muchos nuevos: el Movimiento de Salvación Nacional del hereditario jefe conservador Álvaro Gómez, el Partido Social Conservador del expresidente Misael Pastrana, el Movimiento Unitario Metapolítico de la bruja Regina Once, el Movimiento Visionarios del exalcalde de Bogotá Antanas Mockus, el Centro Democrático del expresidente Álvaro Uribe, el Compromiso Cívico Cristiano con la Comunidad, Alas Equipo Colombia, el Polo Democrático Alternativo de la unión de la izquierda, el Partido de Integración Nacional, Cambio Radical, el Partido de la U, el Movimiento Independiente de Renovación Absoluta, la Alianza Verde. Partidos religiosos y teocráticos, partidos regionales, partidos étnicos. Un batiburrillo.

La Constitución del 91

El período empezó, sin embargo, bajo buenos auspicios: la Constitución de 1991, que fue la primera de la historia del país redactada por consenso y no como resultado de la victoria militar de un bando político. Todos estuvieron representados entre los setenta constituyentes, incluidos los grupos guerrilleros recién desmovilizados, pero no las Farc, por entonces en tregua. (Y el mismo día de las elecciones de constituyentes su campamento central en Casa Verde fue bombardeado por el ejército, lo cual rompió la tregua). Y se dibujaron tres fuerzas, numéricamente comparables: liberales, conservadores —partidos en sus dos viejas facciones, una laureanista (dirigida por Álvaro Gómez) y otra ospinista (en torno a Misael Pastrana)— y la guerrilla desmovilizada del M-19. La abstención fue sin embargo arrolladora: sólo hubo dos millones de votos.

De ahí salió la Constitución más larga del mundo: trescientos ochenta artículos y sesenta disposiciones transitorias. A lo que hay que sumar las treinta y un reformas y añadidos que ha tenido en veintiséis años, incluida la que autorizó la reelección presidencial de Álvaro Uribe y la que luego prohibió de nuevo la reelección presidencial posterior a la de Juan Manuel Santos.

Constitucionalista ordenando las reformas
que ha tenido en los últimos 26 años
la Constitución de Colombia de 1991

Una Constitución de avances sociales: en primer lugar la acción de tutela para proteger derechos fundamentales —entre ellos un vago "libre desarrollo de la personalidad" que se ha prestado a las más estrambóticas demandas—. Se instituyó el sistema penal acusatorio y se crearon la Fiscalía y la Corte Constitucional, así como varios mecanismos de participación ciudadana muy usados: plebiscito, referendo, consulta popular, revocatoria de mandato. Se impulsó la descentralización —que desembocó en la democratización de la corrupción—. Y se incurrió en una vergüenza histórica: cediendo a las presiones y amenazas de los narcotraficantes —y no por respetables razones de convicción ideológica— fue abolida la extradición en ese entonces, único temor de los mafiosos del narcotráfico. Cuarenta y ocho horas más tarde Pablo Escobar "se sometió a la justicia". Lo cual fue recibido casi unánimemente, hasta su pronta fuga, con gran alborozo: como si de verdad se tratara de un triunfo de la ley.

Alborozo de poca duración. Tras exigir la construcción, en sus propias tierras, de una cárcel particular llamada La Catedral para él y sus amigos, y con guardianes escogidos entre sus propios hombres pero pagados por los contribuyentes, Escobar la utilizó como sede para sus negocios y sus crímenes hasta que a los pocos meses decidió salirse por la puerta grande y reanudar su guerra contra el Estado, hasta su muerte (ver perfil capítulo XII).

Apertura al servilismo

Entre tanto, el presidente Gaviria había proclamado la apertura de la economía nacional, en teoría con el objeto de hacerla más competitiva ante la globalización, rebajando o suprimiendo los aranceles y abriendo las fronteras tanto para los productos como para los capitales extranjeros. La práctica, sin embargo, no se ajustó a las previsiones optimistas. Aunque benefició a algunos sectores, condujo a la privatización y extranjerización a menosprecio de todas las empresas públicas y los bienes del Estado, desde las comunicaciones hasta la producción de electricidad. Minería, petróleo, puertos, aeropuertos, carreteras. Y en cuanto a los bienes de consumo vino una desindustrialización progresiva ante la incapacidad de competir en precio y calidad con los productos importados, que llegaría a su extremo con la firma de los Tratados de Libre Comercio con los Estados Unidos y con la Unión Europea, ya en el gobierno del presidente Juan Manuel Santos, veinte años más tarde. Con la agricultura pasó igual: Colombia, que en los años ochenta del siglo XX era un país exportador de alimentos, se convirtió en importador. Ni siquiera el café pudo resistir la competencia externa —de Asia y África—, después de haber sido la base de la riqueza colombiana durante todo un siglo.

Y así Colombia se convirtió casi en monoexportador de recursos minerales: petróleo, carbón, níquel, oro como en los tiempos coloniales, por empresas o bien ilegales o bien en manos de dueños extranjeros. Hasta el tráfico de cocaína fue pasando progresivamente bajo control de los narcos mexicanos como consecuencia de las "victorias" en la guerra contra la droga adelantada por el gobierno colombiano por instrucciones de los Estados Unidos: "Por convicción, no por coacción", diría patéticamente Ernesto Samper, uno de los presidentes de estos años, sometidos todos mansamente al único principio que desde entonces rige las relaciones entre los Estados Unidos y Colombia: la obligación colombiana de luchar contra las drogas declaradas ilícitas por los gobiernos norteamericanos.

En este tema del servilismo ante los Estados Unidos de la política exterior colombiana, así como en los restantes (narcotráfico, guerrillas, etcétera), casi no ha habido rupturas en la sucesión de los distintos gobiernos. Por eso los narro aquí en un sólo *continuum* espaciotemporal. Insurgencia, narcotráfico, corrupción, neoliberalismo, paramilitarismo, clientelismo, alimentándose mutuamente en un carrusel perverso bajo gobiernos igualmente impotentes, y muchas veces cómplices; y, como decía el gran humorista de la televisión Jaime Garzón, asesinado por los paramilitares, "con el gringo ahí": todo bajo la égida de los Estados Unidos, desde George Bush padre hasta Donald Trump, desde la Guerra Fría de las superpotencias hasta la guerra global contra el terrorismo —todos los terrorismos: religiosos, étnicos, políticos— pasando por la guerra frontal contra las drogas —pero no todas ellas: sólo las producidas por los países subdesarrollados; así, por ejemplo, la marihuana dejó de ser perseguida cuando se convirtió en la primera cosecha agrícola de los Estados Unidos, en torno al año 2000—.

Plata o plomo

Para cuando se convocó la Constituyente en 1991 habían sido asesinados más de tres mil militantes y casi todos los dirigentes de la Unión Patriótica, el partido político surgido de la tregua con las Farc. Del MAS (Muerte a Secuestradores), fundado por los narcos, se había pasado a centenar y medio de organizaciones armadas contraguerrilleras, calificadas de brumosas "fuerzas oscuras" por los gobiernos, pero que en vista de sus relaciones con los militares empezaron a ser llamadas paramilitares y a lograr una organización nacional bajo la dirigencia de los hermanos Castaño (Fidel, Carlos y Vicente), que habían sido primero amigos, luego enemigos y finalmente sucesores de Pablo Escobar cuando este cayó acribillado a tiros en los tejados de Medellín en diciembre de 1993.

Pablo Escobar
explicando su negocio

La guerra de Pablo Escobar había sido tremenda. Fueron asesinados tres candidatos presidenciales de distintos partidos; dos ministros de Justicia; un procurador general; veinte jueces; el director del diario *El Espectador*, Guillermo Cano, y varios importantes periodistas de medios de provincia, y voladas las instalaciones de *El Espectador* en Bogotá y de *Vanguardia Liberal* en Bucaramanga. En Medellín trescientos policías cayeron, a razón del millón de pesos por cabeza que pagaba por ellos el jefe mafioso: el Patrón. Estallaron varios carros bomba en Bogotá y Medellín, con docenas de víctimas mortales, y un avión comercial en vuelo con cientos de pasajeros a bordo. Y las secuelas de esa guerra, aun después de la muerte de Escobar, fueron también terribles: la multiplicación de los pequeños carteles de la droga, la aparición de las siniestras "oficinas de cobro" de los grupos criminales y sus escuelas de muchachitos sicarios que a los quince años recibían un revólver y una motocicleta para aprender a asesinar, la generalización del contubernio entre narcotraficantes y paramilitares y dirigentes políticos locales. Nacieron las Convivir bajo el ala del gobierno. Los servicios secretos del Estado (el Departamento Administrativo de Seguridad, DAS) empezaron a colaborar con los narcotraficantes, hasta el punto de que, muchos años después, el general que encabezaba el organismo fue condenado por complicidad con

Escobar en los asesinatos de candidatos presidenciales, a pesar de haber sido él mismo blanco de algunos de los atentados ordenados por el gran capo. O tal vez por eso mismo.

En los años ochenta y principios de los noventa, cuando el auge de los carteles, los ingresos de la droga llegaron a representar más del seis por ciento del PIB colombiano.

Sobre todo este paisaje de terror cotidiano, en 1994 se publicó una gran novela breve: *La Virgen de los sicarios* de Fernando Vallejo.

En el año 1994 los narcotraficantes del cartel de Cali, acaudillados por los hermanos Rodríguez Orejuela, "coronaron", para decirlo en su propio lenguaje: un "corone" es la llegada exitosa de un cargamento de droga a su destino en los Estados Unidos o en Europa. Coronaron con la compra al contado de la presidencia de la república en cabeza del candidato liberal Ernesto Samper, al contribuir a la victoria de su campaña con seis millones de dólares entre las dos vueltas electorales. La denuncia del hecho la hizo su rival estrechamente derrotado, Andrés Pastrana, informado por la agencia antidrogas de los Estados Unidos, la DEA; y el escándalo sacudió la política colombiana durante varios lustros.

El presidente Ernesto Samper
cargando un elefante

Pero eso fue sólo la culminación de un proceso que venía de atrás: los narcotraficantes Carlos Lehder, Pablo Escobar, Gonzalo Rodríguez Gacha llevaban ya muchos años financiando campañas electorales de políticos a todos los niveles, desde las de concejales municipales hasta las de presidentes de la república. Y el resultado de la corrupción de la política: las elecciones se compran con dinero cuando desaparecen los partidos políticos como vehículos de ideologías o de intereses sectoriales o de clase y se convierten en meras empresas electorales, en maquinarias de generar votos.

Ernesto Samper fue el chivo expiatorio de una culpa generalizada. Por eso a raíz de las denuncias se desarrolló entonces el llamado Proceso 8.000, sobre la colaboración de políticos con el narcotráfico, en el que cayeron docenas de parlamentarios, varios contralores y fiscales, alcaldes, gobernadores, concejales, etcétera. Pero el propio presidente Samper, que contra toda evidencia y todo testimonio insistía en que la entrada de los dineros del Cartel de Cali en su campaña se había hecho "a sus espaldas", y se ganaba con ello un comentario sarcástico del arzobispo de Bogotá sobre la imposibilidad de que alguien no vea que un elefante ha entrado a la sala de su casa, salió limpio. O al menos limpiado. Al cabo de una investigación iniciada por la Comisión llamada "de Absoluciones" de la Cámara, resultó precluido: ni culpable ni inocente. Y para lograrlo pasó los cuatro años de su gobierno sobornando políticamente con puestos y contratos y gabelas a los miembros del Congreso, su juez natural.

Una vez precluido, y para mostrar ostensiblemente su inocencia, Samper impulsó el restablecimiento de la extradición de criminales a los Estados Unidos. A cuya dudosa justicia han ido a dar desde entonces muchos miles de colombianos acusados de narcotráfico, sin que lo haya sido ninguno de sus socios norteamericanos.

Al socaire de la inestabilidad política las guerrillas habían venido creciendo, propinando severas derrotas a las fuerzas militares: las tomas de Las Delicias, la ciudad de Mitú, el cerro de Patascoy, acompañadas de la captura de cientos de soldados como prisioneros. También por esas épocas combatían territorialmente entre sí las distintas guerrillas, en particular las Farc y el EPL y el ELN. Y la guerra que arreciaba, y se empezaba a sentir no sólo en las periferias selváticas sino también en las ciudades, se volvía cada día más sucia, más degradada. Secuestros de niños y de ancianos por parte de los grupos insurgentes, y tratamiento de fieras presas para los secuestrados, encerrados en jaulas de alambre de púas o encadenados por el cuello a los árboles de la selva; desapariciones y torturas para los detenidos por parte de las fuerzas militares; degüellos y descuartizamientos con motosierras por parte de los paramilitares. Al margen de los choques armados, cada vez eran más frecuentes las acciones de amedrentamiento contra la población civil para obligarla a tomar partido por medio del terror por unos o por otros: incendios de pueblos, expulsión de campesinos, extorsiones, boleteos, amenazas, sin abandonar la compra de autoridades o el soborno de oficiales militares y funcionarios civiles, de jueces y de fiscales, o aun la intervención en elecciones o en huelgas o en manifestaciones populares; y, desde el otro lado, participación de los llamados "terceros": ganaderos, palmicultores, empresarios del banano —incluidas las empresas extranjeras, como la Chiquita Brands heredera de la macabramente famosa United Fruit Company, condenada en los Estados Unidos, pero no en Colombia, por su contribución a las finanzas del paramilitarismo—. En suma, todos los actores del conflicto llevaron a su más vesánico extremo la "combinación de todas las formas de lucha" decidida por el Partido Comunista Colombiano en su ya viejo Congreso de 1961.

En cuanto a la mano de obra de la violencia, por llamarla así: la violencia de todos estos años en el campo colombiano ha sido en gran medida desempleo armado. Guerrillas, paramilitarismo, Fuerzas Armadas y empresas privadas de seguridad han suplido el empleo que no ofrecen ni las fincas agrícolas abandonadas o convertidas en ganaderas ni la periclitante industria de las ciudades. Y que no se compensa con el reducido empleo que ofrece lo que algunos economistas han llamado "la maldición de los recursos naturales". Petróleo y carbón, dentro de lo que ha sido la tradición colombiana: del oro de aluvión en el siglo xvi al oro de veta y retroexcavadora en el xxi, pasando por la quina, el bálsamo de Tolú, las plumas de garza llanera, el caucho, el café, el banano, la marihuana, la cocaína. Casi todas ellas exportaciones ilegales, de contrabando.

En 1998 fue elegido a la presidencia el antiguo rival de Samper, el exalcalde de Bogotá e hijo del expresidente Misael Pastrana, Andrés Pastrana. Periodista, como era casi obligato-

rio entre los presidentes de Colombia desde los tiempos decimonónicos de Antonio Nariño, y director y presentador de
un noticiero de televisión de los que en el siglo xx se repar-
tían a dedo entre los hijos de los expresidentes: este para el
hijo de López, este otro para la hija de Turbay, este de más allá
para el hijo de Pastrana, y el que queda para el hijo de Álvaro
Gómez, que además es nieto de Laureano.

Si Samper había vencido por la intrusión de los narcos entre las dos vueltas de la elección presidencial, Pastrana lo hizo
cuatro años más tarde gracias a la intervención entre vuelta y
vuelta de la guerrilla de las Farc, cuyo jefe, Tirofijo, se reunió
en la selva con el candidato y anunció que negociaría con él
un acuerdo de paz. Y, en efecto, apenas elegido Pastrana abrió
conversaciones con la guerrilla a cambio de la desmilitariza-
ción o despeje de tres municipios de extenso territorio en las
selvas del sur del país, en torno a San Vicente del Caguán: cuarenta y dos mil kilómetros cuadrados. Y a continuación dedicó
casi completos los cuatro años de su gobierno a apaciguar a las
guerrillas, que en el gobierno anterior se habían desbordado.

El presidente Andrés Pastrana
negociando con las Farc

Fueron tres años de negociaciones: no sólo con el gobierno, sino con miles de visitantes de toda índole. Periodistas,
dirigentes locales, políticos de todos los partidos, líderes co-
munales. Hasta el presidente de la Bolsa de Nueva York fue

al Caguán a conversar con Tirofijo. Pero cuando volvió al Caguán el propio presidente Pastrana a instalar formalmente la mesa oficial de conversaciones, se presentó el famoso y cómico episodio de "la silla vacía". El comandante guerrillero lo dejó plantado y esperando como a una novia frustrada ante el altar. Y en su lugar envió a uno de sus lugartenientes a leer una carta en la que explicaba los motivos de su lucha y sus orígenes: el robo a mano armada por el ejército nacional de sus marranos y sus gallinas. Sin querer entender la significativa seriedad de la denuncia, la prensa nacional estalló en burlas, por desprecio de clase. "¡Marranos!, ¡gallinas!". Pues sí: lo poco que tenían los campesinos, robado.

En realidad lo del Caguán se trataba de un engaño deliberado por parte y parte. Las guerrillas aprovecharon la zona de despeje para fortalecerse y enriquecerse, pues los secuestros extorsivos, el boleteo y su creciente participación en el negocio del narcotráfico continuaban en el resto del país, por fuera de la vasta zona de seguridad del despeje militar. Y el gobierno puso en marcha el Plan Colombia de cooperación militar con los Estados Unidos acordado con el presidente Bill Clinton, en teoría para el control militar del narcotráfico y en la práctica para la lucha contraguerrillera: una primera cuota de mil trescientos millones de dólares en el primer año para modernizar el aparato bélico (aviones, helicópteros de combate, lanchas acorazadas, bombas inteligentes, información satelital, radares) y duplicar el pie de fuerza, que a mediados del gobierno siguiente —el de Uribe— llegaría al cuarto de millón de hombres.

Entre tanto, también se adelantaban conversaciones de autodesignados representantes de la sociedad civil con la otra guerrilla importante, la del ELN. En Maguncia, por gestiones de la Iglesia católica alemana, se dio el extremo cinismo de poner límites al secuestro como novedoso derecho de guerra: ni niños ni mujeres embarazadas, pero adultos sí. Y voladuras de oleoductos, dentro de su política de extorsión a las empresas petroleras iniciada veinte años antes.

Al finalizar su período de gobierno, y ante los cada vez más insolentes actos de guerra de las Farc, Pastrana ordenó el cierre de la zona de despeje. Y en 2002 fue elegido a la presidencia el político de carrera liberal, pero de convicciones ultraconservadoras, Álvaro Uribe Vélez, exgobernador de Antioquia, que se presentaba como "independiente" y "antipolítico" —como era ya la moda desde hacía algunos años para tranquilizar a los votantes—. Su victoria fue arrolladora con la promesa de hacer lo contrario de lo que había intentado su predecesor Pastrana: derrotar militarmente a la guerrilla en dieciocho meses. El 7 de agosto su ceremonia de posesión fue recibida por las Farc con el lanzamiento contra el Capitolio Nacional de varios cohetes artesanales que erraron el blanco y fueron a caer en el miserable barrio bogotano de El Cartucho, matando a veintiún indigentes.

La silla llena:
Manuel Marulanda, Tirofijo

El Uribato

"Mano firme, corazón grande", anunció el candidato Álvaro Uribe. Había practicado su mano dura en Antioquia como gobernador, donde había presidido la creación de setenta organizaciones cívicomilitares armadas llamadas paradójicamente Convivir, que combatían con terror el terror de la guerrilla.

Con el respaldo financiero del Plan Colombia negociado por Pastrana con el presidente norteamericano Bill Clinton, Uribe emprendió una política de guerra total contra las Farc —y secundariamente contra el ELN— bajo el rótulo de "seguridad democrática". Hizo aprobar un impuesto de guerra. Duplicó el pie de fuerza del ejército y la policía. Organizó una retaguardia de "soldados campesinos", y quiso, sin lograrlo por razones presupuestarias, respaldarla con un millón de informantes pagados. Devolvió la presencia de la policía a doscientos municipios que carecían de ella. Y pronto se vieron notables resultados, en especial en la recuperación del control de las carreteras troncales del país, en las que la guerrilla practicaba mediante retenes móviles armados el secuestro indiscriminado de viajeros, que llamaba "pesca milagrosa". En resumen, y aunque a costa de numerosos abusos y detenciones arbitrarias, la seguridad democrática del presidente Uribe puso a las Farc en retirada por primera vez en muchos años.

Campesino desplazado
opinando de política

Por la existencia del conflicto armado —que negaban el propio Uribe y sus principales consejeros, para quienes lo que había en el país desde hacía cuarenta años era simplemente "narcoterrorismo" dentro de un paisaje que no era de desplazamiento forzoso y masivo de personas, sino de robusta y saludable "migración interna"—, Colombia se convirtió en una excepción en la América Latina del momento, donde proliferaban los gobiernos de izquierda: Venezuela, Ecuador, Bolivia, Chile, la Argentina, el Brasil, Uruguay. La población colombiana siempre ha sido predominantemente reaccionaria, "un país conservador que vota liberal", lo definía con acierto el líder conservador Álvaro Gómez, sin precisar el motivo de ese voto contradictorio: el miedo a los gobiernos conservadores. En respuesta al accionar de las guerrillas, que se calificaban de izquierda, la derechización se pronunció todavía más.

Colombia ya era para entonces un país de desplazados. Unos seis millones de refugiados del interior, la mitad de la población campesina, campesinos expulsados de sus tierras expoliadas por los narcos y los paras con la complicidad de políticos locales, de notarios y jueces y de las Fuerzas Armadas oficiales. Cinco millones de colombianos en el exterior, de los cuales unos miles exiliados por razones políticas, y los restantes millones emigrados por motivos económicos, a Venezuela (más de dos millones), a Europa (sobre todo a España), a los Estados Unidos (seiscientos mil sólo en la ciudad de Nueva York), al Canadá, a Australia, al Ecuador, a la Argentina. Colombia exporta su desempleo, y recibe a cambio anualmente varios miles de millones de dólares en remesas familiares. Y eso va acompañado por una concentración creciente de la propiedad de la tierra: una tendencia que viene desde la conquista española, continuada con la eliminación de los resguardos indígenas por los gobiernos republicanos, agravada por el despojo a los pequeños propietarios en los años de la Violencia liberal-conservadora y rematada luego por las adquisiciones de los narcotraficantes y los desplazamientos forzados del paramilitarismo.

Si a las guerrillas el gobierno de Uribe les presentó guerra total, a los paramilitares les ofreció en cambio puente de plata. No en balde las zonas dominadas por el paramilitarismo habían sido claves en su victoria electoral del año 2002. Y es por eso que, cuando empezaron las investigaciones judiciales a los políticos por paramilitarismo, el presidente mismo les recomendó a los congresistas de la bancada gobiernista que votaran por los proyectos del gobierno antes de que los jueces los metieran a la cárcel. Pero entre tanto, algunos de los más

conspicuos jefes del paramilitarismo fueron llevados por invitación del gobierno para ser oídos por el Congreso: Salvatore Mancuso y Ernesto Báez —que más tarde serían condenados a muchos años de cárcel—. Otro más, Carlos Castaño, se convirtió en una estrella de la televisión dando entrevistas en las que exhibía ostentosamente sus armas, sus hombres y sus uniformes camuflados de las AUC, Autodefensas Unidas de Colombia. Y finalmente el gobierno les dio una generosa ley de Justicia y Paz que propició la desmovilización de más de treinta mil combatientes, cuando sus diferentes grupos sumaban, según se decía, sólo dieciocho mil. Entregaron en total sólo dieciséis mil armas. Algunas de las rendiciones fueron tan grotescamente de sainete que acabaron siendo causa de que se acusara penalmente al alto comisionado de paz, Luis Carlos Restrepo, de "falsas desmovilizaciones". Mientras estaban en teoría concentrados en el pueblo de despeje de Santa Fe de Ralito, los paras seguían organizando contrabandos de droga sin que pasara nada. Cuando empezaron a declarar ante la justicia, catorce de sus cabecillas fueron extraditados a los Estados Unidos para ser juzgados allá por narcotráfico, dejando pendientes sus crímenes en Colombia: masacres, descuartizamientos, desapariciones.

El primer gobierno de Álvaro Uribe terminó con el soborno de dos ministros a dos parlamentarios para que dieran su voto a la modificación de "un articulito" de la Constitución que permitiera la reelección del presidente, delito por el cual fueron posteriormente sentenciados a penas de cárcel. Y con la condena de docenas de parlamentarios y altos funcionarios uribistas por lo que se llamó parapolítica, es decir, por alianzas electorales o económicas con grupos paramilitares, y la correspondiente instalación de escuchas ilegales, o chuzadas telefónicas, a los jueces de las altas cortes por parte del DAS —los servicios secretos del gobierno—, lo que llevaría más tarde a su disolución. Pese a todo lo cual en 2006 el presidente Uribe fue reelegido arrolladoramente.

Sin embargo, frente a esa avalancha de la derecha, la oposición de izquierda, por primera vez electoralmente unida en el Polo Democrático Alternativo (comunistas, Moir, antiguo M-19, extrotskistas), alcanzó el mejor resultado de su historia. Su candidato liberal de izquierda, el exmagistrado de la Corte Constitucional Carlos Gaviria, tuvo más de dos millones y medio de votos, el veintidós por ciento del total, superando a los partidos tradicionales Liberal y Conservador.

Y siguió la guerra contra la guerrilla. Las Farc sufrieron duros golpes: por primera vez murieron —en bombardeos "inteligentes"— varios de sus principales jefes, miembros del Secretariado. Hubo muchas deserciones. Murió, de muerte natural, su fundador y jefe, Manuel Marulanda, Tirofijo, y su sucesor, Alfonso Cano, cayó en combate —o asesinado fuera de combate—. Y por otro lado fueron descubiertos y denunciados los "falsos positivos": miles de asesinatos de falsos guerrilleros, producidos por la política de "recuento de cadáveres" copiada de aquella del *body count* con la que los militares norteamericanos creyeron "ganar" —en los titulares de prensa— la guerra de Vietnam inflando artificialmente el número de bajas causadas al enemigo.

Hubo serios roces con los países vecinos, que mostraban tolerancia e incluso complicidad con las guerrillas colombianas: con Hugo Chávez y su socialismo del siglo XXI en Venezuela, con Rafael Correa por el bombardeo a un campamento de las Farc en territorio ecuatoriano.

Y cuando fue cerrada en el Ecuador la base militar norteamericana de Manta, los Estados Unidos obtuvieron autorización del gobierno para usar siete bases en territorio colombiano, desde Buenaventura hasta La Guajira, pasando por Palanquero en el centro del país. Un año después, sin embargo, la Corte Constitucional declaró inexequible el convenio que lo permitía. Pero en 2017 no está todavía claro si, bajo el Acuerdo de Defensa y Cooperación firmado entre los dos países, las tropas norteamericanas siguen teniendo acceso a las bases colombianas.

La paz de Santos

En 2010 el presidente Uribe decidió lanzar la candidatura de su exministro de Defensa estrella, Juan Manuel Santos, posiblemente el más oligárquico de los candidatos: perteneciente a la familia propietaria del poderoso diario *El Tiempo* y sobrino nieto del difunto presidente liberal Eduardo Santos. Pese al apoyo de Uribe, Santos sólo consiguió ganar las elecciones con dificultad en segunda vuelta. Y de inmediato, tras proclamar que Uribe había sido el mejor presidente de Colombia en toda su historia, emprendió una política por completo contraria a la suya. Ante lo cual el ya expresidente Uribe, que seguía siendo inmensamente popular, encabezó contra él desde el Senado la más acerba oposición vista en el país en más de medio siglo. Que se volvió frenética cuando el nuevo presidente anunció que llevaba un año de conversaciones secretas a cargo de su hermano, el periodista Enrique Santos Calderón, exdirector de *El Tiempo*, destinadas a buscar un acuerdo de paz con las Farc.

En 2012 empezaron en Oslo y en La Habana las negociaciones formales y públicas con los jefes guerrilleros sobre la posibilidad de firmar la paz, y paralelamente en Caracas con los delegados del ELN. Iban a ser seis años de tires y aflojes fatigosos, y que más que a los comandantes guerrilleros y a los comisionados negociadores del gobierno en La Habana fatigaron a todos los ciudadanos de Colombia. Con lo cual, lejos de despertar entusiasmo, finalmente la posibilidad de acabar con una guerra de medio siglo provocó hastío; y más aún cuando fue necesario reelegir al presidente Santos como única garantía de que las conversaciones no serían rotas por el candidato opositor respaldado por el expresidente Uribe.

El acuerdo, por fin, fue firmado varias veces por el presidente Santos y el comandante de las Farc, Rodrigo Londoño, alias Timochenko: en La Habana, en Cartagena, en el Teatro Colón de Bogotá. Pero el gobierno lo llevó a ser aprobado por el electorado en un plebiscito, el 2 de octubre de 2016, y el No ganó por una mínima diferencia. Se le hicieron modificaciones al texto pactado, que fueron aprobadas por el Congreso. Las Farc se desmovilizaron y dejaron las armas, en una proporción de casi dos armas por cada combatiente. Santos recibió en Oslo, donde había empezado todo, el Premio Nobel de la Paz. Pero la oposición visceral de la extrema derecha, de la derecha de la derecha, de la derecha guerrerista del expresidente Uribe a la derecha moderada y civilizada representada por Santos, siguió enredando las cosas. Álvaro Uribe, copiando las tácticas de Laureano Gómez de ochenta años antes contra la República Liberal, y usando los mismos métodos —salvo el de la violencia física—, ha conseguido, como aquel, "hacer invivible la república".

Y cuando escribo esto, a mediados de diciembre del año 2017, en eso estamos.

Colombia corriendo ilusionada
hacia el futuro
en su locomotora de quinta generación

A modo de conclusión: la guerra y la paz

Uribe y Santos con sus disfraces respectivos

No es fácil encontrar un personaje que resuma lo que han sido los últimos treinta años trágicos y cómicos de nuestra historia. Tal vez la Virgen de los sicarios de la novela de Fernando Vallejo, a quien van a dar gracias los aprendices de asesinos. Los protagonistas son demasiado numerosos, tanto físicos como simbólicos. Hay uno que podría ser colectivo y abstracto: el vaivén entre la inclinación por la guerra y la preferencia por la paz, que ha producido la zigzagueante conducta de todos los gobiernos de estas tres décadas: la sucesión de ofensivas frontales y tentativas de apaciguamiento con los narcos, con los paramilitares, con las guerrillas insurgentes.

Así se explica el enfrentamiento de los últimos dieciséis años entre los gobiernos opuestos de Álvaro Uribe y Juan Manuel Santos: opuestos en el tratamiento que se le debe dar al más álgido punto de nuestra tragedia, que es el interminable conflicto armado. Uribe negaba que existiera, y se esforzó durante ocho años por machacar militarmente sus manifestaciones, que él llamaba y sigue llamando narcoterrorismo. Santos, después de haber sido ministro de Defensa de Uribe y asestado algunos de los más contundentes golpes militares a las guerrillas, y por otra parte destapado la más grande vergüenza criminal de las Fuerzas Armadas colombianas, los "falsos positivos", quiso darle una solución política a través de conversaciones de paz, cuyos resultados aún están en veremos cuando esto se escribe. Y esas dos propuestas, guerra y paz, han dividido agriamente al país en dos mitades prácticamente iguales y fomentado el odio entre los ciudadanos.

Pero hay un tercer elemento: la droga, que alimenta la guerra y se interpone en la consolidación de la paz. Uribe dice que las Farc son el primer cartel narcotraficante del mundo. Y aun restando la parte de exageración propia de la retórica del expresidente, es un hecho que en muy buena medida las Farc —y mucho menos, pero también, el ELN— han vivido económicamente del tráfico de drogas ilícitas. Lo cual es cierto también de los demás actores del conflicto: de los grupos paramilitares de los años ochenta y noventa y de sus actuales sucesoras directas, las bacrim (bandas criminales); de los narcotraficantes propiamente dichos; y, de manera algo retorcida, de la misma fuerza pública, copiosamente financiada por los diez mil millones de dólares que le ha dado el Plan Colombia en los últimos quince años. Un plan que fue justificado como contribución de los Estados Unidos a la lucha colombiana contra el narcotráfico y en la práctica se usó para combatir la insurgencia guerrillera. Lo cual significa que los consumidores de drogas ilícitas, norteamericanos en su mayoría, han financiado un lado de la guerra interna colombiana; y los contribuyentes norteamericanos han financiado el otro. Colombia ha puesto el campo de batalla y los muertos.

Y su propia destrucción. La guerra, alimentada por la droga, que a su vez se sostiene como negocio gracias a su ilegalidad, genera más ilegalidad. Es imposible calcular cuál es la proporción de los habitantes de Colombia que hoy vive del delito, o que con el delito redondea sus ingresos. Desde jueces de la Corte Suprema que venden sus fallos por miles de millones de pesos hasta policías de tránsito que extorsionan a los automovilistas por cincuenta mil. Fundadores de pirámides de inversión, banqueros fraudulentos, funcionarios corruptos, contratistas incumplidos, evasores de impuestos, ladronzuelos de esquina, sicarios de oficinas de cobro, dirigentes deportivos, directores y dueños de clínicas, mineros ilegales de oro y de coltán, exportadores de especies animales protegidas. Más todo el mundo numeroso que gira en torno a la droga propiamente dicha: los campesinos cocaleros, los raspachines, los pilotos y los lancheros, los contadores, los capos, los guardaespaldas, las putas. Y, del lado de enfrente, los muchos que viven de perseguir la droga ilícita: jueces, fiscales, policías. El delito es el recurso natural que más empleo da en Colombia. El resto es subempleo informal, desempleo, rebusque. Y exilio: la décima parte de la población ha tenido que irse del país a buscarse la vida.

¿Es muy triste todo esto? Sin duda. ¿Y alguien tiene la culpa? Yo creo que sí: quienes han dirigido o pretendido dirigir el curso de nuestra historia. Los que han tenido en sus manos, para decirlo con la solemnidad pomposa que ha caracterizado su prosa, el timón de la nave del Estado. Es decir, las oligarquías a las que se refiere el título de este libro. En el epígrafe del capítulo XIII cité una frase reveladora dicha por quien fue tal vez el más lúcido de los estadistas colombianos de los últimos cien años, el para entonces expresidente de la república Alfonso López Michelsen. Interrogado por el periodista Enrique

Santos Calderón en su libro-entrevista *Palabras pendientes* sobre si se consideraba en algo responsable de la situación del país a finales del siglo xx, respondió con cínica sencillez: "Si soy responsable, no me doy cuenta".

Algunos libros
y fuentes consultados

Alfonso López Michelsen. *Palabras pendientes.*

Álvaro Tirado Mejía. "Del Frente Nacional al momento actual: diagnóstico de una crisis", en Jaime Jaramillo Uribe (ed.), *Nueva Historia de Colombia.*

Carlos Lleras Restrepo. *Crónica de mi propia vida.*

David Bushnell. *Colombia, una nación a pesar de sí misma.*

Francisco Gutiérrez Sanín. *El orangután con sacoleva: cien años de democracia y represión en Colombia (1910-2010).*

James D. Henderson. *Víctima de la globalización. La historia de cómo el narcotráfico destruyó la paz en Colombia.*

Marco Palacios. *Violencia pública en Colombia, 1958-2010.*

Ricardo Arias Trujillo. "Del Frente Nacional a nuestros días", en *Historia de Colombia: todo lo que hay que saber.*

Y Google, Google, Google.

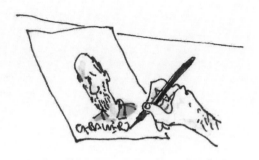

ANTONIO CABALLERO

Bogotá, 1945. Caricaturista, periodista y escritor. Ha publicado caricaturas en *Cromos*, *El Tiempo* y *El Espectador*, de Bogotá; en *Candide* y *Plexus*, de París; en *Mayfair*, de Londres, y en *Evergreen Review*, de Nueva York. En periodismo ha trabajado para diversos medios, como *The Economist* para América Latina y BBC, de Londres; Agencia France-Presse, de París; *Cambio16*, *Diario16* y *El País*, de Madrid, y *El Tiempo*, *El Espectador*, *Alternativa*, *Semana* y *Cambio*, de Bogotá. Además ha publicado varios libros de caricaturas, entre los que se cuentan *Apertura, oración y cierre*, *Reflexioné-monos* y *Este país*. También tiene libros con la recopilación de sus artículos de prensa, como *Paisaje con figuras (crónicas de arte, literatura y música)* y *El oficio de opinar*, y varios de crónicas taurinas: *Toros, toreros y públicos*, *Los siete pilares del toreo* y *Toreo de sillón*. Además de su única y emblemática novela: *Sin remedio*.

CRÍTICA

España
Barcelona
Av. Diagonal, 662-664
08034 Barcelona
Tel. + 34 93 496 70 01
Fax + 34 93 217 77 48
Mail: comunicacioneditorialplaneta@planeta.es
www.planeta.es

Madrid
Josefa Valcárcel, 42
28027 Madrid
Tel. + 34 91 423 03 03
Fax + 34 91 423 03 25
Mail: comunicacioneditorialplaneta@planeta.es
www.planeta.es

Argentina
Av. Independencia, 1682
C1100 Buenos Aires (Argentina)
Tel. (5411) 4124 91 00
Fax (5411) 4124 91 90
Mail: info@ar.planetadelibros.com
www.planetadelibros.com.ar

Brasil
R. Padre João Manuel, 100, 21o andar –
Edifício Horsa II
São Paulo – 01411-000 (Brasil)
Tel. (5511) 3087 88 88
Mail: atendimento@editoraplaneta.com.br
www.planetadelivros.com.br

Chile
Av. Andrés Bello 2115, piso 8
Providencia, Santiago (Chile)
Tel. (562) 2652 29 10
Mail: info@planeta.cl
www.planetadelibros.cl

Colombia
Calle 73 N.º 7-60, pisos 8 al 11
Bogotá, D.C. (Colombia)
Tel. (571) 607 99 97
Fax (571) 607 99 76
Mail: info@planetadelibros.com.co
www.planetadelibros.com.co

Ecuador
Whymper, N27-166, y Francisco de Orellana
Quito (Ecuador)
Tel. (5932) 290 89 99
Fax (5932) 250 72 34
Mail: planeta@access.net.ec
www.planetadelibros.com.ec

México
Masaryk 111, piso 2.º Colonia Polanco V
Sección Delegación Miguel Hidalgo 11560
México, D.F. (México)
Tel. (52) 55 3000 62 00
Fax (52) 55 5002 91 54
Mail: info@planetadelibros.com.mx
www.planetadelibros.com.mx

Perú
Edificio Prisma Business Tower
Av. Juan de Aliaga 425 of 704
Magdalena del Mar, Lima (Perú)
Tel. (511) 440 98 98
Mail: info@eplaneta.com.pe
www.planetadelibros.com.pe

Portugal
Planeta Manuscrito
Rua do Loreto 16, 1ºD
1200-242 Lisboa
Tel. + 351 213 408 520, Fax + 351 213 408 526
Mail: info@planeta.pt
www.planeta.pt

Uruguay
Cuareim 1647
11.100 Montevideo (Uruguay)
Tel. (54) 11 2902 25 50, Fax (54) 11 2901 40 26
Mail: info@planeta.com.uy
www.planetadelibros.com.uy

Venezuela
Final Av. Libertador con calle Alameda,
Edificio Exa, piso 3, of. 302
El Rosal Chacao, Caracas (Venezuela)
Tel. (58212) 526 63 00
Mail: info@planetadelibros.com.ve
www.planetadelibros.com.ve

Grupo 🌐 Planeta   Crítica es un sello editorial del Grupo Planeta www.planeta.es